JN117278

「教科担任制」時代の新しい

器械運動編

編著：根本正雄

学芸みらい社

まえがき

本書が紹介するのは新学習指導要領に沿った指導法である。

新学習指導要領では、小学校でも教科担任制が導入される。教科の専門性が問われる時代の到来である。

器械運動の高学年の学習内容は、専門的な指導力がないと難しい教材が並んでいる。「マット運動」ではロンダート、伸膝前転、伸膝後転、倒立前転、倒立後転が、「跳び箱運動」では首はね跳び、頭はね跳びが例示されている。

これらは専門的な指導のもとに行わなければ、技能の向上は図れない教材ばかりである。そして怪我にもつながる。

本書はそのような教科担任制に向けて、プロの体育教師としての指導技術を身に付け、専門の力量の習得を図ることを目指している。

しかし、いきなり専門的な指導を目指しても、プロの体育教師にはなれない。専門的な指導力を身に付けるには、どの子供もできるようになる基礎的な指導も必要である。基本的な指導力を獲得した後、より高度な専門性を求めるのである。

そこで本書では、体育指導の苦手な教師、さらに力量を高めたいという教師にとって役立つよう、次のような２段階の構成をとることとした。

●体育指導が苦手な教師もできる指導法の紹介

基礎的な指導に重きをおいた、主に低学年の内容。

●体育指導の専門性を習得する指導法の紹介

教科担任制時代の指導のあり方を目指した、主に中学年から高学年の内容。

具体的な紙面としては、教材ごとの場づくり、指導の方法・手順、コツ・留意点を、すべてイラストや写真で示している。

合わせて、それらの具体的な方法・手順を「見える化」した視覚教材（動画）を教材ごとに準備した。

体育指導の苦手な教師は、文字だけではイメージが湧かない。実際にどんな方法で、どのような手順で、どのような場で指導するかを動画で見ることによって理解できる。

これは、体育指導の専門性を習得する場合も同じである。

運動の苦手な子供にも得意な子供にも共通するのは、動きのイメージ化の大切さである。

動画はテロップと音声解説により子供が見ても分かるようになっており、動きのイメージが簡単に理解できる。動画の活用によって、より短時間で指導ができるようになるだろう。

また教材ごとに、子供がフィードバックできる学習カードを作成した。

教材の一つひとつに即した学習カードであり、毎時間の評価を通して自己の学習を振り返り、悪いところを直していけるように構成されている。

この学習カードの活用で子供が運動好きになり、自主的に活動できるようになるだろう。

本書を活用され、運動の楽しさを子供たちに指導していってほしい。

2020年5月31日
根本正雄

本書の使い方

本書は、1つの教材の指導法を４ページで、以下のように構成して紹介している。

各項目のねらいが示されているので、そのねらいに即して活用してほしい。

1 展開

（1）学習のねらい

（2）学習のねらいを体現する発問・指示

新学習指導要領の「主体的な学び・対話的な学び・深い学び」の意図を汲み取る。「教師⇒子供」のワンウェイの発問・指示にならないように構成されている。発問・指示をきめ細かくすることで、新指導要領の「主体的な学び・対話的な学び・深い学び」をはっきりと「見える化」し、合わせて評価の観点が示されているので、このまま授業が展開できる内容になっている。

2 ＮＧ指導

「野球肘」など、子供の体への負担が問題になる課題も多い。そのような、気を付けるべきことも伝える必要がある。「これはやってはだめ」というＮＧ事例が紹介されている。

なお、説明すべき内容によって「〜することはNG」、あるいは「〜しない／〜させないことが大事」という書き方で説明しているので注意をもって読んでほしい。

3 場づくりを示す

運動の苦手な子供が自然に上達する、スモールステップの場づくりが紹介されている。教師が説明しなくても、そうした場づくりがあれば動きを引き出すことができるのである。

最初に「準備物」が紹介されている。授業で、何をいくつ用意するかが示されている。

（1）「基本の場」　基礎感覚・基礎技能づくりのための場づくりが示されている。

（2）「習熟度別の場」　中心課題の場づくりが示されている。自分の挑戦したい場を選んで練習できるようになっている。

4 ミニコラム

サッカーの始まりやマラソンの42.195㎞という距離など、スポーツの「一口話」が多々ある。体育教育に活かすことができる素材となる話が紹介されている。

授業の導入で子供に話してあげると意欲が高まる。

5 方法・手順

運動の苦手な子供が、できるようになる方法・手順が示されている。

体育指導の苦手な教師は、文字だけではイメージが湧かない。実際にどんな方法で、どのような手順で、どのような場で指導するかをイラスト・写真を見ることによって理解できる。

すべての教材で方法・手順がイラスト・写真で紹介されている。運動の苦手な教師でもイメージ化できるようになっている。

6 コツ・留意点

方法・手順が分かっても、指導のコツや留意点が理解されていないと指導は難しい。教材ができるためのテクニカルポイントが大事である。

その教材のコツ・留意点がイラスト・写真で紹介されている。

7 この技でのチャンピオンは、ここまでできる！

新学習指導要領では今までにない新しい教材が入っている。すべての教材で到達する技の内容が示されている。これもイラスト・写真で示してある。これを見てどこまで目指すのかが理解できる。

また、実際の子供の動きがどこに当たるかを診断し、到達する技をイメージして指導できるようになっている。

学習カードの活用

学習カードには、豊富なイラスト・写真が掲載され、動きの順番、技のポイント、評価の観点が示されている。この学習カードの活用により、「主体的・対話的で深い学び」を実現する授業ができるようになっている。

【主体的な学び】 お互いに方法やコツを伝え合う。

【対話的な学び】 友達との関わりが生まれる。アドバイスにより技が高まる。

【深い学び】 運動することの楽しさが味わえる。

今までの授業の対話的な方法は、話し合い活動であった。

本書では「技のポイントを示した学習カード」を活用して対話がなされ、具体的な技のポイントの振り返り・評価活動ができるようになっている。

その結果、友達との関わりが生まれ、技が高まり、運動することの楽しさが味わえる。

動画で指導できる

専門的な力量を身につけるためには、動画は必須である。どんな指導をどのようにしたらよいのかが、動画で確認できれば指導は容易になる。

動画は学習カードの手順・内容と完全に対応しており、学習カードの最後に掲載されたQRコードから視聴することができる。

動画の見方

教材ごとの動画を、QRコードからスマートフォンやタブレットで読み取る。教師は勿論、子供も学習中にタブレットで閲覧し、友達と学び合うことができる。

動画には詳しい技のポイント、手順・方法、評価基準が示されており、学習指導要領の「主体的・対話的で深い学び」ができるようになっている。

また、巻末の**「全動画 ウェブ・ナビゲーション」（p.206～211）**は、本書の各「学習カード」末尾に掲載した全QRコードの一覧である。パソコンで視聴する場合には、同ページ掲載のQRコードとURLから全動画にアクセスすることができる。

目次

マット遊び・マット運動

1

(1)低学年――マットを使った運動遊び

①ゆりかご／②前転がり／③後ろ転がり
④背支持倒立／⑤うさぎ跳び／⑥ブリッジ

(2)中学年――マット運動

①前転・開脚前転(発展技)／②後転／③開脚後転
④側方倒立回転／⑤ロンダート(発展技)

(3)高学年――マット運動

①開脚前転／②伸膝前転(更なる発展技)／③伸膝後転
④伸膝前転(更なる発展技)・伸膝後転／⑤ロンダート

① ゆりかご

佐藤泰之

1 展開

（1）学習のねらい

①ゆりかごの動きを正しく行うことで、マット運動に必要な基礎技能を身につける。

②ゲーム化することで、楽しみながら運動に取り組ませる。

（2）学習のねらいを体現する発問・指示

主体的な学びの発問・指示→何個紅白玉を運ぶことができるかな。

対話的な学びの発問・指示→〇〇さんの動きはどこがよいかな。

深い学びの発問・指示→ゆりかごの動きはマット運動のどの技につながるかな。

指示1 リズム太鼓に合わせて、動物歩きをします。クマ歩き、うさぎ跳び、アザラシなど。腕で自分の体を支えます。

指示2 グループで協力して場づくりをします。マットを広げます。

指示3 ゆりかごの動きを真似します。

指示4 ゆりかごの動きをレベルアップしていきます。

発問1 〇〇さんのゆりかごはとってもきれいです。先生と比べてどこがきれいですか。

発問2 〇〇さんは起き上がる時、踵がどこにありますか。

A：体育座りのところ　B：お尻の近く

発問3 なぜお尻の近くの方が起き上がりやすいのですか。

説明1 「ゆりかご玉入れ」をします。紅白玉を足で挟んでゆりかごをして、カゴに入れて戻ってきます、これで1点です。最後に何個の紅白玉がカゴに入っているかが勝負です。ペアの人と1回ずつやった合計が点数です。

❶場づくりをする　マットを広げる。

↓

❷発問　〇〇さんの動きはどこが上手ですか。

評価の観点　手を着かないで起き上がることができる。

↓

❸発問　スムーズな動きにするために、起き上がる時、踵はどこにありますか。

評価の観点　踵をお尻に近づけてスムーズに起き上がることができているか。

（×は❷へ）

↓

❹発問　どうしてお尻の近くが起き上がりやすいのですか。

評価の観点　動きのコツを発見できている。

（×は❸へ）

↓

❺学習カードで評価する

□成果の確認をする。

□課題の把握をする。

2 NG事例

（1）ゆりかごの動きだけを何度もトレーニングする。

（2）いきなり膝を伸ばしたゆりかごをする。

（3）ゲームを盛り上げず、淡々と行う。

3 場づくり

準備物／マット（人数÷2）枚

①2人で1枚マット

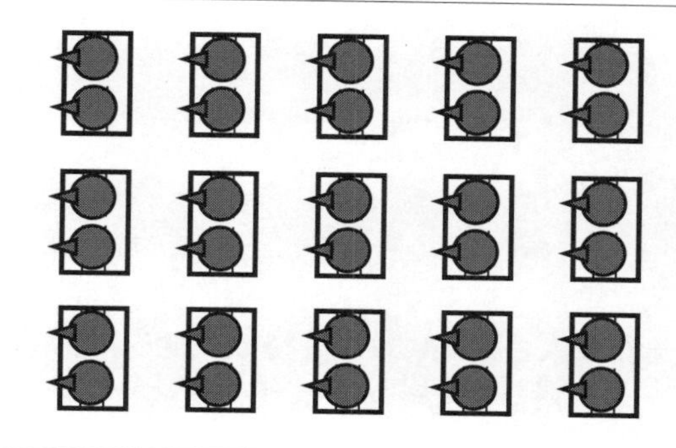

ゆりかごの動きをレベル1から習得していく。

②「ゆりかご玉入れ」ゲーム

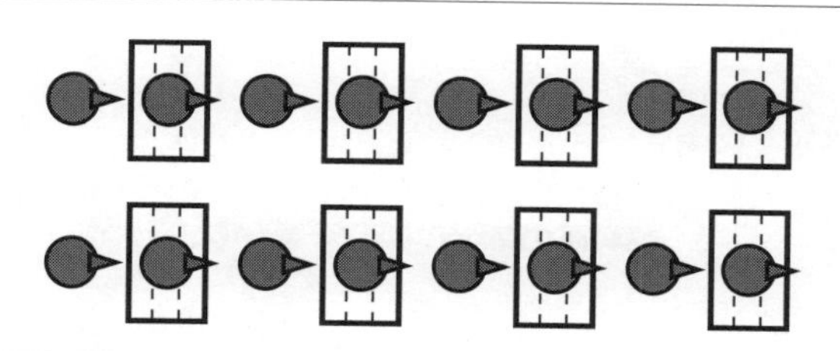

4 ミニコラム

ゆりかごの動きは、前転や後転の技につながる大切な基礎技能である。

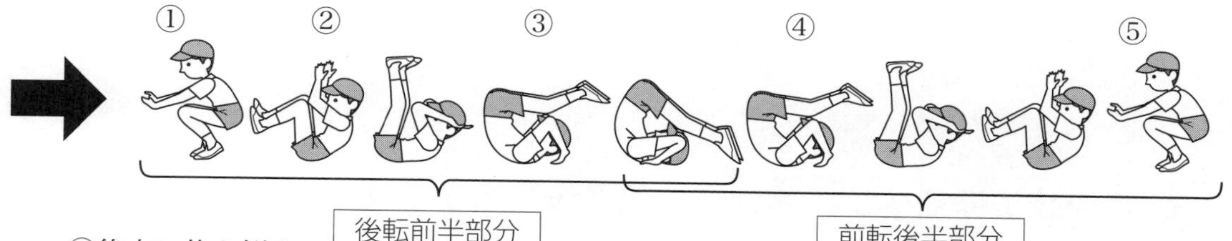

①後方に体を倒す

お尻を着ける位置を遠くにすることで、後転につながる。

②順次接触

足裏→お尻→腰→背→肩→後頭部→肩→背→腰→お尻→足裏

③着手

手のひらで体を支える。後転の支持につながる。

④顎を引き、体をしめる

前転の初期動作になる。

⑤踵の引き付け

踵をお尻に素早く引き付けることで、回転加速が増し、起き上がることができる。

5 方法・手順

（1）ゆりかごのレベル

レベル1：お尻・背中・首・後頭部の順で転がる（手を着いて起き上がってもよい）。
レベル2：手を着かないで起き上がることができる。
レベル3：お尻を上げた状態から始めて戻って来る。
レベル4：戻って来た時に立つ（ジャンプする）。
レベル5：膝を伸ばし、転がった先で足のつま先を着ける。

（2）「ゆりかご玉入れ」ゲーム

①2人組になる。
②1人がゆりかごを行い、もう1人がゆりかごを行う人の頭側にカゴを持って座る。
③ゆりかごをする人は、足元にある紅白玉を1つずつ足で挟んでゆりかごをする。
④挟んだ紅白玉は、頭側にいる友達が持つカゴに入れていく。
⑤30秒間に運んだ紅白玉の数がそのまま点数となる。
⑥ペアの人と1回ずつ行い、合計個数をチームの点数とする。

（3）チームで作戦タイム

①1度ゲームを行い、どうすれば点数が増えるかペアで相談する。
②作戦（動きのコツ）を考え、教え合いながら練習をする。
③2回戦目を行い、1回戦目との伸びを感じさせる。

6 コツ・留意点

（1）素早くゆりかごの動きをするためには、起き上がる時に踵をお尻近くに引き付けることが重要になる。
（2）個人の動きである「ゆりかご」をペアでの合計点にすることで、必然的にチームで動きを教え合うようになる。
（3）2回戦目では、その回の合計点で競うこともするが、1回戦目との差を発表させ、伸び率を聞くと、達成感が高まる。

7 この技でのチャンピオンは、ここまでできる！

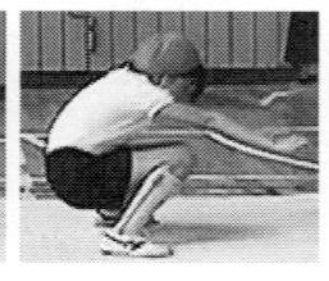

前述したように、ゆりかごの動きがスムーズにできるようになると、前転がりや前転、後ろ転がりや後転の技ができるようになる。

それに加え、鉄棒の逆上がりなどの技にも必要な基礎感覚を養うことができる。

これでバッチリ！ レベルアップ学習カード「ゆりかご」

年　　組　　番（　　　　　　　　）

レベル	内容	やり方	振り返り
1	**体育座りから** **技(わざ)と自己評価(じこひょうか)のポイント** ゆっくり転がって起き上がろう。		月　日 ・ ・ ・ できばえ ◎ ○ △
2	**お尻上げから** **ポイント** 起き上がる時に踵をお尻の下にスッともってこよう。		月　日 ・ ・ ・ できばえ ◎ ○ △
3	**立ったところから** **ポイント** 静かにお尻を着いて転がろう。		月　日 ・ ・ ・ できばえ ◎ ○ △
4	**戻ってジャンプ** **ポイント** 立ち上がったら動きを止めずにジャンプしよう。		月　日 ・ ・ ・ できばえ ◎ ○ △
5	**大きなゆりかご** **ポイント** ◎→連続で３回できる ○→膝が伸びている △→つま先をつける時に膝が曲がる		月　日 ・ ・ ・ できばえ ◎ ○ △

学習カードの使い方：できばえの評価

レベル１～４の評価：◎よくできた→連続で３回できる／○できた→手を着かないで起き上がる／△もう少し→手を着いて起き上がる

※振り返りには、「自分で気づいた点」と「友達が見て気づいてくれた点」の両方を書きます。

(1) 低学年 マットを使った運動遊び

② 前転がり

掛　志穂

1 展開

(1) 学習のねらい
①頭の後ろ、背中、お尻の順にマットに着いて、前に転がることができる。
②いろいろな前転がりをすることができる。

(2) 学習のねらいを体現する発問・指示
主体的な学びの発問・指示→マットに体のどこを着ければいいかな。
対話的な学びの発問・指示→うまく回れるように、どんな声をかければいいかな。
深い学びの発問・指示→回った後どうやったらきちんと立ち上がれるかな。

指示1　グループで協力して場づくりをします。
・マットを2枚ずつ並べる。

指示2　準備運動として手首、足首をぐるぐる回す。
腰を高くして歩く運動とゆりかごをします。

発問1　マットに体のどこを着ければいいかな。

指示3　両手を肩幅に着いて、頭の後ろ、背中、お尻の順にマットに着けて転がります。

発問2　うまく回れるように、どんな声をかければいいかな。

指示4　おなかを見ながら体を丸めて回ります。

発問3　回った後、どうやったらきちんと立ち上がれるかな。

指示5　勢いをつけて膝をくっつけるようにして立ちます。

指示6　コーナーを4つ作ります。
つなげたマットを図のように移動させます。

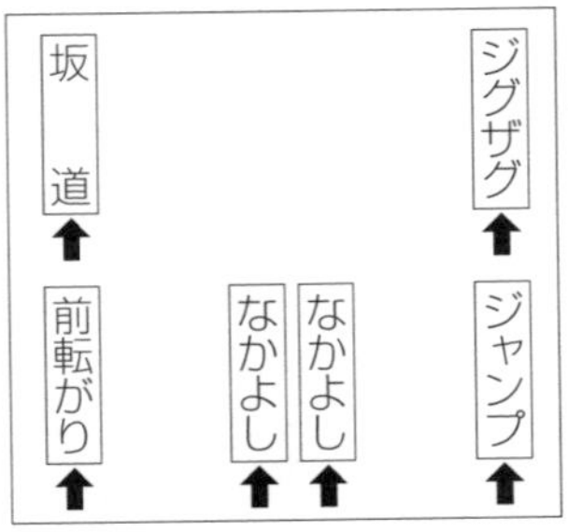

坂道 ↑ 前転がり ↑
なかよし ↑
なかよし ↑
ジグザグ ↑ ジャンプ ↑

指示7　学習カードに、どれくらいできるようになったかを記録します。

指示8　マットの後片付けをします。グループで協力して行います。

❶場づくりをする　マットを２枚並べる。
↓
❷発問　マットに体のどこを着ければいいか。
評価の観点　頭の後ろ、背中、お尻の順に着けたか。
↓
❸発問　うまく回れるようにどんな声をかければいいか。
評価の観点　おなかを見ながら体を丸めて回れたか。
↓
❹発問　回った後、どうやったらきちんと立ち上がれるかな。
評価の観点　膝をくっつけるようにしているか。
↓
❺学習カードで評価する
□成果の確認をする。
□課題の把握をする。

2 NG事例

(1) いきなり前転がりの技をさせない。準備運動でゆりかごをし、頭の後ろ、背中、お尻をマットに着ける感覚を体験して前転がりをする。
(2) 前の子供がまだやっているのにスタートしない。

3 場づくり

準備物／マット６枚、お手玉３つ（目印になるものなら何でもよい）

①限定された練習の場

マットを２枚つなげたものを３か所にセットする。

②選んでする練習の場（写真中の ⇨ は前転がりの進む方向）

自分の挑戦したい場で練習をする。

さかみちコーナー（踏み切り板で坂道を作る）

ジグザグコーナー（お手玉に当たらないように転がる）

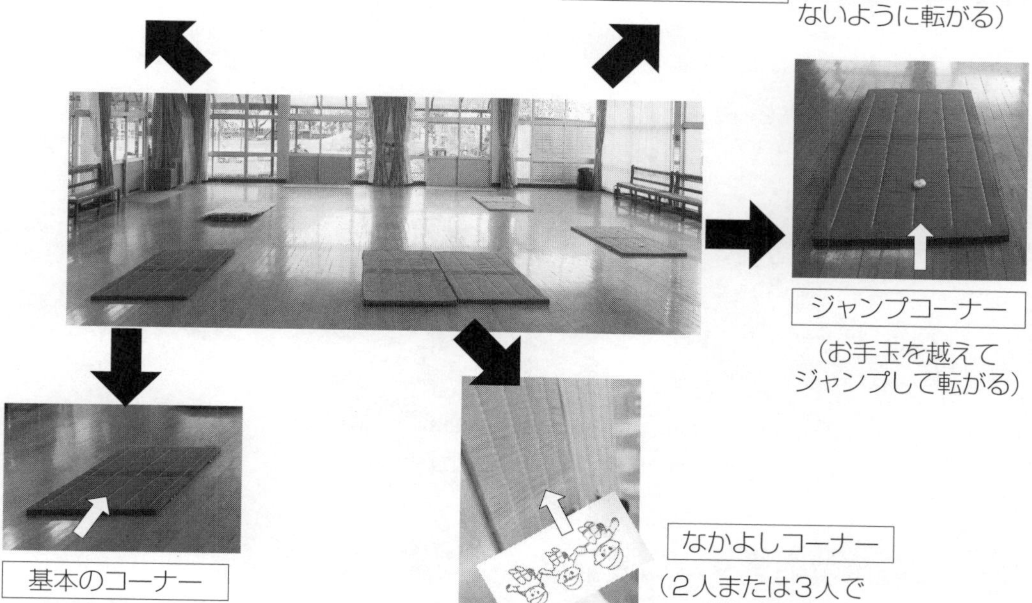

ジャンプコーナー（お手玉を越えてジャンプして転がる）

基本のコーナー

なかよしコーナー（2人または3人で一緒に転がる）

4 ミニコラム

前転がりを含む指導の流れは次のようになっている。

「ゆりかご→前転がり→前転→大きな前転→技のある前転（伸膝前転、倒立前転など）」

このように接点技の発展技では回転力を高めて起き上がる動き方となる。くせのない正しい回転を身につけた後は、体をボールのように小さく丸めることだけに限定してはいけない。大きな前転以降は腰角度を大きく広げて回転させるようにしていくことが必要となる。

5 方法・手順

（1）両手を肩幅に置き、中指が平行になるように指先を前方に向ける。
（2）腰を高くし、腕にしっかり体重をのせる。
（3）頭の後ろ、背中、お尻の順でマットに着けていく。
（4）膝をなるべくくっつけるようにして立つ。
（5）ジグザグコーナーでは、行きたい方向につま先を向けて転がる。
（6）さかみちコーナーでは、マットの上に上がり、体をボールのように丸めて転がる。
（7）ジャンプコーナーでは、手を伸ばしてマットに着き、足で思い切り蹴って転がる。
（8）なかよしコーナーでは、「せーの」など声を合わせて転がる。

（1）両手を肩幅にし中指が平行

（2）腰を高くし腕に体重をのせる

（3）頭の後ろ、背中、お尻の順に着く

（4）立ち上がる

6 コツ・留意点

（1）両手を肩幅に置き、中指が平行になるように指先を前方に向ける。
（2）頭の後ろを着かせ、おなかを見ながら回る。
（3）腕にしっかり体重をのせまっすぐ回るために、準備運動でマットに手を着き、腰を高くして歩く。
（4）回ったあと起き上がるために、膝が開かないように膝にハンカチなどを挟んで起き上がる練習をするといい。

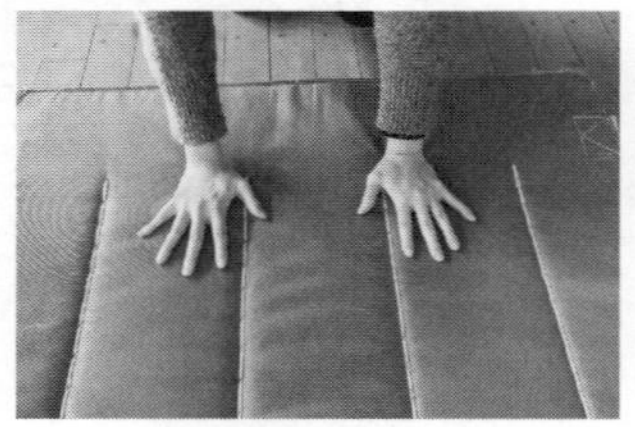
（1）中指を平行にして手を置く

（3）腰を高くして歩く（準備運動）

（4）膝にハンカチを挟む

7 この技でのチャンピオンは、ここまでできる！

お手玉

マットの手前にお手玉などの目印を置き、ジャンプして回転する。

これでバッチリ! レベルアップ学習カード「前転がり」

年　　組　　番（　　　　　　　　　）

レベル	内容	やり方	振り返り
1	手を置く。頭を着ける **技(わざ)と自己評価(じこひょうか)のポイント** ◎→両手を肩幅に置く、頭の後ろを着ける／○→両手を肩幅に置く／△→手を着かない		月　日 ・ ・ ・ できばえ ◎ ○ △
2	背中を着ける **ポイント** ◎→顎を引く、背中を丸める／○→ばたんと転がる／△→背中が着かない		月　日 ・ ・ ・ できばえ ◎ ○ △
3	起き上がる **ポイント** ◎→手を前にして起き上がる／○→手を着いて起き上がる／△→起き上がれない		月　日 ・ ・ ・ できばえ ◎ ○ △
4	立ち上がる **ポイント** ◎→立ち上がる／○→手を着いて立ち上がる／△→立ち上がれない		月　日 ・ ・ ・ できばえ ◎ ○ △
5	いろいろ名前転がり **ポイント** ①さかみち ・勢いよく回って立つ ②ジグザグ ・行きたい方向に行く ・お手玉に当たらない ③ジャンプ ・お手玉を飛び越えて回る ④なかよし ・2～3人で転がってポーズ	①さかみち ②ジグザグ ③ジャンプ ④なかよし	月　日 ・ ・ ・ ・ ・ ・ ・ ・ ・ ・ ・ ・ できばえ ◎ ○ △

学習カードの使い方：できばえの評価

レベル5の評価：◎よくできた→すっと立ち上がる／○できた→手を着いて立ち上がる／△もう少し→立ち上がれない

※振り返りには、「自分で気づいた点」と「友達が見て気づいてくれた点」の両方を書きます。

1 マット遊び・マット運動　2 鉄棒遊び・鉄棒運動　3 跳び箱遊び・跳び箱運動

③後ろ転がり

辻 隆弘

1 展開

（1）学習のねらい

①マットに背中を付けて後方に転がることができる。

②お尻を遠くに着け回転加速をつけることができる。

（2）学習のねらいを体現する発問・指示

主体的な学びの発問・指示→回る時にどこを見たらいいのかな。

対話的な学びの発問・指示→補助をする時、背中を押すと首を怪我することがあります。どんな補助がいいかな。

深い学びの発問・指示→勢いよく回るには、お尻の着き方にコツがあります。どんな着き方でしょう。

指示1 準備運動としてマットの上でゆりかごをします。膝を抱えて3回、次に手を離して3回。最後に首倒立（背支持倒立）から右か左の膝を耳の右か左に下ろして回る「にょろ後転（肩越し回り）」を1回します（2～3人にマット1枚）。

指示2 グループで協力して場づくりをします。

①坂道マット ②ゆるい坂道 ③1枚マット ④連続技用長いマット

発問1 後ろ転がりで回る時にどこを見たらいいのかな。

指示3 おへそを見て、背中を丸めて転がります。

両手は、背中で三角おにぎりをつくり後ろ転がりをします（おにぎり後転、示範）。

発問2 補助をする時、背中を押すと首を怪我することがあります。どんな補助がいいかな。

指示4 大根を抜くように腰を上の方に持ち上げ、足が遠くに着くように下ろします。今日はまず坂道マットの所で先生が補助をします。

発問3 勢いよく回るには、お尻の着き方にコツがあります。どんな着き方でしょう。

指示5 お尻を遠くに着くと勢いよく回れそうですね。マットで確かめましょう。

指示6 学習カードに、どれくらいできるようになったか記録します。

❶場づくりをする ・マットの下に踏み切り板を敷く ・マットを重ねたゆるい坂道 ・普通の1枚マット

↓

❷発問 回る時どこを見たらいいか。

評価の観点 おへそを見て顎が引けているか。

↓

❸発問 補助する時、どんな補助がいいのか。

評価の観点 腰を上方向に持ち上げるようにして回転させているか。

↓

❹発問 勢いよく回るには、お尻の着き方にコツがある。どんな着き方かな。

評価の観点 腰を後方にずらすようにして、お尻を遠くに着いているか。

↓

❺学習カードで評価する

□成果の確認をする。

□課題の把握をする。

2 NG事例

（1）後ろ転がりの補助の時、背中を押す。
（2）1つのステップを習熟しないと、次に進まない。

3 場づくり

準備物／マット５枚、長いマット１枚と踏み切り板で以下の場を設ける

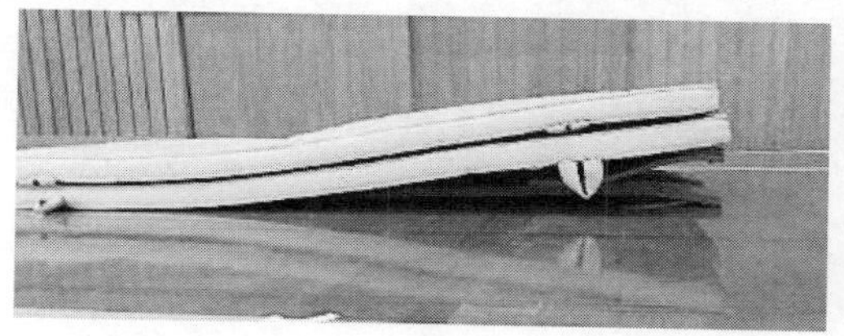

↑踏み切り板を敷いた坂道マット

↑マットを重ねたゆるい坂道

↑１枚マット

←連続技用長いマット

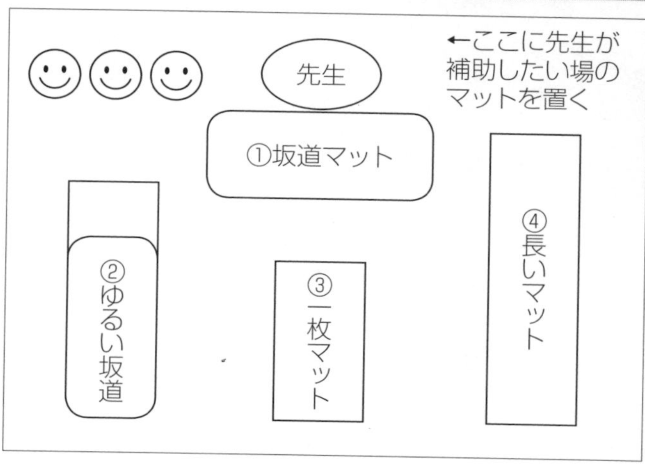

↑にょろ後転（肩越し回り）

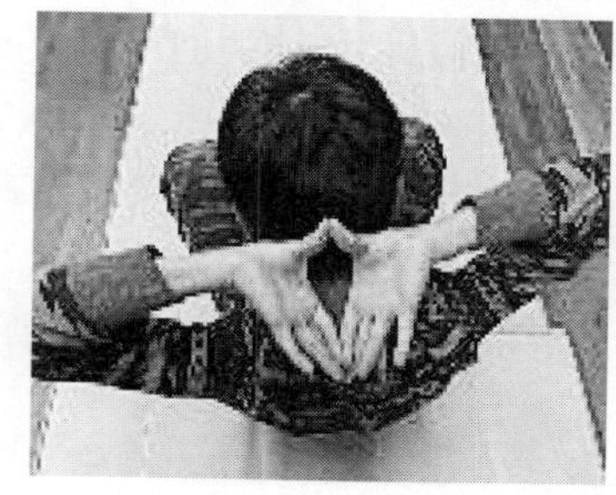

背中で三角おにぎり→

4 ミニコラム

後ろ転がりは、とにかく楽しく転がればよし、着手しなくても後ろに転がればよし。ゆりかごから足を高く上げ後方に右膝なら右耳の横、左膝なら左耳の横に膝を下ろして肩越しに回転すると楽に後方に回転できる。この運動、にょろ後転はQRコード（p.21）の動画の映像では、私が簡単なバージョン、子供が逆上がりにつながるタオルを鉄棒の代わりに持ったにょろ後転をしている。これで後方に回る感覚をつかませる。もっと細かく言えば頭上に腰を高く上げ遠くに足を着くように回ることにより首への負担が軽くなり楽に回転することができる。

5 方法・手順

（1）マット上で左右回りやすい方向ににょろ後転（肩越し回り）をする。

（2）背中で三角おにぎりをつくる「おにぎり後転」に挑戦する。
　※小指を外側にしてハの字に腕を構えることにより手と腕でマットをしっかり押すことができ頭越しが楽にできる。

（3）手を耳の横に持ってくる「うさぎの耳後転」に挑戦する。

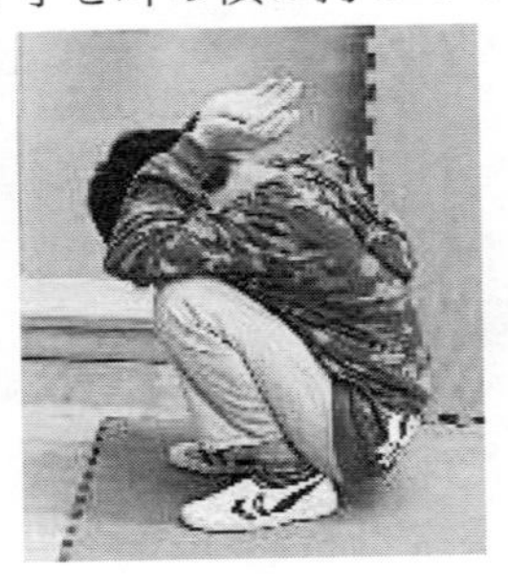

※必要に応じて補助を入れていく。

（4）勢いよく回る「ロケット後転」に挑戦する。

←※両手を前に伸ばし体重を前にかける。後ろに体重を移すと同時にお尻を遠くに着いて回転加速をつける。

腰角度⇒

（5）その他、頭の後ろで手を組んだ後ろ転がりなどいろいろなバージョンに挑戦する。

（6）連続技に挑戦する。

6 コツ・留意点

（1）回転前半で腰角度を広げることにより、回転加速をつけることができる。
（2）マットにビニルテープ等で印をつけ目標位置を明確にする（視覚化）。
（3）可能であればタブレット撮影して、自分や友達の動きを確認する。
（4）「にょろ後転、ピンとアンテナ、片方のひざを遠くについて、反対側の手でマットを押して起き上がる」など、動作を音声で補助する（聴覚化）。

7 この技でのチャンピオンは、ここまでできる！

連続技→足をクロスした前転がりから起きた瞬間、体を回転させて後ろ転がり。

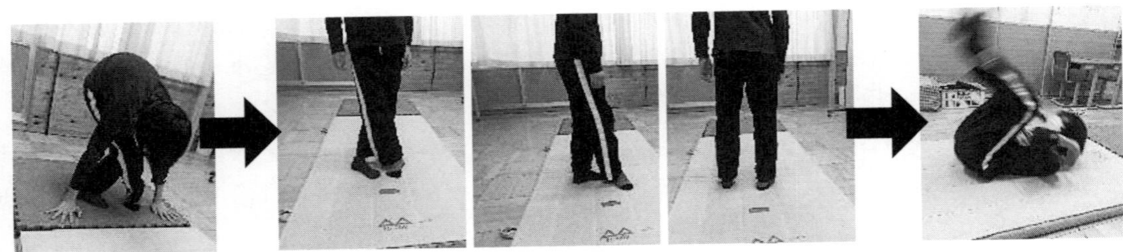

これでバッチリ! レベルアップ学習カード「後ろ転がり」

年　　組　　番（　　　　　　　　）

レベル	内容	やり方	振り返り
1	**にょろ後転** **技(わざ)と自己評価(じこひょうか)のポイント** 遠くに片膝を着いて、反対側の手でマットを押す。		月　日 ・ ・ ・ できばえ ◎ ○ △
2	**おにぎり後転** **ポイント** 頭の後ろで三角おにぎり。おへそを見て回る。		月　日 ・ ・ ・ できばえ ◎ ○ △
3	**うさぎの耳後転** **ポイント** 手のひらでマットにスタンプ。		月　日 ・ ・ ・ できばえ ◎ ○ △
4	**ロケット後転** **ポイント** 手を前にしてかまえ、お尻を遠くに着ける。		月　日 ・ ・ ・ できばえ ◎ ○ △
5	**連続技** **ポイント** 前転がり⇒後ろ転がりなどいろいろな回り方を続けてする。		月　日 ・ ・ ・ できばえ ◎ ○ △

学習カードの使い方：できばえの評価

レベル１～４の評価：◎よくできた→１枚の平らなマットでできる／◎できた→２枚重ねのゆるい坂道マットでできる／△もう少し→坂道マットで補助ありまたはなしでできる

レベル５の評価：◎よくできた→連続してスムーズに回れる／○できた→ゆっくり連続して回れる／△もう少し→途中で止まって次の回り方に行く

※振り返りには、「自分で気づいた点」と「友達が見て気づいてくれた点」の両方を書きます。

④背支持倒立

小野宏二

1 展開

（1）学習のねらい

①首を支点にして腰をできるだけ高く上げることができる。

②背中から足のつま先までまっすぐに伸びた背支持倒立ができる。

（2）学習のねらいを体現する発問・指示

主体的な学びの発問・指示→まっすぐ足が伸びるためには、どこを見るといいかな。

対話的な学びの発問・指示→他に、声かけはどんな言葉がいいのかな。

深い学びの発問・指示→しっかり支えるためには、手の親指は、どこに向けるといいかな。

指示1 グループで協力して場づくりをします。小マット２枚を縦に並べます。

指示2 準備運動としてクマ歩き、くも歩き、うさぎ跳び、アザラシ歩きをします。それぞれ１回です。

指示3 マットにごろんと寝てごらんなさい。足を伸ばしたまま持ち上げます。そのままごろんと起き上がりなさい。これを５回やります。

指示4 次は足を伸ばした時に腰を少し浮かせます。これも５回やります。

指示5 ペアで片方の人が、足首をもって上に伸びるようにします。

指示6 １人で、足を揃えて、天井に突きさすように上げます。上げて10秒止まれたら合格です。

発問1 まっすぐ足が伸びるためには、どこを見るといいかな。

発問2 しっかり支えるためには、手の親指は、どこに向けるといいかな。

指示7 学習カードにどれくらいできるようになったかを記録します。ペアで見合って、できていたら「合格」と言ってあげます。

発問3 他に、声かけはどんな言葉がいいかな。

指示8 マットの後片付けをします。グループで協力して行います。

❶場づくりをする 各グループ小マット２枚ずつ。

↓

❷指示 寝転んで足を上に伸ばし、起き上がりなさい。
評価の観点 起き上がることができるか。

↓

❸指示 足を伸ばした時に腰を少し浮かせます。
評価の観点 腰を浮かせることができる。

↓

❹指示 足を揃えて、天井に突きさすように上げます。
評価の観点 背中から足のつま先までまっすぐ伸びているか。

↓

❺発問 まっすぐ足が伸びるにはどこを見るといいかな。
評価の観点 背中から足のつま先までまっすぐ伸びているか。

↓

❻学習カードで評価する
□成果の確認をする。
□課題の把握をする。

2 NG事例

（1）マットの上でやらないと、首を痛める。

（2）いきなり、背支持倒立をさせない。

3 場づくり

準備物／小マット２枚×グループ数

①ケンステップでマットを置く場所を示す。
②小マットを縦に２枚並べる。

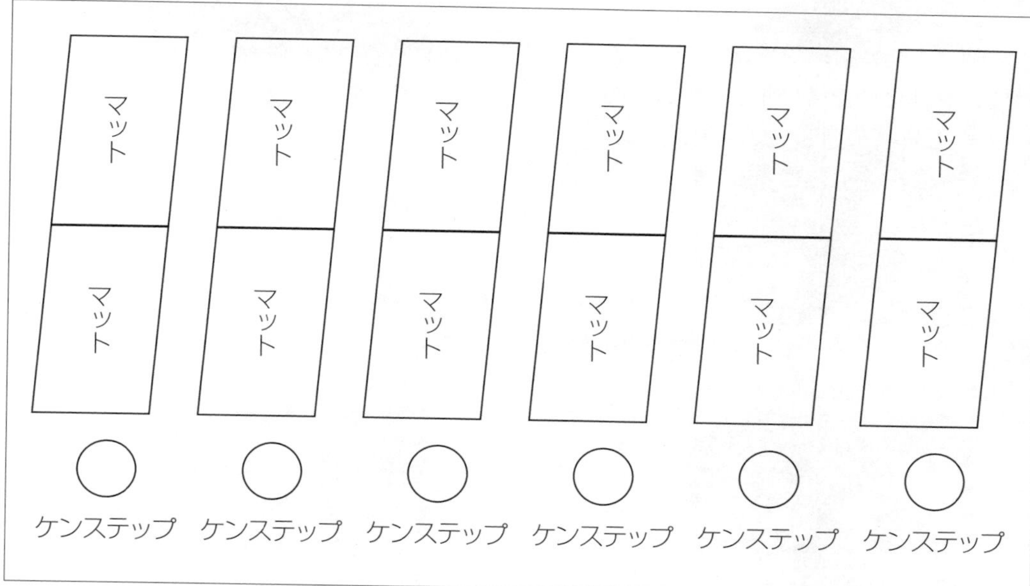

↑ケンステップでマットを置く場所を示す

↑小マット2枚×グループ数

4 ミニコラム

背支持倒立は、体が逆さになる「逆さ感覚」を養い、下半身をしっかり伸ばすために腹筋を使うので「身体の操作性」につながる。若干の柔軟性が必要だが、比較的簡単にできる動作である。「アンテナ」と言われることもある。組体操やブレイクダンスのフロアムーブでも使われている。

5 方法・手順

（1）寝転んで足を上に伸ばし、起き上がる

①足を伸ばして上げる。

②ごろんと転がり体を起こす。

（2）足を伸ばした時に腰を少し浮かせる

反動をつけ腰を浮かせる。

（3）ペアで足を持って、少しずつ上に伸びるようにする

①足を持って支える。

②ぽんと足を投げ出す。

（4）足を揃えて、天井に突きさすように上げる

6 コツ・留意点

（1）ペアで引き上げる時は、足首を持つ。

（2）目線をつま先にすることで、倒立が安定する。

（3）手の親指は、おなかの方に向ける。

7 この技でのチャンピオンは、ここまでできる！

背支持倒立から足を開いて立つことができる。

これでバッチリ! レベルアップ学習カード「背支持倒立」

年　　組　　番（　　　　　　　　）

レベル	内容	やり方	振り返り
1	寝転んで足を上に伸ばし、起き上がる **技(わざ)と自己評価(じこひょうか)のポイント** ◎→起き上がれる／○→足を上に伸ばせる／△→足を上に伸ばせない		月　日 ・ ・ ・ できばえ ◎ ○ △
2	足を伸ばした時に腰を少し浮かせる **ポイント** ◎→腰を浮かせられる／○→腰がほんの少し浮かせられる／△→腰が浮かせられない	浮かせる 手はべたっと着ける	月　日 ・ ・ ・ できばえ ◎ ○ △
3	足を揃えて、天井に突きさすように上げる **ポイント** ◎→10秒キープ／○→5秒キープ／△→4秒以下	両足を揃える	月　日 ・ ・ ・ できばえ ◎ ○ △
4	足を大きく振る **ポイント** ◎→足が床に付く／○→足がマットの近くまで触れる／△→足がマットの近くまで触れない	タッチ	月　日 ・ ・ ・ できばえ ◎ ○ △
5	勢いよく立つ **ポイント** ◎→手を着かずに立てる／○→手を着いて立てる／△→立てない	手を床に着かずに	月　日 ・ ・ ・ できばえ ◎ ○ △

学習カードの使い方：できばえの評価

レベルの評価：◎よくできた／○できた／△もう少し

※振り返りには、「自分で気づいた点」と「友達が見て気づいてくれた点」の両方を書きます。

⑤うさぎ跳び

佐藤貴子

1 展開

(1) 学習のねらい

①「はじめ―中―終わり」の一連の流れで、リズミカルなうさぎ跳びができる。

②腕支持と突き放しの体感を身につけさせる。

(2) 学習のねらいを体現する発問・指示

主体的な学びの発問・指示→うさぎのように、ぴょんぴょん跳べるかな。

対話的な学びの発問・指示→友達のうさぎを見てみよう。誰のうさぎが本物みたいかな。

深い学びの発問・指示→ 10m ラインです。何回でうさぎ跳びができるかな。

指示1 グループで協力して場づくりをします。
小マットを並べます。

指示2 準備運動として、かえる倒立３秒。５秒。

指示3 足打ち跳び。何回できるかな。

指示4 「うさぎ跳び」の練習をします。先生が跳んでみます。よく見ててね。

指示5 できるかな。やってみよう。

発問1 お友達のうさぎを見てみましょう。誰のうさぎが、本物みたいですか。

指示6 本物のうさぎになるコツを教えます。
「トン・パッ」のリズムで跳びます。パッと顔の前に両手を持ってきます。手を着いた時は「トン」、着地の時は「パッ」、と言いながら、跳びましょう。

発問2 着地の足は、どこにあるといいでしょう。
(ア)手より前　(イ)手と同じ　(ウ)手より後ろ

説明1 手よりも足が前に着くようにします。「パッ」の時に、顔の前に両手を持ってきます。

指示7 足が手よりも前に来ているか、お友達のうさぎを見てあげましょう。

指示8 連続して、跳んでみましょう（マットを連続して跳ぶ。10mのライン間を連続して跳ぶ）。

指示9 学習カードに、でき具合を記録します。

❶基本の運動　腕支持感覚・逆さ感覚を身につけるため、準備運動をたくさん行う。

↓

❷発問　友達の動きを見ることにより、正しいうさぎ跳びをイメージさせる。

評価の観点　足→手→足の順次性のある動きになっているか。

↓

❸指示　「トン・パッ」と言うことで、突き放しの動きを導き出させる。

↓

❸指示　手を離すため、足の位置は自分では分かりにくいので、友達に見てもらう。

評価の観点　足が手よりも前に来ていたら、合格。

↓

❹指示　変化のある繰り返し。マットやラインの距離に変化をつける。

↓

❺学習カードで評価する

□成果の確認をする。

2 NG事例

(1)動きの説明を長くしない。上手な子の真似をさせる。

（2）正しくできなくてもよい。できないことを叱らない。楽しく行う。

3 場づくり

準備物／マット（子供の数に応じて調整する）

①「基本の場」 マット８枚。子供の数に応じて調整。半面は床を使う。交代でマット使用。

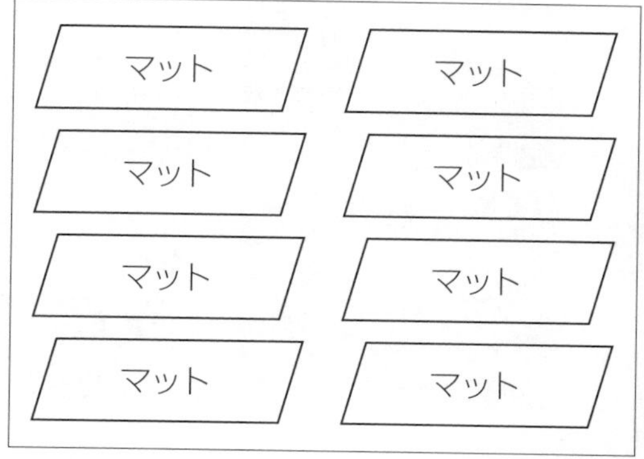

②「習熟度別の場」 マットやラインを選んで、練習する。

↑体育館のラインを使った場づくり

↑10mのラインの間を何回で跳べるかな！

10ｍを何回で跳べるかな。	
7～8回	◎
9～10回	○
11回以上	△

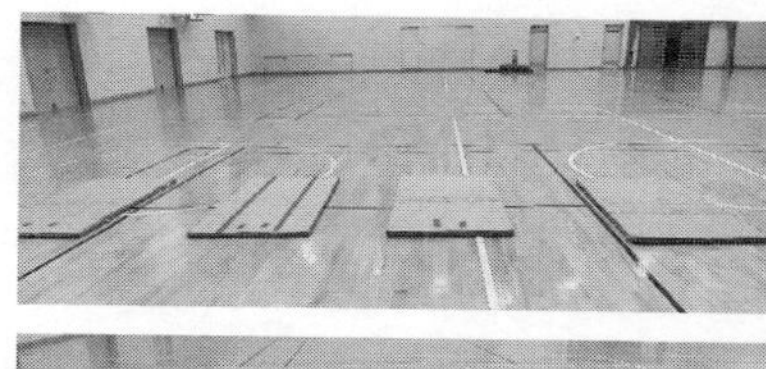

↑マットを並べた場づくり

↑マット、連続で跳べるかな！

4 ミニコラム

うさぎ跳びは、高学年の跳び箱運動「抱え込み跳び」につながる動きである。床上での腕支持と突き放しができれば「抱え込み跳び」は、容易にできる。低学年のうちは、動物の模倣遊びを通し、日常行わない様々な動きを体験させたい。「うさぎ跳び」もその１つである。「かえる倒立」や「足うち跳び」などを繰り返し、楽しく体を動かすうちに、知らず知らずのうちに腕支持力や逆さ感覚を身につけ、できるようになっていくという授業をしていきたい。

5 方法・手順

（1）基本の場

①準備運動として、かえる倒立と足打ち跳びをする。

②「うさぎ跳び」の指導をする。

足→手→足の順次性を指導する。着地した時には、手が床から離れているのが、ポイントになる。最初は、ゆっくりと跳んで見せ、遠くに跳ばずに、足→手→足の順に床に着くことを、「トン・パッ」のリズムで教える。「トン・パッ」と、声を出すことにより、動きを導き出すことができる。

①「トン」で床に手を着く。

②「パッ」で床に足を着き、両手を顔に付ける。

着地した時に、足が手の前にきているかを友達に見てもらう。

（2）マットを使って跳ぶ

マットを横に並べて、連続で跳ぶ。

連続跳びが慣れてきたら、マットの高さに変化をつけると、「抱え込み跳び」につながる運動になる。

6 コツ・留意点

（1）はじめ一中一終わりの一連の流れは、「トン・パッ」と声に出すと、リズミカルな動きになる（音声化・焦点化）。

（2）意識付けのために、友達の膝が伸びているかどうかを判定させる（焦点化・共有化）。

7 この技でのチャンピオンは、ここまでできる！

リズムに乗って、2回、3回と連続で、うさぎ跳びができる。

うさぎがはねるように跳ぶことができると、この技のチャンピオン！

これでバッチリ！ レベルアップ学習カード「うさぎ跳び」

年　　組　　番（　　　　　　　　）

レベル	内容	やり方	振り返り
1	かえる倒立 **技(わざ)と自己評価(じこひょうか)のポイント** 腕で、支える。 ◎→5秒間／○→3秒間／△→1～2秒間		月　日 ・ ・ ・ できばえ ◎ ○ △
2	足うち跳び **ポイント** 逆さになり、足を「パンパン」と叩く。 ◎→3回以上／○→1～2回／△→0回		月　日 ・ ・ ・ できばえ ◎ ○ △
3	足の位置 **ポイント** 跳んで、手を着く。 ◎→足が手よりも前／○→足が手と同じ／△→足が手よりも後ろ		月　日 ・ ・ ・ できばえ ◎ ○ △
4	うさぎ跳び **ポイント** （マットの上で） ◎→足が手よりも前／○→足が手と同じ／△→足が手よりも後ろ		月　日 ・ ・ ・ できばえ ◎ ○ △
5	連続うさぎ跳び **ポイント** （マット何枚かで） ◎→止まらずに跳ぶ／○→少し止まって跳ぶ／△→1枚1枚跳ぶ		月　日 ・ ・ ・ できばえ ◎ ○ △
6	10mうさぎ跳び **ポイント** （ラインを使って） ◎→7～8回／○→9～10回／△→11回以上		月　日 ・ ・ ・ できばえ ◎ ○ △

学習カードの使い方：できばえの評価

レベル1・2・5・6の評価：内容の項目で◎○△を付ける

レベル3・4の評価：友達にも見てもらいましょう

全レベルの評価：◎よくできた→足が手よりも前／○できた→足と手が同じ位置／△もう少し→足が手よりも後ろ

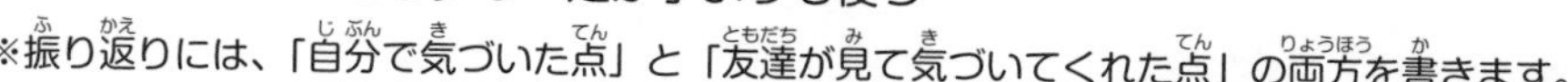

※振り返りには、「自分で気づいた点」と「友達が見て気づいてくれた点」の両方を書きます。

⑥ブリッジ

川口達実

1 展開

（1）学習のねらい

①手の向きや視線の方向が分かり、体を反らすことができる。

②腕と腰が伸びた、腰の位置が高いブリッジができる。

（2）学習のねらいを体現する発問・指示

主体的な学びの発問・指示→背中を弓のように反らせるには、目はどこを見たらいいかな。

対話的な学びの発問・指示→体を持ち上げやすいのは、踵がお尻に近い方がいいかな、遠い方がいいかな。

深い学びの発問・指示→へその位置が高いブリッジにするには膝や肘をどうすればいいかな。

指示1　ペアでシーソーします。次は、背中合わせでボール渡しをします（学習カード参照）。

指示2　２人組で「なべなべ底抜け」をします。
「なべなべ底抜け・底が抜けたら・かえりましょう・なべなべ底抜け・底が抜けたら・戻りましょう」で体を180度回転させて、はじめの状態に戻ります。

指示3　壁を向いて頭の高さで両手を着きます。「なべなべ底抜け・底が抜けたら・かえりましょう」で、両手を交互に左（右）回りに動かして、体も180度回転させます。体が前を向いたら止まります。

発問1　背中を弓のように反らせるには、どこを見ればいいかな。①へそ　②天井　③手と手の間

指示4　背中を弓のように反らせるには、手と手の間を見ます。

指示5　肋木で「なべなべ底抜け・底が抜けたら・かえりましょう」をします。体が前を向いたら、止まります。「下がりましょう・下がりましょう」で手を交互に動かして、一段下の横木を握ります。「戻りましょう・戻りましょう」で、はじめの状態に戻ります。

指示7　グループで協力して場を４つ作ります。マット４枚、３枚、２枚重ねる場、１枚の場です。

発問2　体を持ち上げやすいのは、踵がお尻に近い方がいいかな、遠い方がいいかな。

❶場づくりをする　・壁　・肋木　・マット４枚→３枚→２枚→１枚

↓

❷発問１　背中を弓のように反らせるには、目はどこを見たらいいかな。

評価の観点　両手の間を見ている。

↓

❸発問２　体を持ち上げやすいのは、踵がお尻に近い方がいいか、遠い方がいいか。

評価の観点　手は耳の横に、足は、踵はお尻の近くにする。

↓

❹発問３　へその位置が高いブリッジにするには、肘や膝をどうすればよいかな。

評価の観点　肘や膝が伸びている。

↓

❺学習カードで評価する

□成果の確認をする。

発問3　へその位置が高いブリッジにするには肘や膝をどうすればいいかな。

指示9　肘と膝を伸ばしてへそを天井にくっつけます。

指示10　４枚重ねのマットでブリッジをします。３回行います。ペアの人に１回○をもらえたら、マット３枚、２枚、１枚の場所で３回挑戦します。

2　NG事例

（1）基礎感覚や基礎技能を養う運動をしないで、すぐにブリッジを教える。

（2）手の向きや足の位置、体の反り方、膝の伸ばし方、視線の方向を１つずつ教えない。

（3）床に敷いた１枚のマットでブリッジから始める。

3　場づくり

（1）基礎感覚を養う場

①ペアで、背中合わせシーソーをする。

②ペアで、背中合わせボール渡しをする。

③ペアで、背中合わせバンザイタッチをする。

④「なべなべ底抜け」をする。

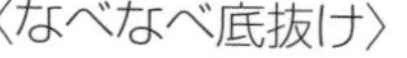

（2）壁を使ったブリッジの場

①壁に向かって両手を着けて立つ。

②歌「なべなべ底抜け」。

（3）肋木を使ったブリッジの場

①肋木に向かって横木を両手で握って立つ。

②歌「なべなべ底抜け」。歌でゆっくり半回転する。

肋木の横木を下段方向に両手で交互に握っていくのが恐い子供には、ペアの人が背中を両手で支えて、安心感をもたせる。

（4）マットを使った習熟度別の場

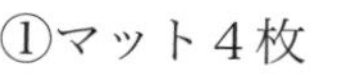

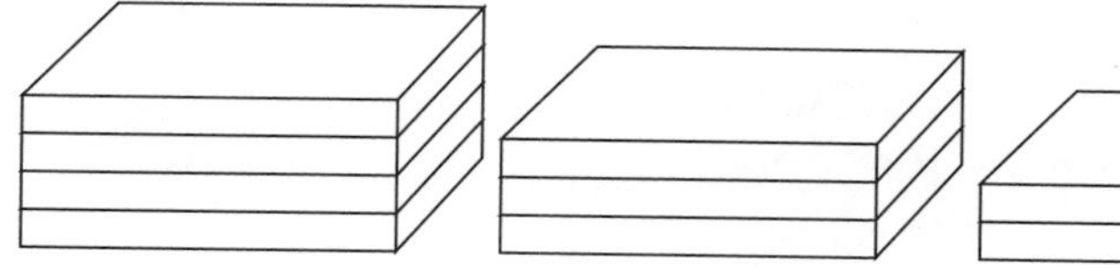

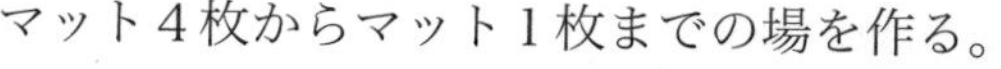

4　ミニコラム

ブリッジは、手と足を伸ばしてへそを上方へ持ち上げ、体を反らせる技である。両手を伸ばすタイミングで、両手の間を見るように首を反ると、体を持ち上げやすくなる。ブリッジがきれいに見える。また、体の反りができるようになると、その後の発展技もできるようになる。例えば、逆立ちや首はね跳び、頭はね跳びなどの技である。体の柔らかい子供は、立った状態から後方に反り返りながら、ゆっくり両手が床に着くように倒れて、そのままブリッジができる。ブリッジの状態から起き上がることもできる。１年生の子供でもできる楽しい技である。

5 方法・手順

(1) 基礎感覚を養う

①2人組で背中合わせになって、シーソーをする。

②立った状態で、後方に体を反ってボール渡しをする。

③立った状態で、後方に体を反ってバンザイタッチをする。

(2) 壁を使って手の向きと体の反りができる（右の写真）

①壁に顔を向けて立ち、頭の高さで両手を着く。
歌「なべなべ底抜け・底が抜けたら・かえりましょう」に合わせながら、左右の手を交互に左（右）回りで動かしていく。体が反転する。

②「底が抜けたら・戻りましょう」で、両手を交互に右(左)回りで動かしてはじめの状態になる。

(3) 肋木の横木をつかまりながら、徐々に大きな体の反りができる
歌「なべなべ底抜け（体が反転）・底が抜けたら・下がりましょう・下がりましょう」で肋木の横木を、手で交互につかみながら1段下がる。
「底が抜けたら・戻りましょう」（元に戻る）で1段下がりができたら、次は、2段下がり。

2段下がりができたら、3段下がりに進んで、着手位置が床に近づいていくようにする。

(4) マット4枚重ねの場所で、ブリッジをする

①マットに背中を着けて、両足は床に着ける。

②マットに寝てから、右のようにブリッジをする。

③へその位置が高くなるように、膝や肘が伸びているか確認する。
手と足の着く位置が離れすぎないようにする。

④4枚重ねのマットでできたら3枚、2枚、1枚と減らした場所に挑戦する。

(5) マット1枚の上で（足もマットの上）ブリッジをする

6 コツ・留意点

(1) 目が両手の間を見るように、壁や肋木、マットに視線の目玉や赤玉を置く。

(2) 膝や肘が伸びない子供には、補助者が背中に両手で支えて、上方に持ち上げるようにする。
背中の下に入って支えたりする。

7 この技でのチャンピオンは、ここまでできる！

①片足を持ち上げる　②片手をマットから離す　③頭の方向に歩く　④足の方向に歩く

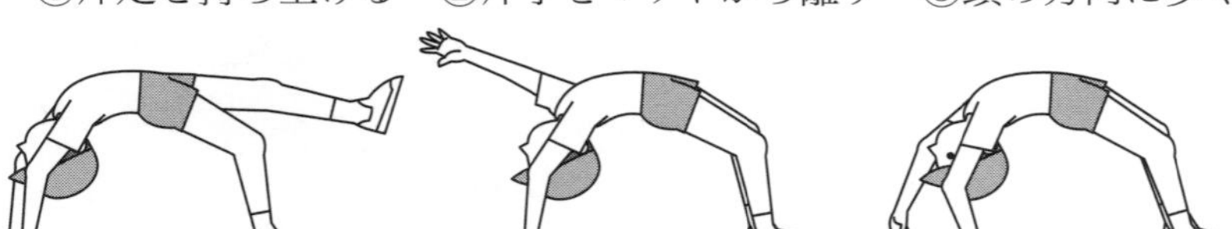

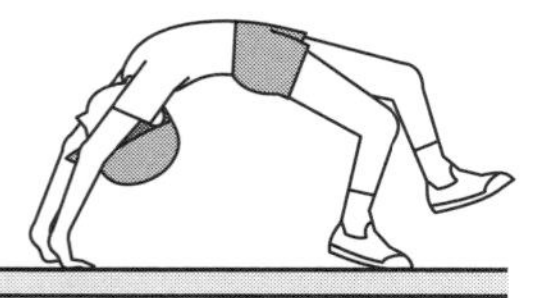

これでバッチリ！ レベルアップ学習カード「ブリッジ」

年　　組　　番（　　　　　　　　）

レベル	内容	やり方	振り返り
1	ペア運動 **技（わざ）と自己評価（じこひょうか）のポイント** （背中が反った姿勢） ◎→そのまま５秒間／○→そのまま３秒間／△→３秒間より少ない	①シーソー　②ボール渡し　③両手タッチ	月　日 ・ ・ ・ できばえ　◎　○　△
2	壁 **ポイント** 「なべなべ底抜け」をする。 ◎→肘と膝が伸びる／○→両手の間を見る／△→両手の間を見ない	膝を伸ばす。	月　日 ・ ・ ・ できばえ　◎　○　△
3	ろく木 **ポイント** 「なべなべ底抜け」をする。 両手を下げる。◎→３段下がる／○→２段下がる／△→１段下がる 元の高さに戻る。	０段 １段 ２段 ３段	月　日 ・ ・ ・ できばえ　◎　○　△
4	マット４枚→１枚 **ポイント** 肘や膝が伸びるように、友達同士で補助し合う。補助なしで、頭がマットに着かなくなったらマットを１枚ずつ減らしていく。	４枚 ３枚 ２枚 １枚 マットの枚数を減らしていく。	４枚：月　日　できばえ　◎　○　△ ３枚：月　日　できばえ　◎　○　△ ２枚：月　日　できばえ　◎　○　△ １枚：月　日　できばえ　◎　○　△
5	マット１枚 **ポイント** マットの上で、手足を着いてブリッジする。初めは補助ありで、次に補助をなくす。肘も膝も伸びたブリッジをする。	肘と膝を伸ばす。	月　日 ・ ・ ・ できばえ　◎　○　△

学習カードの使い方：できばえの評価

レベル１～５の評価： 友達に見てもらう

レベル１～３の評価： 内容の項目で◎○△を付ける

レベル４・５の評価： ◎よくできた→肘も膝も伸びる／○できた→肘か膝が伸びる／△もう少し→頭がマットに着いている

※振り返りには、「自分で気づいた点」と「友達が見て気づいてくれた点」の両方を書きます。

① 前転・開脚前転（発展技）

太田政男

1 展開

（1）学習のねらい

①開脚前転をする時の手や踵の着き方が分かる。

②膝を伸ばした開脚前転ができる。

（2）学習のねらいを体現する発問・指示

主体的な学びの発問・指示→立ち上がる時、踵から着きますか、つま先から着きますか。

対話的な学びの発問・指示→開脚前転で立ち上がる時、手はどこに着いたらよいですか。

深い学びの発問・指示→上手に開脚前転をするコツは何ですか。

指示1　ゆりかごをします。1、2、3、4、5。

指示2　今度は手も床に着けて、1、2、……5で立ちます。

指示3　２人で息を揃えて、1、2、3で立ちます。

説明1　バンザイをして、アンテナ。足を開いて、立ちます（演示する）。

指示4　練習してごらん。

発問1　立ち上がる時、踵から着きますか、つま先から着きますか。自分でやってどちらがいいか確かめてごらん。

指示5　脚がマットの近くにきた時に、脚を開きなさい。

発問2　開脚前転で立ち上がる時、手はどこに着いたらよいですか。ももの近くか、ももから遠くか。どちらがよいかグループでやって確かめてごらん。

説明1　頭をぐっと前に出すといいですね。

指示6　前転をします。

指示7　膝を少し伸ばして前転をします。

指示8　開脚前転をします。最初はレベル１です（レベル１はマット３枚）。

指示9　レベル１で合格と言われた人は、レベル２に挑戦してごらん（以下、カードを見ながら挑戦）。

発問3　上手に開脚前転をするコツは何ですか。

❶基礎となる運動をする
・ゆりかご→開脚
・前転→膝を伸ばして前転

↓

❷発問　立ち上がる時、踵から着くかつま先から着くか。
評価の観点　踵から着くことができたか。

↓

❸発問　立ち上がる時、手はどこに着いたらよいか。
評価の観点　ももの近くで着くことができたか。

↓

❹学習カードを進める
レベル1から順番に進める。

↓

❺発問　上手に開脚前転をするコツは何か。
評価の観点　自分の見つけたコツを言語化して伝えられるか。

2 NG事例

（1）いきなり開脚前転に挑戦させない。

（2）レベル1からレベル３や４へと飛ばして挑戦させない。

3 場づくり

準備物／マット７枚（子供の数が多ければ増やしてもよい）、ロイター板１台

①「基本の場」

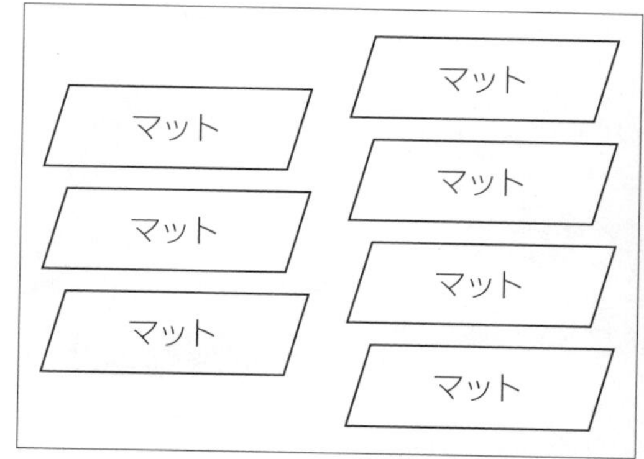

②「習熟度別の場」 自分の挑戦したい場を選んで、練習する

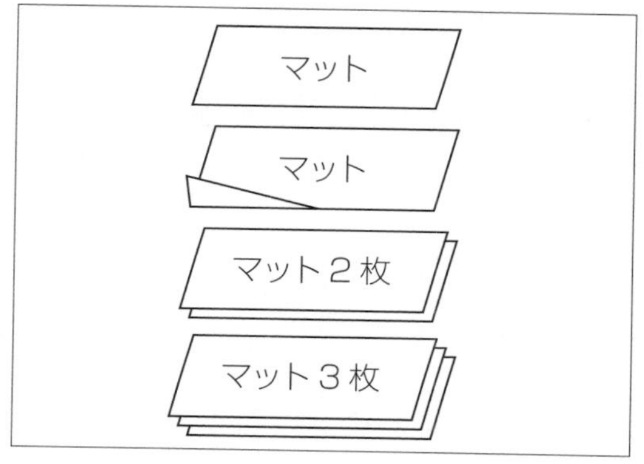

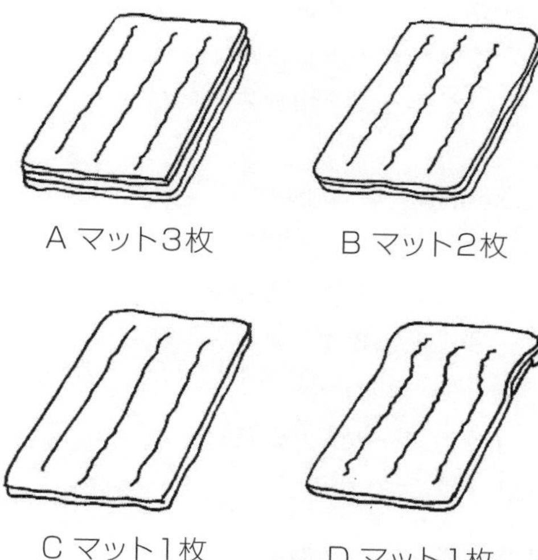

4 ミニコラム

向山洋一氏は前転の指導について次のように言っている。

> 向山は「ボールのように回ってキョンシー」と指導した。
> キョンシー、昔人気のあったテレビアニメのお化けである。
> マット上からの前回りと床からの前回り、当然違う。
> このような小さな差を次々と１０も２０も子供に与えていくのだ。私は大学の時、「元オリンピック選手」の先生に習ってマット運動一つで何と知的なのかと感心した。著書にも書いたことであるが……。（『楽しい体育の授業』2004 年４月号 p.70）

向山氏の言葉から「イメージさせる言葉」の大切さ、「小さな差」のある運動を「次々」と「10も20も」させていくことの大切さが分かる。

5 方法・手順

(1)「基本の場」

ゆりかごから開脚前転へと順番に発展させていく。

①ゆりかごを５回する。
②手を床に着けるゆりかご。５回目で立つ。
③２人で息を揃えてゆりかご。３回目で立つ。
④床に背中をつけて「バンザイ」をした状態になる。
足を上げて背支持倒立になった状態を「アンテナ」と名付け、子供たちにも真似させる。
⑤床に背中を着けてバンザイをした状態(右図)から足を開いて座った状態になる。
⑥⑤と同じ運動をして、最後に少しお尻を浮かせる。
⑦頭を前に出すことを意識させると、開脚の姿勢で立てるようになる。
⑧立ち上がる時に踵から着く方がよいことに発問して気づかせる。
⑨手はももの近くに着く。
⑩足を早く開きすぎる子にはマットに着くギリギリまで我慢することを教える。

(2)「習熟度別の場」

４つの場を作り、順番に挑戦させていく。
１つの場で合格したら次のマットで練習しながら、次の評定を待つ。
①３枚重ねのマット
②２枚重ねのマット
③ロイター板で傾斜をつけたマット
④１枚のマット

6 コツ・留意点

(1)一度にいろんなポイントを教えない。一時に一事で教え、少しずつ難易度を上げていく。
(2)場づくりも「ちょっとの変化」を意識して行う。子供たちの実態に合わせてマットの枚数を増やしてもよい。

7 この技でのチャンピオンは、ここまでできる！

①両手を股の近くに着く　②膝を伸ばしたまま開脚立ちができる

上手に立てる子供には着手せずに開脚立ちすることに挑戦させてもよい。

これでバッチリ! レベルアップ学習カード「前転・開脚前転(発展技)」

年　　組　　番(　　　　　　　　　　　)

レベル	内容	やり方	振り返り
1	ゆりかご・立つ **技(わざ)と自己評価(じこひょうか)のポイント** 2人で息を合わせて同じ動きをする。		月　日 ・ ・ ・ できばえ ◎ ○ △
2	バンザイ・アンテナ **ポイント** 立ち上がる時に頭を前に出すようにする。		月　日 ・ ・ ・ できばえ ◎ ○ △
3	3枚マット **ポイント** 1人ずつテストをして合格したら次のレベルに進むようにする。		月　日 ・ ・ ・ できばえ ◎ ○ △
4	2枚マット **ポイント** 1人ずつテストをして合格したら次のレベルに進むようにする。		月　日 ・ ・ ・ できばえ ◎ ○ △
5	傾斜つきマット **ポイント** 1人ずつテストをして合格したら次のレベルに進むようにする。		月　日 ・ ・ ・ できばえ ◎ ○ △
6	1枚マット **ポイント** 膝がしっかり伸びているかチェックする。		月　日 ・ ・ ・ できばえ ◎ ○ △

学習カードの使い方：できばえの評価

レベル2～6の評価： ◎よくできた→膝を伸ばした状態で足を開いて立てる／○できた→膝を伸ばした状態で少しお尻が浮く／△もう少し→足を開いて座る

それぞれのレベルに合わせて◎○△があります。当てはまる物に○をしましょう。

※振り返りには、「自分で気づいた点」と「友達が見て気づいてくれた点」の両方を書きます。

(2) 中学年 マット運動

② 後転

中嶋剛彦

1 展開

(1) 学習のねらい

①順次接触の技術、回転加速の技術、頭越しの技術を習得し回転できる。

②両腕で体を支持し、脚を閉じてまっすぐ回転することができる。

(2) 学習のねらいを体現する発問・指示

主体的な学びの発問・指示→どうしたら後転ができるようになるかな。

対話的な学びの発問･指示→◯◯さんができるためには、どんな声かけをすればいいかな。

深い学びの発問・指示→◯◯さんの後転は、なぜきれいに見えるのかな。

ストレッチ等の準備運動を行う。

指示1 ローテーション運動を行います。協力して準備します(図1)。1つの場は1分半程度でグループごとにローテーションしながら、それぞれの場で運動をしていく。

指示2 後転をします。準備をします(図2)。

発問1 どうしたら後転ができるようになるかな。

説明1 スピードをつけて、なめらかに回ることがポイントです。

発問2 ◯◯さんができるためには、どんな声かけをすればいいかな。

指示4 おへそを真上から見ながら回ります。お尻を踵から遠いところにつき、スピードをつけて回ります。

発問3 ◯◯さんの後転は、なぜきれいに見えるのかな。

指示4 手のひらは八の字に開いて、後ろの首の辺りにもってきます。腕でしっかり体を支えて、脚を閉じてまっすぐ回転するときれいに見えます。

指示6 学習カード、どれくらいできるようになったかを記録します。

指示7 マットの後片付けをします。グループで協力して行います。

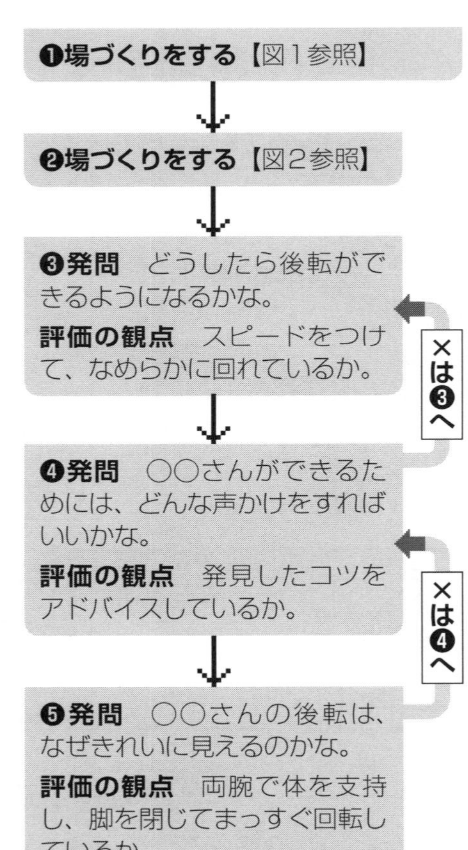

2 NG事例

いきなり難易度の高い場でさせない。

3 場づくり

準備物／マット10枚、ロングマット２枚、踏み切り板２台

《習熟度に応じた場づくりの例》

(A) 平マット	(B) 坂道マット	(C) 溝マット	(D) 坂道溝マット

通常にマットを敷く。きれいな後転を目指したり、発展技の開脚後転に挑戦する場。	マットの下に踏み切り板を敷き傾斜を作る。回転速度を高め回転しやすくする場。	マットの上に頭の幅ほど溝ができるように2枚のマットを重ねる。頭越しをしやすくするための場。	溝マットの下にロイター板を敷く。回転速度を高め、回転や頭越しをしやすくするための場。

①ローテーション運動の場づくり【図１】

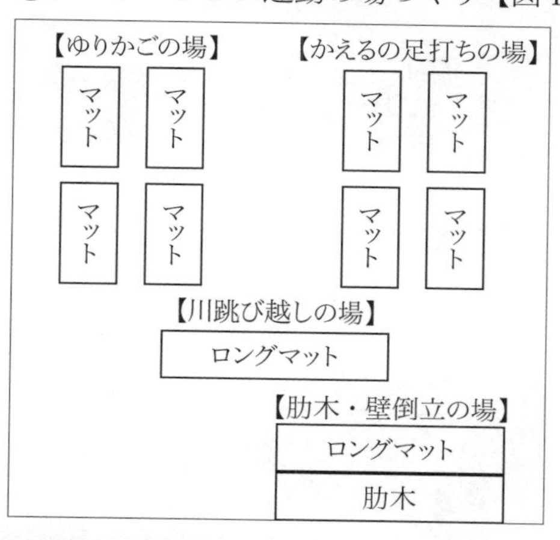

②後転練習の場づくり【図２】

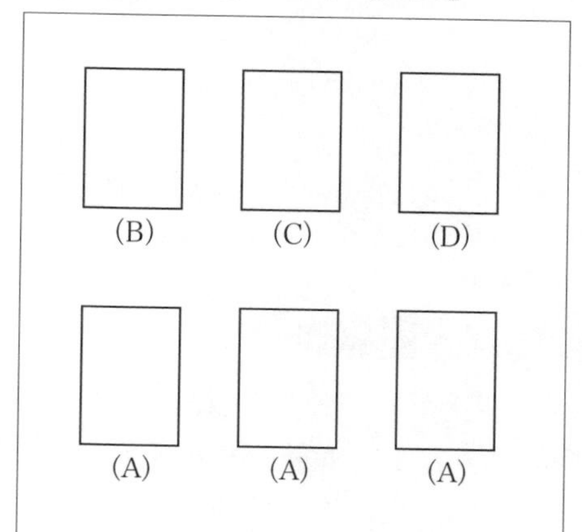

4 ミニコラム

後転ができるようになるためには、「順次接触の技術」「回転加速の技術」「頭越しの技術」の習得が必要である。後転の練習をする際は、どの技術の習熟が不十分かを分析し実態に合った練習をしたり場を選んだりすることが大切である。

5 方法・手順

（１）ローテーション運動

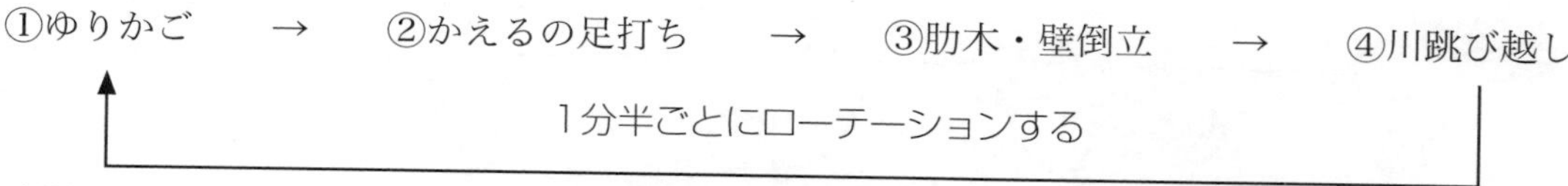

時間がきたらローテーション形式で場所を移動し運動を行う。１つの運動を１分半行う。

運動を行う際は、ただ運動させるのではなく、マットの色々な技につながる運動だというこ

とを理解させ、ポイントや目的を意識して取り組ませるようにする。場所の移動は側転で行う。

①ゆりかご

体育座り

アンテナ

足つき

②かえるの足打ち

③肋木・壁倒立

④川跳び越し

（2）後転の練習

①自分に合った場を選んで練習する。

②真正面からへそを見て回る練習をする（背中を丸めてなめらかに回る練習）。

③お尻を踵から離れたところに着いて回る練習をする（回転速度を上げる練習）。

④着手してマットを突き放す練習をする。

⑤きれいな後転の練習をする。

坂道溝マット

溝マット

6 コツ・留意点

（1）回転感覚が不十分で坂道溝マットの場でも回れない子は、首抜き後転をさせたり補助をして回らせたりして回転感覚を養う。

（2）うまく着手ができない子は八の字で首の後ろにかまえさせる。突き放しが弱い子は手をグーにして着手させるステップを入れるとよい。

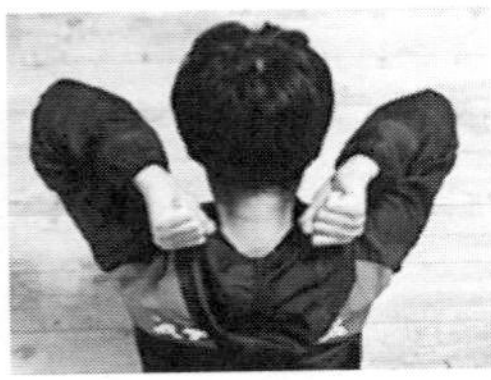

7 この技でのチャンピオンは、ここまでできる！

両手でマットを突き放し、しゃがみ立ちで着地する後転。

これでバッチリ!レベルアップ学習カード「後転」

年　　組　　番（　　　　　　　　）

レベル	内容	やり方	振り返り
1	坂道溝マット **技(わざ)と自己評価(じこひょうか)のポイント** 坂道でスピードをつけ、溝に頭を入れて回る。		月　日 ・ ・ ・ できばえ ◎ ○ △
2	溝マット **ポイント** 踵から離れたところにお尻を着き勢いをつけ、溝に頭を入れて回る。		月　日 ・ ・ ・ できばえ ◎ ○ △
3	坂道マット **ポイント** 真正面からへそを見て「お尻→背中→首→頭」と順序良くマットに着いて回る。		月　日 ・ ・ ・ できばえ ◎ ○ △
4	平マット **ポイント** 手でマットを突き放す。		月　日 ・ ・ ・ できばえ ◎ ○ △

学習カードの使い方：できばえの評価

レベル1～4の評価：◎よくできた→なめらかに回れる／○できた→まっすぐ回れる／△もう少し→回れない

それぞれのレベルに合わせて◎○△があります。当てはまる物に○をしましょう。

※振り返りには、「自分で気づいた点」と「友達が見て気づいてくれた点」の両方を書きます。

【きれいな後転に挑戦しよう！】友達と見合って、できたら☆に色をぬろう！

【回るスピードをつける】
踵から離れたところにお尻を着き勢いよく回る。

【順序よく着く】
真正面からへそを見る。

【頭を越す】
手でマットを突き放す。

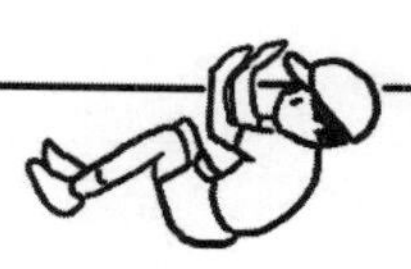

なめらかに回る。☆1

まっすぐ回る。☆2

足・膝を閉じて回る。☆3

しゃがみ立ちになる。☆4

③ 開脚後転

大谷智士

1 展開

（1）学習のねらい

①開脚後転の足を開くタイミングが分かり、回転することができる。

②膝の伸びた大きな開脚後転ができる。

（2）学習のねらいを体現する発問・指示

主体的な学びの発問・指示→足を開くのは、いつかな。

対話的な学びの発問・指示→手の着き方や膝の開き方が正しいかな。

深い学びの発問・指示→膝を伸ばした大きな開脚後転をするには、どうしたらいいかな。

指示1 犬歩きで壁をタッチして、戻って来ます。うさぎ跳びで反対の壁をタッチ、などです。

指示2 戻って来た人から2人組。2人で協力してマットを運びます。

指示3 ゆりかごをします。

指示4 ゆりかごから後転をします。

指示5 開脚ゆりかごをします。

発問1 足を開いて回る後転を開脚後転といいます。足を開くのは、回転してすぐですか。それとも、足を着く直前ですか。

指示4 2つの開き方を試してみましょう。

指示5 友達の足の開くタイミングが合っていたら、「いいよ」「合格」と教えてあげましょう。

発問3 膝を伸ばした大きな開脚後転をするには。どうしたらいいですか。

指示4 踵からお尻の着く位置を少しずつ離して練習をします。

指示6 お尻の着く位置が遠いほど、回転に勢いがつき、よい回転ができます。

指示6 連続して開脚後転をやってみよう。

指示7 マットの片付けをします。グループで協力して行いましょう。

❶場づくりをする 時間差を作り、ペアで準備させる。

↓

❷発問 足を開くのは回転してすぐか、足を着く直前か。

評価の観点 足を着く直前に足を開くことができたか。

↓

❸発問 膝を伸ばした大きな開脚後転をするにはどうすればよいか。

評価の観点 踵から離れて位置にお尻を着いているか。

（×は❷へ）

↓

❹学習カードで評価する

□成果の確認をする。

□課題の把握をする。

2 NG事例

（1）後ろ向きに回転する時に首を痛めない、手の位置を教えておく。

（2）まっすぐに後転ができるようになってから、挑戦させる。

3 場づくり

準備物／マット10枚、踏み切り板２台、赤玉２つ

①「基本の場」 マット８枚。子供の数に応じて調整する。

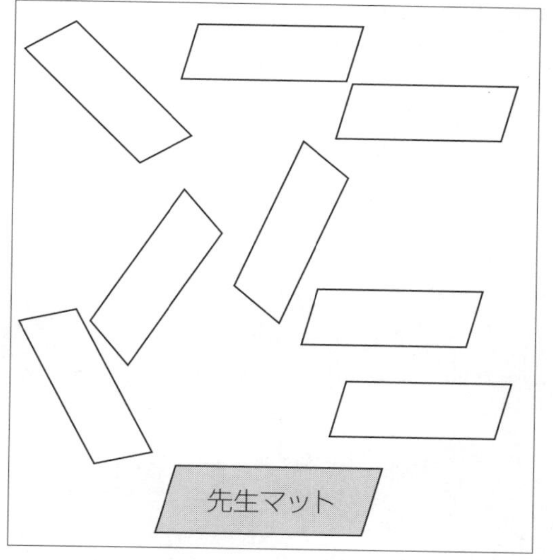

↑ゆりかごから、つま先をチョン。

↑ゆりかごから、足を開いてチョン。

②「習熟度別の場」 自分で挑戦した場を選んで、練習する。

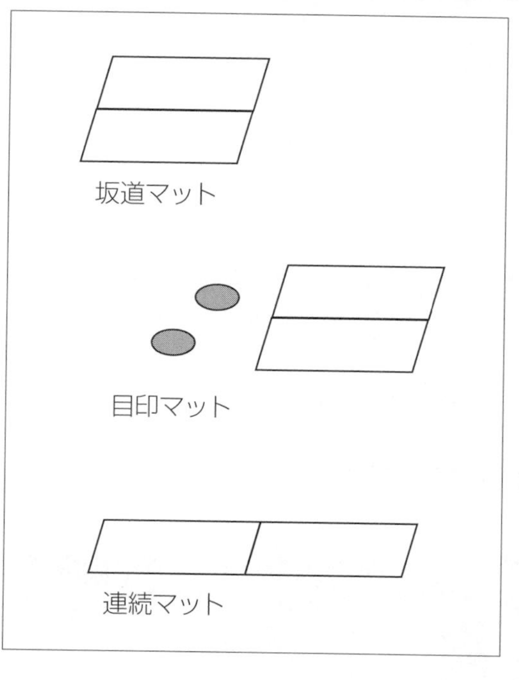

マットの下に踏み切り板を入れ、傾斜を作った場。

マットの下に踏み切り板を入れ、傾斜を作った場。

4 ミニコラム

開脚後転は、後転の回転途中、足が真上を通過してから足を大きく開き、開脚立ちになる運動である。後転と同じ技術で行うことができ、特に、後転で手を着くことがしっかりできているとさほど難しくない運動である。

5 方法・手順

（1）「基本の場」

①準備運動として、ゆりかごをする。

②ゆりかごで、床をつま先でチョン（ゆりかごで、つま先を床に着ける）。

③ゆりかごから、後転をする。

④ゆりかごで、足を開いてチョン（開脚でのゆりかごをする）。

⑤２人一組になる。足の開くタイミングが合っているか、友達に判定してもらう。

（2）「習熟度別の場」

①マットの下に、踏み切り板を入れた坂道の場で、開脚後転をする。

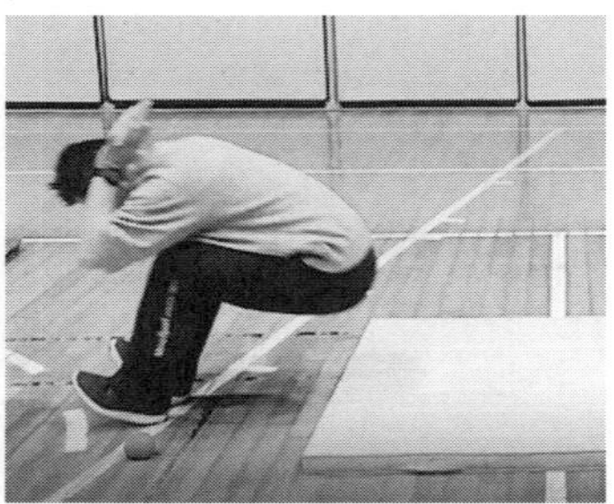

②マットの先から少し離れた所に目印（赤玉）を置いた場で、開脚後転をする。

③マットを縦に２枚並べ、連続で開脚後転をする。

6 コツ・留意点

（1）手の正しい着き方を教え、ゆりかごなどの運動遊びを十分に行う。

（2）回転加速を伴ったスピードのある開脚後転をするために、足を床に着く直前に足を開くようにする。友達の足を開くタイミングが合っているかどうかを判定させる（焦点化・共有化）。

（3）膝を伸ばした大きな開脚後転につながるように、踵とお尻の位置を遠くする。そのために目印の赤玉を足の位置に置き、位置を少しずつ離していく（視覚化）。

7 この技でのチャンピオンは、ここまでできる！

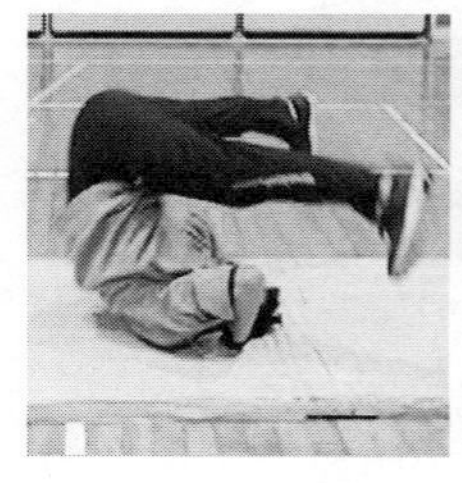

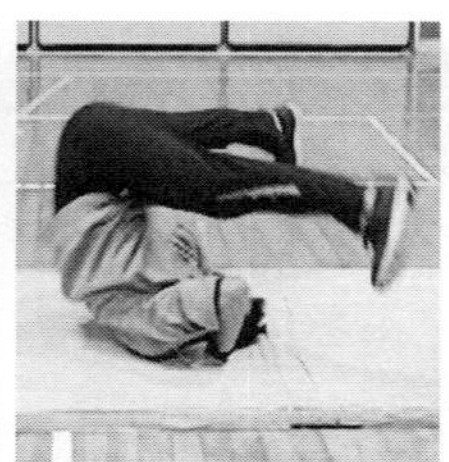

膝を伸ばして、連続で開脚後転ができる。

これでバッチリ! レベルアップ学習カード「開脚後転」

年　　組　　番（　　　　　　　　）

レベル	内容	やり方	振り返り
1	ゆりかご 技(わざ)と自己評価(じこひょうか)のポイント ゆりかごができる。◎→3回つま先を着く／○→3回できる／△→3回未満		月　日 ・ ・ ・ できばえ ◎ ○ △
2	開脚ゆりかご ポイント 開脚でつま先を着ける。◎→5回できる／○→3回できる／△→3回未満		月　日 ・ ・ ・ できばえ ◎ ○ △
3	坂道で開脚後転 ポイント 坂道マットで開脚後転ができる。◎→マットの下から回る／○→マットの上から回る／△→後転ができる		月　日 ・ ・ ・ できばえ ◎ ○ △
4	目印開脚後転 ポイント 目印マットで開脚後転ができる。◎→15cm以上離す／○→マットから5cm離す／△→マットの上		月　日 ・ ・ ・ できばえ ◎ ○ △
5	膝を伸ばして ポイント 膝を伸ばして開脚後転ができる。◎→目印マットで／○→坂道マットで／△→マットの上で		月　日 ・ ・ ・ できばえ ◎ ○ △
6	連続で開脚後転 ポイント 連続で開脚後転ができる。◎→膝を伸ばして連続でできる／○→しゃがんで連続でできる／△→坂道マットの上で連続でできる		月　日 ・ ・ ・ できばえ ◎ ○ △

学習カードの使い方：できばえの評価

レベルの評価：◎よくできた／○できた／△もう少し

それぞれのレベルに合わせて◎○△があります。当てはまる物に○をしましょう。

※振り返りには、「自分で気づいた点」と「友達が見て気づいてくれた点」の両方を書きます。

④側方倒立回転

根本正雄

1 展開

（1）学習のねらい

①側方倒立回転の手―手―足―足の順序が分かり、回転できる。

②腰の伸びた側方倒立回転ができる。

（2）学習のねらいを体現する発問・指示

主体的な学びの発問・指示→手と足、何から動かすといいのかな。

対話的な学びの発問・指示→回転する時、声かけはどんな言葉がいいかな。

深い学びの発問・指示→腰が伸びる動きが、側方倒立回転につながるのはなぜかな。

指示1　グループで協力して場づくりをします。
①マットを４枚　②小マットを３枚　③小マットを２枚　④小マット１枚

発問1　手と足、何から動かすといいかな。

指示2　次の順番で「ト・トーン・トン・トン」のリズムで行います。マットの角に、左手、右手、右足、左足の順番で着いていきます。
①小マット４枚の角　②小マット３枚の角　③小マット２枚の角　④小マット１枚の角

発問2　補助する時、声かけはどんな言葉がいいかな。

指示3　大事なのは片手ずつ着手し、片足ずつ着地することです。「ト・トーン・トン」と「トン」のリズムで声かけします。４つの角があるので全部で４回側方倒立回転を行い、１周できるようにします。左回りをしたら逆の右回りをします。

発問3　腰が伸びる動きが、側方倒立回転につながるのはなぜかな。

指示4　膝、つま先を伸ばして、４枚重ねのマットでできたら３枚、２枚、１枚と減らした場所に挑戦していくと腰が伸びます。

指示5　学習カード、どれくらいできるようになったかを記録します。

❶場づくりをする　4枚→3枚→2枚→1枚。

↓

❷発問　手と足は何から動かすといいか。
評価の観点　手―手―足―足の順に着けたか。

↓

❸発問　回転する時、どんな言葉がけがいいのか。
評価の観点　どんなリズムで跳んだらよいか→「ト・トーン・トン・トン」

↓

❹発問　腰が伸びる動きが側方倒立回転につながるのはなぜか。
評価の観点　膝、つま先が伸びているか。

↓

❺学習カードで評価する
□成果の確認をする。
□課題の把握をする。

2 NG事例

（1）1つのステップを習熟しないで、次のステップに進む。

（2）いきなり、腰の伸びた側方倒立回転をする。
（3）4枚のマットから、すぐに1枚のマットに挑戦する。

3 場づくり

準備物／マット10枚
①「基本の場」　マット8枚。子供たちの数に応じて調整する。

②「習熟度別の場」　自分の挑戦したい場を選んで、練習する。

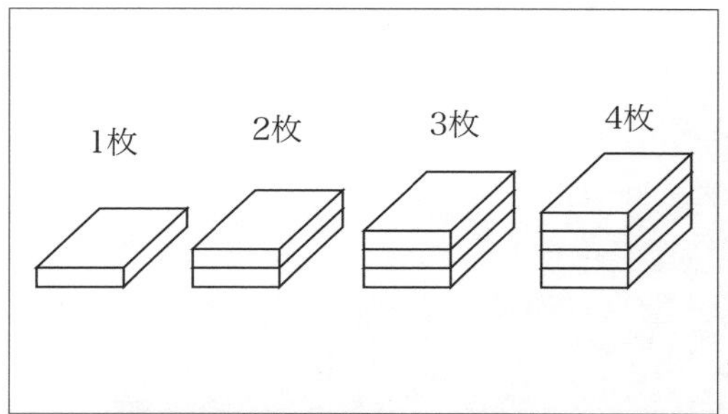

4 ミニコラム

側方倒立回転は、幼稚園児や保育園児でもすぐにできるようになる。体重が軽く、腕支持や逆立ちが簡単にできるからである。身のこなしの容易な時期に練習させると、連続側方倒立回転もできる。運動の楽しさを体験させるには、とてもよい教材である。

5 方法・手順

（1）マットの角に、左手、右手、右足、左足の順番で着く。

④ 側方倒立回転　中学年　マット運動

①小マット４枚の角の１つを使って「ト・トーン・トン・トン」のリズムで跳ぶ。
②小マット４枚の角を２つ使って「ト・トーン・トン・トン」のリズムで跳ぶ。
③小マット４枚の角を３つ使って「ト・トーン・トン・トン」のリズムで跳ぶ。
④小マット４枚の角を４つ使って「ト・トーン・トン・トン」のリズムで跳ぶ。

（2）片手ずつ着手し、片足ずつ着地する。

（3）四つの角があるので全部で４回側方倒立回転を行い、１周する。

（4）左回りをしたら逆の右回りをする。左右１回ずつで合計８回の練習をする。

（5）左右１周する頃にははじめできなかった子供もスムーズにできるようになる。

（6）４枚重ねのマットでできたら３枚、２枚、１枚と減らした場所に挑戦する。

↑左手→右手→右足→左足の順番で着く　↑「ト・トーン・トン・トン」のリズム

6 コツ・留意点

（1）マットに着手の手形を置く。あるいは、テープで印をつける。

（2）視線を固定し、片手ずつ着手し、片足ずつ着地する。

（3）「ト・トーン・トン・トン」のリズムで跳ぶ（聴覚化）。

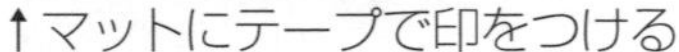

↑マットにテープで印をつける　↑片手ずつ着手し、片足ずつ着地

7 この技でのチャンピオンは、ここまでできる！

（協力 山梨県甲斐市あおぞら保育園）

これでバッチリ！ レベルアップ学習カード「側方倒立回転」

年　組　番（　　　　　　）

レベル	内容	やり方	振り返り
1	川跳び **技（わざ）と自己評価（じこひょうか）のポイント** 両手→両足の順に跳ぶ。 ◎→5回できる／○→3回できる／△→1回できる	「トン・トン」のリズムで跳ぶ	月　日 ・ ・ ・ できばえ　◎　○　△
2	跳び箱で川跳び **ポイント** 腰を高くあげて跳ぶ。 ◎→5回できる／○→3回できる／△→1回できる	逆向きも行う	月　日 ・ ・ ・ できばえ　◎　○　△
3	くの字側方倒立回転 **ポイント** 手―手―足―足の順で回転する。 ◎→5回できる／○→3回できる／△→1回できる	「ト・トーン・トン・トン」のリズムで回転する	月　日 ・ ・ ・ できばえ　◎　○　△
4	腰の伸びた側方倒立回転 **ポイント** おへそが正面を向く。	マットの手形、目印に合わせる	月　日 ・ ・ ・ できばえ　◎　○　△
5	連続で側方倒立回転 **ポイント** 腰が伸びたスムーズな回転をする。		月　日 ・ ・ ・ できばえ　◎　○　△

学習カードの使い方：できばえの評価

レベル1～3の評価： それぞれのレベルに合わせて◎○△があります。当てはまる物に○をしましょう。

レベル4・5の評価： ◎よくできた→腰が伸びている／○できた→腰がちょっとだけ曲がっている／△もう少し→くの字に曲がっている

※振り返りには、「自分で気づいた点」と「友達が見て気づいてくれた点」の両方を書きます。

⑤ロンダート（発展技）

東條正興

1 展開

（1）学習のねらい

助走からホップ（片足ではねること）を行い、ロンダートができる。

（2）学習のねらいを体現する発問・指示

主体的な学びの発問・指示→側転とロンダートはどんな違いがありますか。

対話的な学びの発問・指示→手をどのように着いたらいいですか。 置き方を考えなさい。

深い学びの発問・指示→突き放すためには、着手は近くと遠くのどちらがよいですか。

授業冒頭にロンダートの映像または連続図を見せる。

発問1 側転と比べてどんな違いがありますか。

指示1 最後に後ろ向きになるように、側転をします。

発問2 体が後ろ向きで着地しやすくするには、手はどのように着いたらいいですか。

A：平行　　B：斜め

指示2 グループで手の置き方を考えなさい。

※手形を使って着手の向きを話し合わせる。

指示3 グループで意見を話し合いなさい。

※運動をして比べた結果を話し合わせる。

指示4 逆さの時に、両足をお箸のように揃えます。グループで補助をし合いながら、「お箸！」と合言葉をかけます。※側方倒立回転からの補助倒立

指示5 空中でパチンと音を立てて両足を揃える。

指示6 4枚重ね、3枚、2枚、1枚の場を作ります。自分のやりやすい場を見つけましょう。

発問3 突き放すためには、着手は近くと遠くのどちらがよいですか。

説明1 遠くの方が、突き放しがしやすくなります。

指示7 ホップをしてからやってごらんなさい。

指示9 タブレットで撮影して友達同士で動きを確認してごらん。

❶発問1 側転と比べてどんな違いがありますか。

↓

❷発問2 手はどのように着いたらいいですか。

評価の観点 斜めに着手できる。

↓

❸指示 空中でパチンと音を立てて両足を揃えます。（×は❷へ）

評価の観点 両足を揃えられる。

↓

❹場づくりをする 4枚→3枚→2枚→1枚を横向き。

↓

❺発問 突き放すためには、着手は近くと遠くのどちらがいいか。（×は❸へ）

評価の観点 遠くに着手できる。

↓

❻学習カードで評価する

□成果の確認をする。

□課題の把握をする。

2 NG事例

（1）観点を与えないで子供に相互評価させる。

（2）1枚のマットだけで練習させる。

3 場づくり

準備物／マット10枚

（1）「基本の場」 マット4～5枚をそれぞれ縦に使用

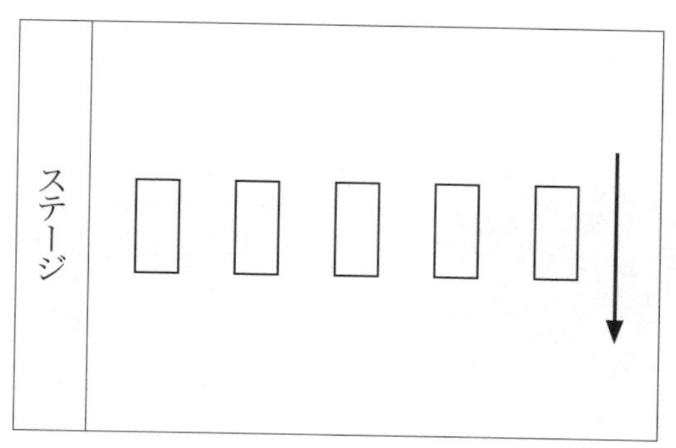

《場づくりⅠ マット1枚を縦に使用》

（2）「習熟度別の場」 重ねたマットを横に使用

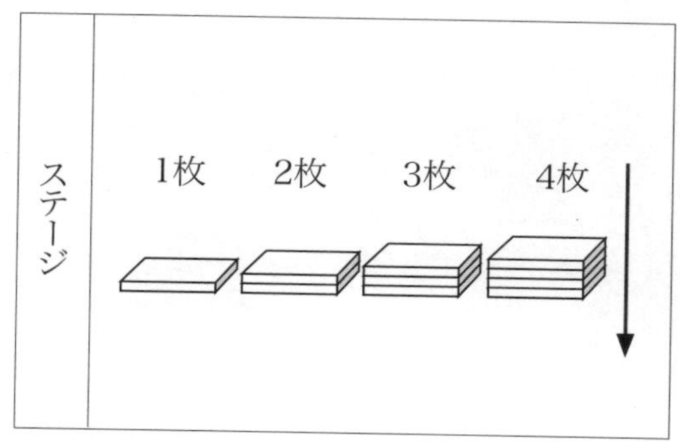

《場づくりⅡ 小マットを重ねて横に使用》

《4枚重ねマット》

習熟度別の場のように「落差法」を活用することで、高いマットほど滞空時間が長くなり、手の突き放しがしやすくなる。足が着地する前に手を離す感覚がつかみやすいことを体感させる。

4枚→3枚→2枚→1枚と高さを低くしていくことで、スモールステップで無理なく突き放しを習熟させることができる。全員に一度すべての場を体験させ、その後自分に合った場を選ばせて練習させるとよい。

4 ミニコラム

ロンダートの日本の小学校体育における歴史は浅く、平成10年に改訂された学習指導要領にマット運動の例示に取り上げられたのが最初である。日本語の表記法では、「側方倒立回転1/4ひねり跳び、後ろ向き立ち」となる。その名の通り、側方倒立回転からの発展技であり、「1/4ひねり」と「跳び」動作が加わるのである。体操競技の床、平均台、跳馬などで用いられ、着地が後ろ向き立ちになることから、後転跳びや後方宙返りなどにつなげるために使われることが多い。しかし、小学校においてはそのような後転跳びなどを行うことはなく、後転や開脚後転などにつなぐための位置付けになると通常考えられる。

⑤ ロンダート（発展技）　中学年　マット運動

5 方法・手順

（1）最後に後ろ向きになる側方倒立回転（へそとつま先をマットの入口側へ向ける）。
（2）斜めの位置関係に着手して（1）の側方倒立回転を行う。
（3）補助倒立で両足を揃え、そのままの状態で進行方向に下ろす。
（4）空中で音を立てて両足を揃え、両足同時に着地する。
（5）遠くに着手する。

↑①へそとつま先が後ろ向きになるように着地する側方倒立回転。

↑②補助倒立で両足を「お箸」にする。着手は斜め。

6 コツ・留意点

（1）マットに着手の手形を置く。または手を置く位置にテープで印をつける（視覚化）。
（2）へそを後方に向けて着地する。
（3）両手同時に着手する（焦点化）。
（4）空中において、両足をぶつけて音を立てる（動作化）。

手形

両足をぶつけ、「パチン」と音を鳴らす

7 この技でのチャンピオンは、ここまでできる！

①助走からホップ

②両足「パチン」

③両手の突き放し

④両足同時着地

⑤安定した静止

両足着地の前に両手が突き放せたら、チャンピオン。

これでバッチリ！ レベルアップ学習カード「ロンダート」

年　　組　　番（　　　　　　　　）

レベル	内容	やり方	振り返り
1	**側方倒立回転** **技(わざ)と自己評価(じこひょうか)のポイント** ①手・手・足・足のリズムで回転する。 ②後ろ向きに着地をする。	◎腕、膝、腰を伸ばす 後ろ向き	月　日 ・ ・ ・ できばえ ◎ ○ △
2	**側方倒立回転～補助倒立** **ポイント** ①手を斜めに着く。 ②倒立したら、両足を「お箸」のように付ける。 ③両足を一緒に下ろす。	「お箸」	月　日 ・ ・ ・ できばえ ◎ ○ △
3	**ロンダート** **ポイント** ①手を斜めに着く。 ②両足を「パチン」と音を鳴らして付ける。	「パチン」	月　日 ・ ・ ・ できばえ ◎ ○ △
4	**ホップ～ロンダート** **ポイント** ホップからロンダートをする。	ホップ	月　日 ・ ・ ・ できばえ ◎ ○ △
5	**ロンダートで突き放し** **ポイント** （重ねマット） ①ホップからロンダートをする。 ②足が着く前に両手を突き放す。	着地前の突き放し	月　日 ・ ・ ・ できばえ ◎ ○ △

学習カードの使い方：できばえの評価

レベル4・5の評価： ◎よくできた→腰が伸びている／○できた→腰がちょっとだけ曲がっている／△もう少し→くの字に曲がっている

それぞれのレベルに合わせて◎○△があります。当てはまる物に○をしましょう。

※振り返りには、「自分で気づいた点」と「友達が見て気づいてくれた点」の両方を書きます。

(3) 高学年 マット運動

① 開脚前転

上川 晃

※種目は高学年のものですが、写真で実技を行なっているのは4年生であることをお断りいたします。

1 展開

（1）学習のねらい
①前転の後頭部―背中―お尻―足裏の順序が分かり、回転できる。
②開脚前転の回転―開脚―着手の順序が分かり、回転できる。
（2）学習のねらいを体現する発問・指示
主体的な学びの発問・指示→手を着く位置は、遠くかな近くかな。
対話的な学びの発問・指示→足を開くのは、いつだろうか。友達と見つけてごらん。
深い学びの発問・指示→きれいに立ち上がるには、どうすればいいのだろう。

指示1 準備運動です。リズム太鼓に合わせます。動きなさい（ケンパー、ケンケンパー、うさぎ跳び、かえる跳び、かえる倒立、かえるの足打ち）。

指示2 グループで協力して場づくりをします。各班でマットを1枚用意します。

指示3 前転をします。それぞれ2回できたら、座って待ちます（手を着いて、頭の後ろを着いて、へそを見て、膝を閉じて）。

指示4 開脚前転をします。場づくりをします。

指示5 開脚前転をします。それぞれの場所で2回できたら、座って待ちます。

発問1 手はどこに着きますか。前の方ですか脚の近くの方ですか。⇒近く。太ももに付けるくらい脚に近い方がいい。

指示6 試してみましょう。床でやってみましょう。

発問2 脚は、いつ開きますか。⇒両足が着くちょっと前。

指示7 試してみましょう。床でやってみましょう。

指示8 開脚前転の練習をします。今まで試したことを、自分に合う場所でやってみましょう。

発問3 友達のよいところを見つけ、互いに真似をしましょう。

❶開脚前転の場づくりをする
セーフティマット＋その上に1枚→3枚重ね→2枚重ね→1枚のみ。

↓

❷発問 手はどこに着くといいか。前の方か、脚の近くの方か。
評価の観点 手が、太ももの内側にくっついているかどうか。

↓

❸発問 脚はいつ開くといいか。
評価の観点 両足が床に着く直前に開いたかどうか。

↓

❹発問 友達のよいところを見つけましょう。
評価の観点 膝、つま先が伸びているか。両手を太ももの近くに着いたか。

↓

❺学習カードで評価する
□成果の確認をする。
□課題の把握をする。

2 NG事例

（1）最初からマット1枚でさせる。
（2）ステップを細かく分けず、一度に指導する。

3 場づくり

準備物／セーフティマット２枚、マット14枚

①基本の場

〈左側…立つ練習〉〈右側…前転の練習〉

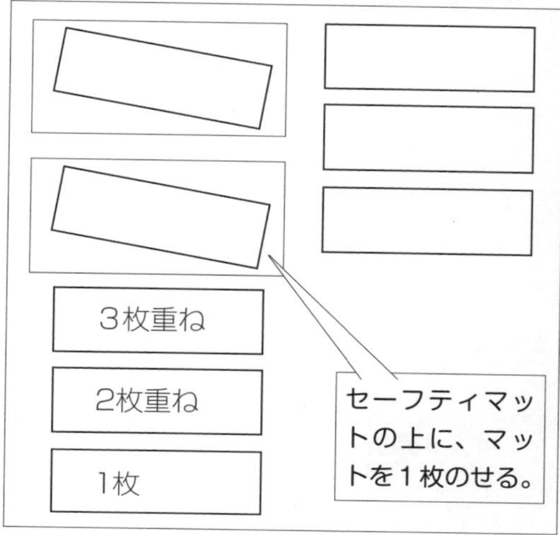

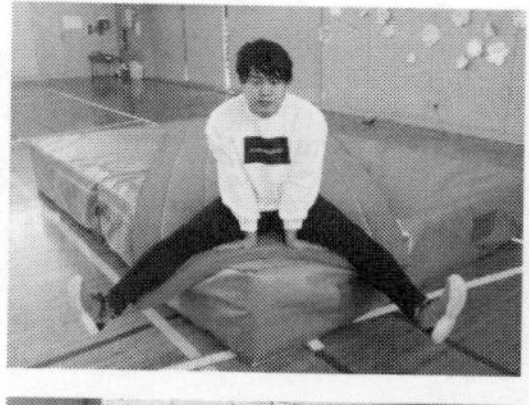

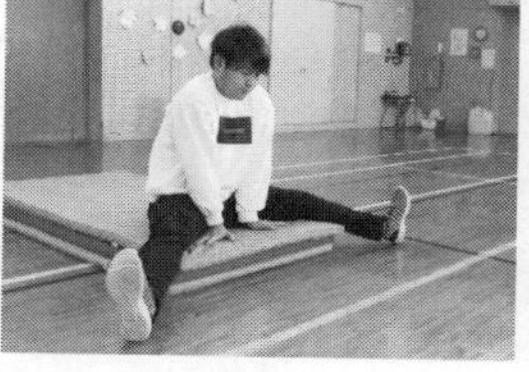

②習熟度別の場

〈開脚前転の練習〉

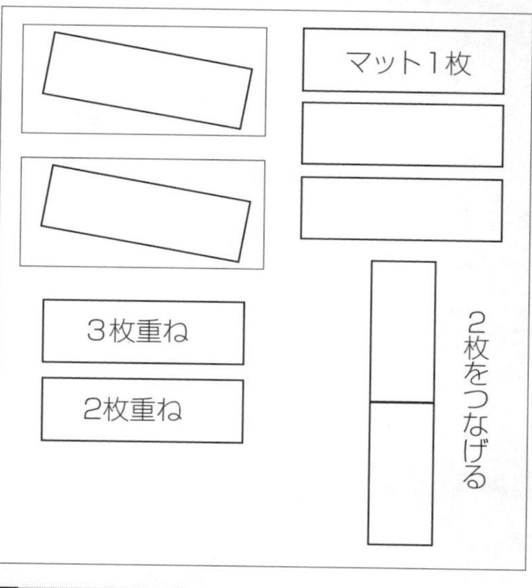

4 ミニコラム

どの子供も開脚前転ができるようにするポイント。

①準備運動の段階で、かえる跳び・かえる倒立・かえるの足打ちなどを行い、手で支える感覚を身につける。

②前転をする段階で、頭の後ろで回る、おへそを見て回るという技能を身につける。

③セーフティマット＋マットとマット３枚重ねとで開脚前転をする段階で、太ももの近くに手を着く、脚を開く、手で押すという感覚と技能を身につける。

① 開脚前転　高学年　マット運動

5 方法・手順

〈前転の練習〉

〈開脚の練習〉

（1）手を着いて、なめらかな前転ができる
　①頭の後ろをつけて回る。
　②おへそを見て回る。
　③「トン・パッ・クル」のリズムで回る。
（2）開脚前転のやり方を、体を使うなかで発見する
　①手はどこに着くといいか、確かめる。
　②脚はいつ開くのか、確かめる。
　③脚を開く時、どこに力をいれたら、膝が伸びるきれいなフォームができるか、確かめる。
　④どうしたら、最終の場面で、きれいに立ち上がることができるか、確かめる。
（3）セーフティマット＋マット１枚→マット３枚重ね→マット２枚重ね→マット１枚というふうに、順を追って、自分の習熟度に合わせて、開脚前転ができるようにする。できなかったら、また、セーフティマットまで戻りながら体感してゆく。

6 コツ・留意点

（1）頭の後ろで回る前転が、なめらかにできる。
（2）回転の途中で、両手を着く準備ができる。
（3）手を着く位置が分かり、体を持ち上げることができる。
（4）脚を開くタイミングが分かる。
（5）「トン・パッ・クル・開く」というリズムに合わせて回転できる。
（6）きれいに開脚前転し、立ち上がることができる。

7 この技でのチャンピオンは、ここまでできる！

　①きれいに開脚前転し、立ち上がる着地ができる。
　②前転、開脚前転の連続技ができる。

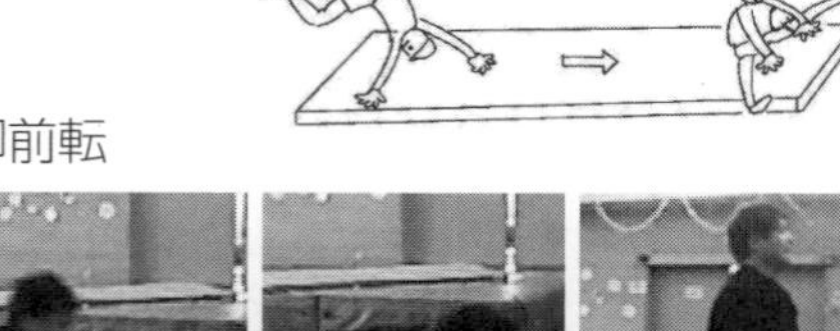

前転　　⇒　開脚前転

これでバッチリ！ レベルアップ学習カード「開脚前転」

年　　組　　番（　　　　　　　　　）

レベル	内容	やり方	振り返り
1	前転 **技と自己評価（じこひょうか）のポイント** （両手を着いて）◎→なめらかに前転できる／○→膝を閉じて前転／△→頭の後ろで回る	・頭の後ろで ・おへそを見て ・膝を閉じて	月　日 ・ ・ ・ できばえ ◎ ○ △
2	セーフティマットで開脚して立つ **ポイント** （立つときに）◎→腰を伸ばして立ち上がる／○→膝が伸びている／△→両手を太ももの近くに	・両手を太ももの近くに着く	月　日 ・ ・ ・ できばえ ◎ ○ △
3	重ねたマットで開脚前転 **ポイント** 開脚前転ができる。◎→１枚だけのマットで／○→２枚重ねたマットで／△→３枚重ねたマットで	・開脚前転して、立ち上がる	月　日 ・ ・ ・ できばえ ◎ ○ △
4	膝の伸びた開脚前転 **ポイント** （開脚前転を終えて立つとき）◎→きれいに伸びて、立つ／○→膝が伸びている／△→膝が曲がっている	・膝を伸ばしたきれいな開脚前転	月　日 ・ ・ ・ できばえ ◎ ○ △
5	連続技 **ポイント** （前転⇒開脚前転の連続技が）◎→きれいにできる／○→つながっている／△→つながらない	・なめらかで美しい連続技	月　日 ・ ・ ・ できばえ ◎ ○ △

学習カードの使い方：できばえの評価

レベル１～５の評価： 評価の基準はおおむね表の通りです（◎よくできた、○できた、△なんとかできた）

自分の目標を持って、がんばりましょう！

※振り返りには、「自分で気づいた点」と「友達が見て気づいてくれた点」の両方を書きます。

② 伸膝前転（更なる発展技）

髙玉ひろみ

1 展開

※小学校学習指導要領に、開脚前転の更なる発展技として「易しい場での伸膝前転」が例示。

（1）学習のねらい

①回転加速のある前転ができる（足の投げ出し、腰角度の変化）。

②膝を伸ばしたまま立ち上がることができる（柔軟性・着手位置・タイミング）。

（2）学習のねらいを体現する発問・指示

主体的な学びの発問・指示→立ち上がる時、手はどのタイミングで着くといいですか。

対話的な学びの発問・指示→足が頭の上を通過する時、腰は「ピン」と伸びているのと、「くの字」に曲がっているのと、どちらがいいですか。

深い学びの発問・指示→腰を「ピン」と伸ばすために、手はどこに着くといいですか。

指示1 グループで協力してマットを準備します。準備運動として、伸身ゆりかご、背支持倒立をします。

指示2 背支持前屈姿勢（※1）から、足を投げ出し、膝を伸ばしたまま①前屈します。②手を腰と膝の中間に着き、お尻が浮くくらい力強く押します。

※1：背支持倒立からつま先を床に着けた姿勢。

発問1 立ち上がる時、手はどのタイミングで着くといいですか。

A：踵→手の順　B：同時　C：手→踵の順

説明1 手と踵が同時にマットに着きます。

指示3 段差のあるマットで練習します。

発問2 足が頭の上を通過する時、腰は、「ピン」と伸びているのと「くの字」に曲がっているのと、どちらがいいですか。

説明2 背支持倒立のようにピンと伸ばします。

指示4 友達の腰がピンとなっているか確認します。

指示5 前転から立ち上がる練習をします。

発問3 腰を「ピン」と伸ばすために、手はどこに着くといいですか。

A：近く　B：遠く

指示6 場所を選んで練習します。易しい場所から始め、1つの場所をクリアしたら次の場所へ挑戦します。

指示7 学習カードに記録します。

❶場づくり、基本の運動

↓

❷発問　立ち上がる時、手はどのタイミングで着くといいか。A 踵→手の順 B 同時 C 手→踵の順

評価の観点　同時に着いているか。

↓

❸発問　足が頭の上を通過する時、腰は「ピン」と「くの字」と、どちらがいいか。

評価の観点　背支持倒立のようにピンと伸びているか。

↓

❹発問　腰を「ピン」と伸ばすために、手はどこに着くといいか。

評価の観点　腰角度を広げるような位置に着いているか。

↓

❺学習カードで評価する

□成果の確認をする。

□課題の把握をする。

2 NG事例

（1）技の系統性を踏まえずに指導する（前転→開脚前転→伸膝前転の順で指導する）。
（2）回転する勢いを生み出す動作（加速動作）を習熟せずに、次のステップに進む。
（3）立ち上がりの局面で膝を曲げる（立ち上がりの局面で膝を伸ばすことが伸膝前転の条件）。

3 場づくり

準備物／マット12枚、ロイター板３台（子供たちの数に応じて調整する）

（1）「基本の場」

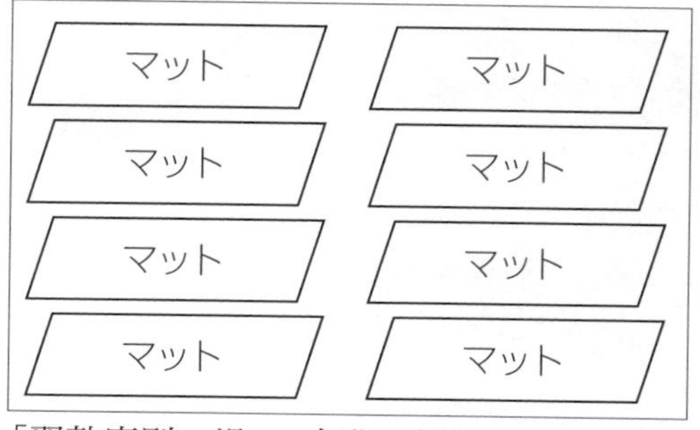

（2）「習熟度別の場」 自分の挑戦したい場を選んで、練習する。

①段差をつけた場づくり（４枚の場合）。

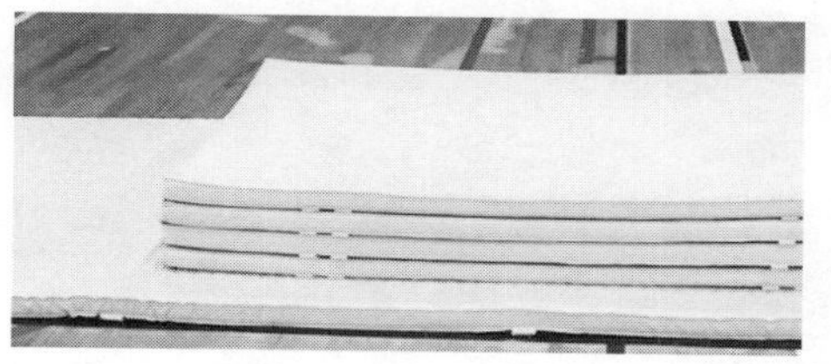

マット、ロイター板１台
マット、ロイター板２台
マット　マット１枚
マット　マット２枚
マット　マット３枚
マット　マット４枚

②傾斜をつけた場づくりⅠ（ロイター板２台）。

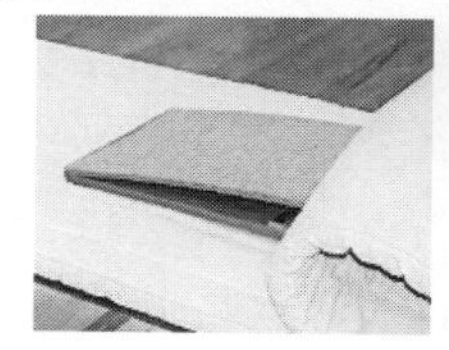

↑ロイター板の上にマットをのせる。

③傾斜をつけた場づくりⅡ（ロイター板１台）。

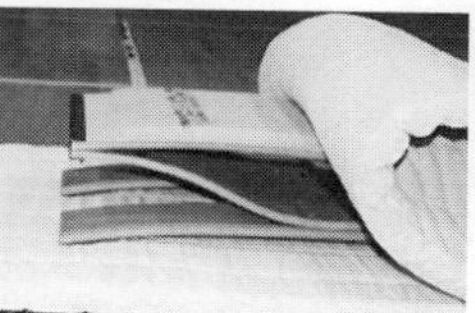

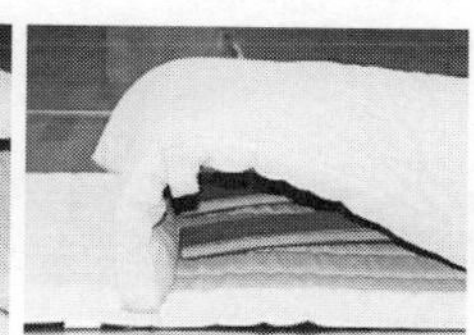

←一方が段差のため、ロイター板で背支持倒立の姿勢を支えることが可能。

4 ミニコラム

伸膝前転は難易度が高い技ではあるが、段差や傾斜を利用することで技のイメージが体感しやすい。学習指導要領にも「易しい場での伸膝前転」となっていることから、場を利用して「膝を伸ばして立ち上がる」という成功体験をたくさんさせることが大切である。

5 方法・手順

（1）伸身（大きな）ゆりかご

腰を軽く曲げ、背中・上半身を丸くした状態で前後に揺れる。

（2）背支持倒立

①腰をまっすぐに伸ばして止まる（腰が「ピン」と伸びているか）。

②足を動かす（膝を伸ばしたまま、つま先を床に付ける→まっすぐに戻す）。

①

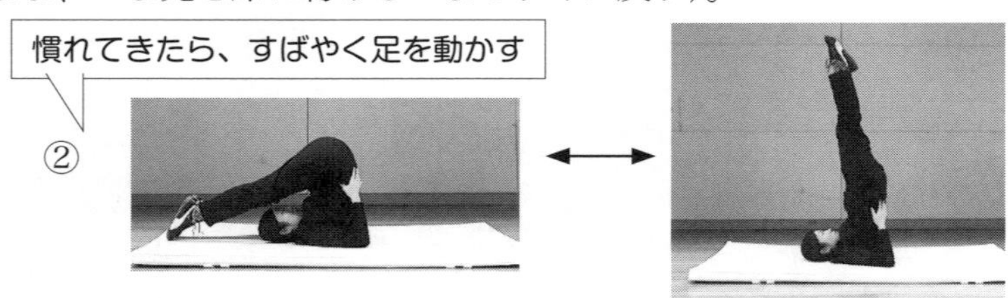

（3）背支持前屈姿勢（背支持倒立からつま先を床に着けた姿勢）から前屈

①足の投げ出しを力強く行う。膝を伸ばしたまま前屈し、柔軟性を養う。

②前屈の時に、手を腰と膝の中間（太ももの横）に着き、お尻を浮かせる。

③「手」と「踵」は同じタイミングでマットに着く。

※両手を頭の上からすばやく振り下ろすようにして着手する。

※マットを押す時は胸を反らない（目線はおなかと伝えてもよい）。

①

②③

（4）背支持前屈姿勢から立ち上がる（段差のあるマットを利用。４枚→３枚→２枚→１枚）

（5）前転から立ち上がる（段差のあるマット、または、ロイター板を使った傾斜を利用）

※前転の中で腰をピンと伸ばすために、手を遠くに着く（加速動作につながる）。

6 コツ・留意点

（1）柔軟性を養う（立位姿勢から体前屈をして、手のひらが踵の後ろに着くのが理想）。

（2）足を投げ出す動作を意識させる（回転する勢いが生み出され、立ち上がりやすくなる）。

（3）マットに着手の目印をつける（手形やケンステップを置く、テープを貼る……など）。

7 この技でのチャンピオンは、ここまでできる！

技のはじめから終わりまで膝が伸びている。

これでバッチリ! レベルアップ学習カード「伸膝前転（更なる発展技)」

年　　組　　番（　　　　　　　）

レベル	内容	やり方	振り返り
1	背支持倒立 **技(わざ)と自己評価(じこひょうか)のポイント** （膝の伸びた姿勢を）◎→10秒キープ／○→5秒キープ／△→5秒未満	つま先に力を入れる	月　日 ・ ・ ・ できばえ ◎ ○ △
2	背支持倒立から床タッチ **ポイント** （膝を伸ばしたまま）10回中 ◎→8回以上できた／○→5回以上できた／△→5回未満		月　日 ・ ・ ・ できばえ ◎ ○ △
3	背支持前屈姿勢から前屈 **ポイント** （前屈姿勢で10回中）◎→8回以上膝が曲がらない／○→5回以上膝が曲がらない／△→5回未満	深く前屈する	月　日 ・ ・ ・ できばえ ◎ ○ △
4	お尻を浮かせる **ポイント** （手と踵が10回中）◎→8回以上同時に着く／○→5回以上同時に着く／△→5回未満	手は太ももの横・お尻を浮かせる	月　日 ・ ・ ・ できばえ ◎ ○ △
5	背支持前屈姿勢から立ち上がる **ポイント** （足が頭の上を通過する時）◎→腰がピンと伸びている／○→腰が少し曲がっている／△→腰がくの字 ※段差のあるマットで練習	段差（マット） 4枚→3枚→2枚	月　日 ・ ・ ・ できばえ ◎ ○ △
6	前転から立ち上がる **ポイント** （足が頭の上を通過する時）◎→腰がピンと伸びている／○→腰が少し曲がっている／△→腰がくの字 ※場所を選んで練習	または 段差（マット）　傾斜（ロイター板）	月　日 ・ ・ ・ できばえ ◎ ○ △

学習カードの使い方：できばえの評価

レベルの評価：◎よくできた／○できた／△もう少し

それぞれのレベルに合わせて◎○△があります。当てはまる物に○をしましょう。

※振り返りには、「自分で気づいた点」と「友達が見て気づいてくれた点」の両方を書きます。

③伸膝後転

野田晴高

1 展開

（1）学習のねらい

①膝を伸ばし、前屈姿勢から後方への体重移動など、一連の流れを確認して回転できる。

②「オノマトペ」で、リズムを絵（視覚化）で捉えさせる。

（2）学習のねらいを体現する発問・指示

主体的な学びの発問・指示→手、お尻を着く、回転、膝伸ばし。何を意識するといいか。

対話的な学びの発問・指示→補助する時、声かけにはどんな言葉がいいか。

深い学びの発問・指示→後転、そして開脚後転の動きが伸膝後転につながるのはなぜか。

指示1 準備運動。後転、開脚後転それぞれ1回。終わったら体育座りで集合。

指示2 グループで場づくり。 ①マット4枚を並べる ②3枚 ③2枚 ④1枚

発問1 伸膝後転。前半。模範演技を見ます。どの順番で意識する？

指示3 前半。直立状態で前屈→後方に倒れ→手→お尻の順で着地。やります。

指示4 目線はおへそ。

発問2 補助する時、どんな言葉がけがいいか。

指示5 大事なのは、イメージ作り。「ピッ・クルッ・ドン」のリズムで声かけ。口に出して言ってみて。自分でも言いながらやってみよう。

指示6 後半。模範見ます。膝を伸ばしながら回転、耳脇に両手。グイッと持ち上げて直立状態で完成。

発問3 開脚後転の動きが伸膝後転につながるのはなぜか。

指示7 大事なのはスムーズな回転。「クルッ・グイッ・パッ」のリズムで声かけ。前半・後半を通して完成！

指示8 学習カードに記録。

指示9 マットの片付け。グループで協力。集合。

❶場づくりをする マット4枚を重ねる。

↓

❷発問 どの順番で意識する？

評価の観点 直立状態で前屈→後方に倒れ→手→お尻の順に着けたか。

↓ （×は❷へ）

❸発問 補助する時、どんな言葉がけがいいか。

評価の観点 どんなリズムで跳んだらいいか→「ピッ・クルッ・ドン」

↓ （×は❸へ）

❹発問 開脚後転の動きが伸膝後転につながるのはなぜか。

評価の観点 どんなリズムで跳べばいいか→「クルッ・グイッ・パッ」

↓

❺学習カードで評価する

☐成果の確認をする。

☐課題の把握をする。

2 NG事例

（1）後転、開脚後転を習得しないで次のステップに進まない。

（2）できたことを褒めずに注意ばかりする。
（3）膝が伸びない状態でOKにしない。

3 場づくり

準備物／マット10枚（伸膝後転の練習用）＋４枚（着地用）の計14枚
①「基本の場」 マット４枚重ね＋１枚

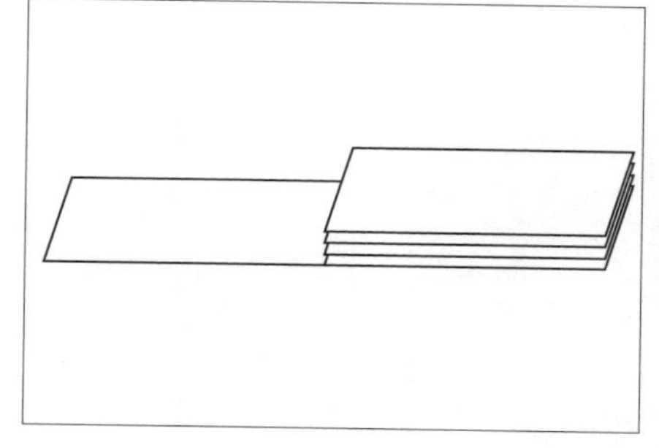

②「習熟度別の場」 マット４枚重ね→３枚→２枚→１枚の場づくり（計４か所設置）
自分の挑戦したい場を選んで練習する。

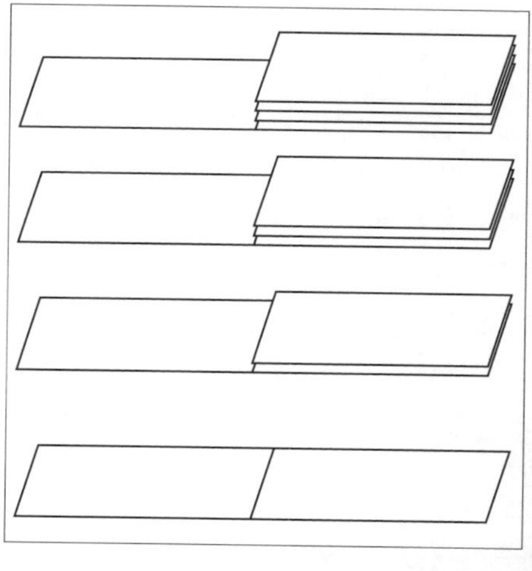

4 ミニコラム

伸膝後転はマット運動の中では発展技の１つである。しかし、伸膝後転を習得し、手で体を支える感覚を身につけると、後転倒立やブリッジ、バック転などのさらに高いレベルの技の習得につながる。そのため、マット運動だけでなく、広範囲の運動競技への意欲も湧いてくる。

5 方法・手順

マットの端に足首（アキレス腱）を付け、「オノマトペ」で伸膝後転。

①「ピッ」：両手を天井に向けて伸ばし、直立状態になる。

②「クルッ」：勢いよく前屈し、後方へ倒れる。

③「ドン」：お尻脇の両手を、マットに勢いよく着く。

④「クルッ」：勢いに乗って後転する。

⑤「グイッ」：両耳脇の両手でマットを力強く押す。

⑥「パッ」：両膝をまっすぐ伸ばす意識を持ちながら、両手を広げてフィニッシュする。

「ピッ」

「クルッ」

「グイッ」

「パッ」

6 コツ・留意点

（1）「ピッ→クルッ→ドン」→「クルッ→グイッ→パッ」を事前に言わせる（聴覚化）。

（2）何度も何度も、言わせながら行わせる（タイミング）。

（3）最終局面で足が伸びない場合は、「グイーと言うんだよ！」（聴覚化→イメージ化）と励まし、少しでも変化が見られたら、褒める。

（4）前半部分がスムーズにできない場合は、マットを５枚、６枚と増やすことで、後方回転への不安を排除する。

7 この技でのチャンピオンは、ここまでできる！

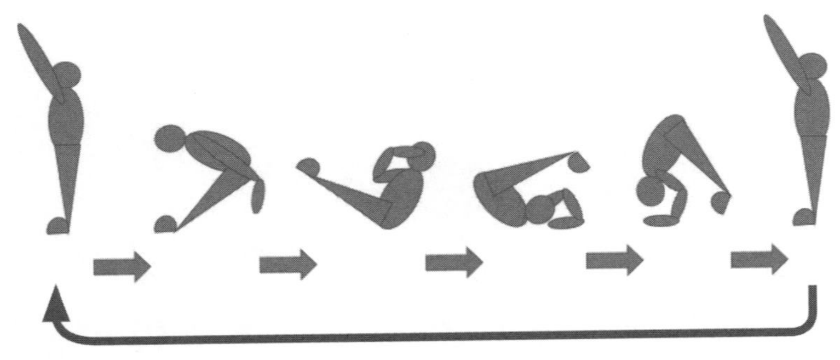

伸膝後転を３回連続で行うことができる（勢いよく、まっすぐに、途切れなく）。

これでバッチリ! レベルアップ学習カード「伸膝後転」

年　　組　　番（　　　　　　　　）

レベル	内容	やり方	振り返り
1	**後転（復習）** **技と自己評価（じこひょうか）のポイント** ◎→勢いよく後転 ○→スムーズに後転 △→バランス崩れや途中で静止		月　日 ・ ・ ・ できばえ ◎ ○ △
2	**開脚後転（復習）** **ポイント** ◎→勢いよく後転 ○→スムーズに後転 △→バランス崩れや途中で静止		月　日 ・ ・ ・ できばえ ◎ ○ △
3	**伸膝後転前半** **ポイント** ◎→オノマトペを言いながらできた ○→オノマトペを小声で言ってできた △→黙ってやった		月　日 ・ ・ ・ できばえ ◎ ○ △
4	**伸膝後転後半** **ポイント** ◎→オノマトペを言いながらできた ○→オノマトペを小声で言ってできた △→黙ってやった		月　日 ・ ・ ・ できばえ ◎ ○ △
5	**伸膝後転通し** **ポイント** マット数を次第に減らし、膝が伸びた状態で後転する。 ※自分の力に応じて高さを調節。 ４枚→３枚→２枚→１枚		マット４枚　月　日　できばえ ◎ ○ △ マット３枚　月　日　できばえ ◎ ○ △ マット２枚　月　日　できばえ ◎ ○ △ マット１枚　月　日　できばえ ◎ ○ △
6	**伸膝後転連続** **ポイント** 一連の動作を、膝を伸ばした状態をキープして後転する。		月　日 ・ ・ ・ できばえ ◎ ○ △

学習カードの使い方：できばえの評価

レベルの評価：◎よくできた／○できた／△もう少し

それぞれのレベルに合わせて◎○△があります。当てはまる物に○をしましょう。

※振り返りには、「自分で気づいた点」と「友達が見て気づいてくれた点」の両方を書きます。

④伸膝前転（更なる発展技）・伸膝後転

工藤俊輔

1 展開

（1）学習のねらい

①前転・後転との違いが分かり、回転できる。

②膝の伸びた伸膝前転と伸膝後転ができる。

（2）学習のねらいを体現する発問・指示

主体的な学びの発問・指示→膝を伸ばしたまま立つことができるかな。

対話的な学びの発問・指示→友達と見る時に、どんなリズムで回ればいいかな。

深い学びの発問・指示→いつ手を着くといいかな。足はどこに着くといいかな。

【伸膝前転】

指示1 4枚マットの上で前転してごらん。

指示2 着地した足が床に着くように回ります。

発問1 着地後に、前転と違うところはどこかな。

指示3 膝を伸ばして着地をします。

指示4 背支持倒立をします。膝が伸びたら合格。

発問2 着地をする時に、両手はどうしますか。

指示5 両手でバン！とマットを押してごらん。

指示6 友達がマットを強く押せたら、合格といいます。

指示7 4枚重ねでできたら、3枚、2枚マットでやります。

【伸膝後転】

指示1 4枚マットの上で後転します。

発問1 着地の時に膝を伸ばして立てるかな。

発問2 後転と伸膝後転の違いはどこですか。

・手が2回着いているなど。

指示2 万歳、お辞儀、手手足で回ります（教師が例示する）。

発問3 着地した足は、マットの近くか。それとも遠くですか。

指示3 足はマットの近くがいいですね。

❶場づくりをする 4枚→3枚→2枚→1枚。

↓

❷発問 前転（後転）と伸膝前転の違いは何か。

評価の観点 着地の時に膝を伸ばしているか。

↓

❸発問 友達と見る時、どんなリズムで回ればいいかな。

評価の観点 どんなリズムで回ればいいか。

伸膝前転：手ー手ー足
伸膝後転：万歳ーお辞儀ー手ー手ー足

（×は❷へ）

↓

❹発問 手はいつ着くといいかな。足はどこに着けばいいかな。

評価の観点 手は着地の前、足はマットの近く。

（×は❸へ）

↓

❺学習カードで評価する

□成果の確認をする。

□課題の把握をする。

2 NG事例

（1）膝を伸ばすことを体感しないで次にいかない。

（2）1枚マットでいきなり挑戦させない。

（3）前転・後転ができてから挑戦させる。

3 場づくり

準備物／マット20枚程度

①「基本の場」 マット８枚、子供の数に応じて調整する。

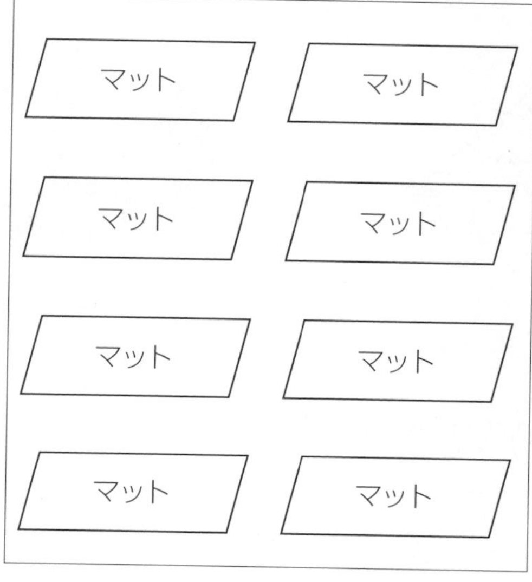

②「習熟度別の場」 自分の挑戦したい場を選んで、練習する。

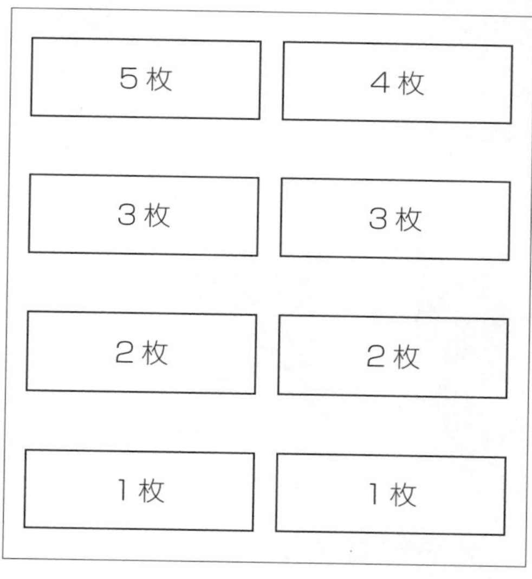

4 ミニコラム

姿勢がよい子ほど、膝を伸ばすことができると言われている。

そのため、整列、起立で「伸膝」を意識した取り組みも考えられる。日常の生活が器械運動の美しさを作っていることにも触れたい。

5 方法・手順

（1）「基本の場」

①首倒立10秒。　②首倒立から頭近くに足を着く（3回）。

③四つん這いの姿勢から、両手を少しずつ引き寄せて足の上に立つ（3回）。

④両腕、両足を曲げた四つん這い姿勢から、腰をつり上げる（3回）。

⑤開脚前転・後転から少しずつ、脚の開きを狭めていく（3回）。

もう少し
マットの外に脚

できる
マットの端に脚

よくできる
マット中心に脚

（2）「習熟度別の場」

5枚重ねマットで、伸膝前転・後転をする（4枚〜1枚の場も同様）。

6 コツ・留意点

終末局面の指導で背支持倒立を行う。

①アンテナから起立する。

②マットの端をもってもよい。

③伸膝後転の場合、言語化を図る。

【万歳】　→　【お辞儀】　→　【手】　→　【手・足】

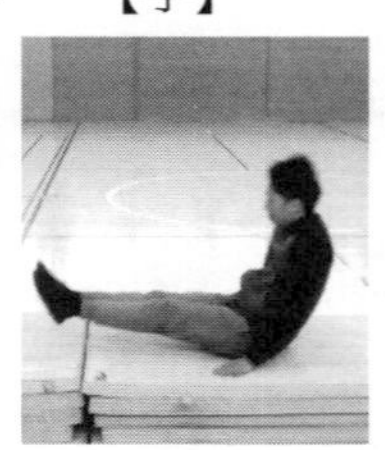

7 この技でのチャンピオンは、ここまでできる！

伸膝後転をしたあとに、連続して、伸膝前転をすることができる。

これでバッチリ! レベルアップ学習カード「伸膝前転（更なる発展技）・伸膝後転」

年　　組　　番（　　　　　　　　）

レベル	内容	やり方	振り返り
1	首倒立 **技(わざ)と自己評価(じこひょうか)のポイント** (膝の伸びた姿勢を) ◎→10秒間できる／○→5秒間できる／△→5秒未満	・腰に手を当てる ・天井につま先 ・目線はつま先	月　日 ・ ・ ・ できばえ ◎ ○ △
2	首倒立から起立 **ポイント** (膝を伸ばしたまま) ◎→両手を着いて立てる／○→マットの端を持って立てる／△→立てない		月　日 ・ ・ ・ できばえ ◎ ○ △
3	ラクダから人へ **ポイント** (手足を伸ばしたラクダから) ◎→つま先に手をつく／○→5歩、脚に近づく／△→3歩、脚に近づく	・両手を脚に近づける	月　日 ・ ・ ・ できばえ ◎ ○ △
4	開脚から閉脚へ **ポイント** (開脚した時に) ◎→マットの中心に脚／○→マットの端に脚／△→マットの外に脚	・膝を伸ばした開脚前転・後転をする ・マーカーに脚が着くようにする	月　日 ・ ・ ・ できばえ ◎ ○ △
5	重ねマット **ポイント** 開脚後転の場合、手―手―足の順序で着く。開脚前転も同様。	・手―手―足の順序で行う	月　日 ・ ・ ・ できばえ ◎ ○ △
6	立ち上がる時に膝が伸びる **ポイント** 回転時に膝を曲げてもよい。着地する時に、足をマットに近づける。		月　日 ・ ・ ・ できばえ ◎ ○ △
7	はじめから最後まで膝を伸ばしてできる **ポイント** 膝を伸ばした状態で回転する。目線はつま先を見るようにすると、膝が伸びる。		月　日 ・ ・ ・ できばえ ◎ ○ △

学習カードの使い方：できばえの評価

それぞれのレベルに合わせて◎○△があります。当てはまる物に○をしましょう。

レベル5～7の評価： ◎よくできた→1枚でできる／○できる→2枚～5枚でできる／△もう少し→できない

※振り返りには、「自分で気づいた点」と「友達が見て気づいてくれた点」の両方を書きます。

(3) 高学年 マット運動

⑤ロンダート

櫻井満也

1 展開

(1) 学習のねらい

①側方倒立回転をしながら、体を1/2回転ひねり、両足で着地ができる。

②着地の際、腰が伸び、体が起き上がっているロンダートができる。

(2) 学習のねらいを体現する発問・指示

主体的な学びの発問・指示→手と足は、それぞれどんな向きで着けばいいですか。

対話的な学びの発問・指示→友達の技を見て、後ろを向いて着地をしているか判定しよう。

深い学びの発問・指示→助走でホップした後、どこに手を着くとロンダートしやすいですか。

指示1 グループで協力して場づくりをします。①4人グループを作る。②マットを1枚ずつ運ぶ。

指示2 準備運動として、かえるの足打ちをします(1回、2回、3回、なるべく多く)。

指示3 ペアで倒立ジャンケンをします。

指示4 補助倒立から横に下りて立ちます。

指示5 体を伸ばした側方倒立回転をします。

指示6 側方倒立回転で、後ろを向いて着地します。できているか友達に判定してもらいます。できていたら、〇ポーズをします。

発問1 手と足は、それぞれどんな向きで着けばいいですか。

指示7 倒立しながら、上で足を「パシッ」と揃えます。

指示8 そこから、両足で着地をします。

指示9 側方倒立回転で、後ろを向いて両足で着地をします。できているか判定してもらいます。

指示10 手は、ライン上の手形に合わせて着きます。

指示11 助走の最後に軽くホップします。

発問2 助走でホップした後、どこに手を着くと勢いよくロンダートすることができますか。

A:足元　B:遠く　C:その他

指示12 学習カードに、でき具合を記録します。

❶基本の運動 腕支持をする運動をたくさん行う。

↓

❷発問 手と足は、それぞれどんな向きで着けばいいですか。

評価の観点 手は斜めに、足は後ろ向きに着けている。

↓

❸指示 友達の技を見て、体が後ろを向いているかを判定します。

評価の観点 ◎→体が後ろ向きで、足も揃っている/〇→後ろ向きで、足はずれている/△→体が横向き

↓

❹発問 助走でホップした後、どこに手を着くと、ロンダートしやすいですか。

評価の観点 なるべく遠くに着いて、勢いがついているか。

↓

❺学習カードで評価する

□成果の確認をする。

□課題の把握をする。

2 NG事例

(1) 体を伸ばした側方倒立回転ができないのに、ロンダートへと進む。

(2) 1つのステップを習熟せずに、次のステップへと進む。

（3）いきなり、両手両足着地のロンダートをする。

3 場づくり

準備物／マット10枚（子供たちの数に応じて調整する）、手形マット10組（または、ガムテープのライン）、足形マット10組

①「基本の場」 準備運動や側方倒立回転を行う。

②「習熟度別の場」 自分の挑戦したい場を選んで、練習する。

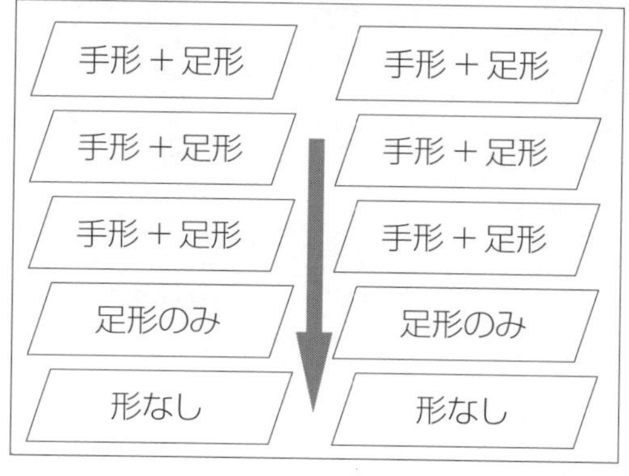

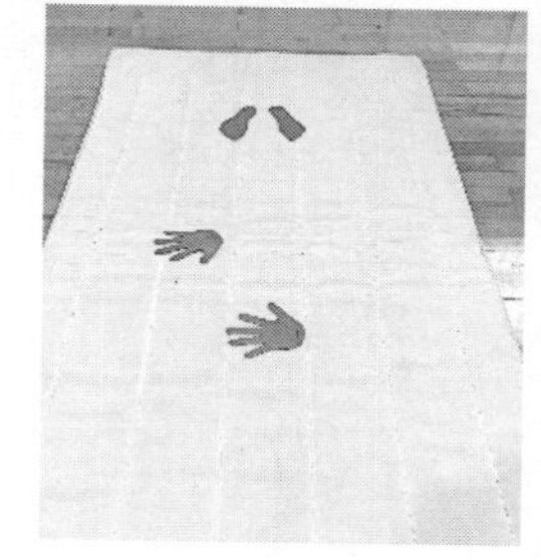

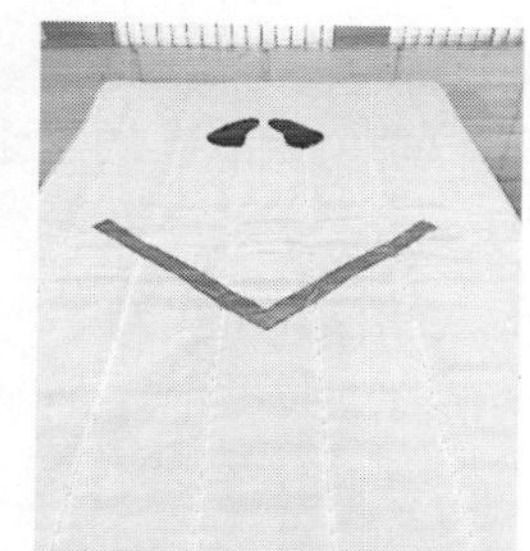

マットの上に、手形、または、ラインテープと足形を設置する。
手形と足形があるマットで練習し、互いに判定し合う。
◎となった人は、「足形のみ」⇒「形なし」のマットへ進んでいく。

4 ミニコラム

ロンダート（側方倒立回転1/4ひねり）は、体操競技の床で、後方回転系の華やかな連続技につなげる技の１つである。多くの子供たちが憧れる技なので、技能の高い子は意欲的に取り組む。逆に、技能の低い子は、恐怖心や苦手意識をもちがちである。細かなステップで丁寧に取り組ませてあげることが大切である。ロンダートの前ひねりは、ハンドスプリング（前方倒立回転跳び）につながる運動でもある。技能の高い子は、発展技として挑戦させてもよい。

手形がなければ、手の着き方の目安として、ガムテープのラインを貼ってもよい。

足の向きは、視覚化して分かった方がよいため、足形がなければ自作することをおすすめする。画像の足形は、ホームセンターで販売されている薄いゴムマットを切り取って作ったもの。１枚100円程度のため、両足一組を100円ほどで作ることができる。

5 方法・手順

（1）体を伸ばした側方倒立回転を練習する。

（2）側方倒立回転で後ろを向いて着地をする。次の人にチェックしてもらう。できていたら○ポーズを出してもらう。

（3）倒立しながら、上で足を「ピタッ」と揃える。そこから、両足で着地をする（できる人は、足で反動をつけ、手を突き放す）。

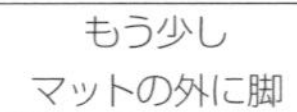

もう少し
マットの外に脚

もう少し
マットの外に脚

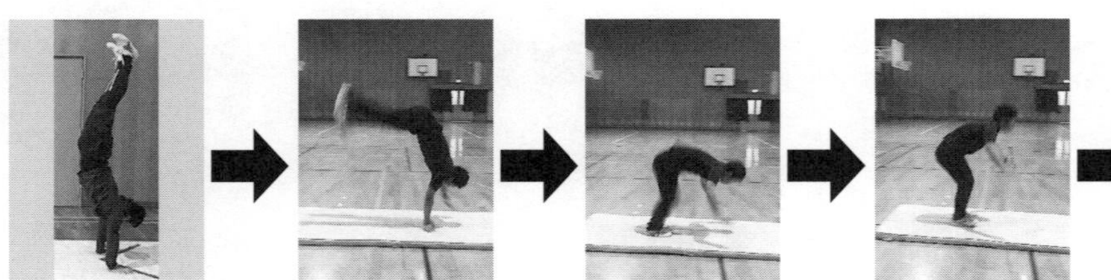

最後の局面、「両足着地で体を起こす」ことをイメージさせる。

（4）側方倒立回転で後ろを向いて、両足で着地をする。次の人にチェックしてもらう。できていたら○ポーズを出してもらう。

（5）着手の位置、着地の向きに目印を置く（手形の代わりにテープでもよい）。

（6）助走とホップで勢いをつけて練習する。なるべく着手の位置を遠くにする。

6 コツ・留意点

（1）マットの着手する位置に手形、あるいは、テープで目印をつける。
また、着地する位置には、向きが分かるように足形を置く（視覚化）。

（2）「ト・トーン・トン」のリズムで跳ぶ（聴覚化）。

（3）助走をつけて軽くホップし、手を遠くに着くことで勢いをつける。

7 この技でのチャンピオンは、ここまでできる！

着地した後、腰が伸びて体が起きているロンダート。

これでバッチリ! レベルアップ学習カード「ロンダート」

年　　組　　番（　　　　　　　　　）

レベル	内容	やり方	振り返り
1	体を伸ばした側方倒立回転 **技(わざ)と自己評価(じこひょうか)のポイント** ◎→足先まで伸びる／○→腰が伸びる／△→腰が曲がる		月　日 ・ ・ ・ できばえ ◎ ○ △
2	側方倒立回転（後ろ向き着地） **ポイント** 手形と足形を使って、「どの向きに着くとよいか」考えながら練習を行う。		月　日 ・ ・ ・ できばえ ◎ ○ △
3	倒立から両足で着地 **ポイント** 足を上で「パシッ」と揃える。◎→音がする／○→両足が揃う／△→両足が揃わない		月　日 ・ ・ ・ できばえ ◎ ○ △
4	側方倒立回転（後ろ向き両足着地） **ポイント** 足を上で「パシッ」と揃えて着地をする。 ※着地で両足が揃っていればOK。		月　日 ・ ・ ・ できばえ ◎ ○ △
5	ホップからロンダート **ポイント** しっかりとホップしてから着手にうつる。※自分の力に応じて、手形や足型を使いながら練習をする。	ホップの際に、両手を上げる。	月　日 ・ ・ ・ できばえ ◎ ○ △
6	ロンダートからジャンプ、後転 **ポイント** ロンダートした後、間を空けずに、ジャンプ・後転をスムーズに行う。		月　日 ・ ・ ・ できばえ ◎ ○ △

学習カードの使い方：できばえの評価

それぞれのレベルに合わせて◎○△があります。当てはまる物に○をしましょう。

レベル2・4・5の評価：◎よくできた→体が後ろ向きで、足も揃っている／○できた→体は後ろ向きだが、足はずれている／△もう少し→体が横向き

※振り返りには、「自分で気づいた点」と「友達が見て気づいてくれた点」の両方を書きます。

鉄棒遊び・鉄棒運動

2

(1)低学年——鉄棒を使った運動遊び

①ぶたの丸焼き／②ツバメ
③跳び上がり・跳び下り／④足抜き回り

(2)中学年——鉄棒運動

①膝掛け振り上がり／②前方片膝掛け回転(その1)
③前方片膝掛け回転(その2)／④逆上がり(発展技)
⑤後方片膝掛け回転

(3)高学年——鉄棒運動

①前方支持回転／②膝掛け上がり／③前方もも掛け回転
④逆上がり／⑤後方支持回転／⑥後方もも掛け回転
⑦両膝掛け振動下り(こうもり振り下り)

（1） 低学年 鉄棒を使った運動遊び

① ぶたの丸焼き

毛利康子

1 展開

（1）学習のねらい

①両手と両足を使って鉄棒につかまり、ぶたの丸焼きの姿勢を保持することができる。

②ぶたの丸焼きから片手を離し、ジャンケンができる。

（2）学習のねらいを体現する発問・指示

主体的な学びの発問・指示→手はどんなふうに鉄棒を握っていますか。

対話的な学びの発問・指示→手の位置はＡとＢのどちらがいいですか。

深い学びの発問・指示→手と足はどちらから動かすといいですか。

指示１　準備運動として、首まわし、ぶら下がりをします（この学習以前に、準備運動としてクマ歩き、くも歩き、アザラシ歩きをしておく）。

説明１　ぶたの丸焼きを見せます（師範、上手な子）。

発問１　手はどんなふうに鉄棒を握っていますか。

説明２　こちらが順手、こちらが逆手といいます。右手も左手も順手で鉄棒を握っています。

発問２　手の位置はAとBのどちらがいいですか。Aは、右手と左手がくっついています。Bは、右手と左手が離れています（予想して挙手）。

説明３　これは、人によって違います。自分がやりやすい方でやります。

発問３　手と足は何から動かすといいですか。

説明４　手—手—足—足の順につかまるといいです。

指示２　実際に練習します。

指示３　足が鉄棒に掛からない人は先生の所に来ます。

指示４　手は鉄棒を握ります。足は台の上に乗せてから、ぶたの丸焼きをします。

指示５　できるようになったら、ゆっくり片手を離してジャンケンをします（隣の鉄棒の列とペアで行う）。

指示６　学習カードにでき具合を記録します。

❶場づくりをする　１か所のみ、地面に台を置く。

❷発問　手はどんなふうに鉄棒を握っていますか。

評価の観点　両手とも順手で握っていることが理解できたか。

❸発問　手の位置はＡとＢのどちらがいいですか。

評価の観点　Ａの右手と左手がくっついている方、Ｂの離れている方、やりやすい方法でやることが理解できたか。

❹発問指示　手と足はどちらから動かすといいですか。

評価の観点　手—手—足—足の順につかまることができたか。

↓

❺学習カードで評価する

□成果の確認をする。

□課題の把握をする。

2 NG事例

（1）鉄棒の前での並び方・待ち方のルールを確認しない。

（2）いきなり、ぶたの丸焼きをさせない。一度に手も足も離して、鉄棒から落ちないようにする。演技が終わったら、ゆっくり足から下ろすことを確認する。

(3)いきなり、ジャンケンをさせない。両手を離して、鉄棒から落ちることを防ぐ。

3 場づくり

準備物／踏み台(または、ポートボールの台)最低1台、あれば複数台

①「基本の場」 鉄棒の高さは、その子供の身長に合わせて選ぶ。

鉄棒の前での並び方・待ち方のルールを徹底する。

教師◆ 基本の場

高い鉄棒	高い鉄棒	高い鉄棒	低い ※台	低い鉄棒	低い鉄棒
●	●演技者	●	●	●	●

演技者と待つ子供は、2〜3mは離れる。子供同士がぶつからないようにする。

↑	↑	↑	↑	↑	↑
○ …待つ子供	○	○	○	○	○
○	○	○	○	○	○
○	○	○	○	○	○
○	○	○	○	○	○

・教師が見ている中で４人から６人ずつ演技する。

・他の子供は、座って演技を見ている。

・演技中は、黙って見守る。静かな中で演技する。

・前の子供が演技を終え、鉄棒から下りて待機場所に移動し始めたら、次の演技者が鉄棒の所に行く。

・演技を終えたら「ナイス」「どんまい」「手がよかったよ」などの声かけを行ってもよい。

②「習熟度別の場」 自分の挑戦したい場を選んで練習する。

できるようになったら、高い鉄棒で挑戦。

〈うまくできない時〉

踏み台を準備しておく。鉄棒に足が掛からない子供がいたら、教師から近い所にある、低い鉄棒の真下に踏み台を置く。その踏み台の上に足を置いて練習する。

4 ミニコラム

鉄棒は、短い時間、毎日やった方が上達する。鉄棒の単元に入ったら「跳び上がり、跳び下り」「ツバメ」「ぶら下がり」「だんごむし」「ふとん干し」「こうもり振り」「地球まわり」など、見本を見せて授業し、毎日練習している子たちを褒めるとよい。

5 方法・手順

(1) ぶたの丸焼きは、どんな技なのか、師範や見本を見て確認する。

①右手も左手も順手で握っていることを理解する。

②右手と左手の間は、くっつける方法と離す方法があり、自分がやりやすい方法でやる。

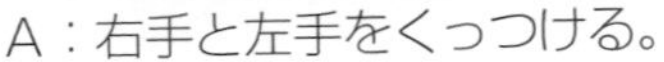
A：右手と左手をくっつける。

B：右手と左手を離す。

③手―手―足―足の順番を理解する。

(2) こわい場合は、鉄棒の真下に踏み台を置き、その踏み台に足を載せて練習する。やってみたら、足が鉄棒に届かない場合も、踏み台を使って練習する。

(3) 踏み台なしで、「ぶたの丸焼き」を練習する。成功したら、高い鉄棒でも練習する。

(4) ゆっくり片手を離して、ジャンケンする。

6 コツ・留意点

演技が終わったら、手は握ったまま、ゆっくり足から下ろすことを確認する。

両手、両足を同時に動かしてしまい、鉄棒から落ちることを防ぐ。

7 この技でのチャンピオンは、ここまでできる！

ぶたの丸焼きから片手を離してジャンケン。

これでバッチリ! レベルアップ学習カード「ぶたの丸焼き」

年　　組　　番（　　　　　　　　）

レベル	内容	やり方	振り返り
1	**踏み台を使って、「ぶたの丸焼き」** **技(わざ)と自己評価(じこひょうか)のポイント** 手―手―足―足の順番で鉄棒をつかんでから、踏み台の上に足を乗せる。順手で握る。		月　日 ・ ・ ・ できばえ ◎ ○ △
2	**踏み台なしで、「ぶたの丸焼き」** **ポイント** 右手と左手の間は、くっつける方法と離す方法があり、自分がやりやすい方法でやる。		月　日 ・ ・ ・ できばえ ◎ ○ △
3	**高い鉄棒で、「ぶたの丸焼き」** **ポイント** 演技が終わったら、手は握ったまま、ゆっくり足から下ろす（両手、両足を同時に動かすと、鉄棒から落ちてしまう）。		月　日 ・ ・ ・ できばえ ◎ ○ △
4	**「ぶたの丸焼き」から片手を離して、ジャンケン** **ポイント** ◎→あいこになっても連続でジャンケンできる ○→1回ジャンケンができる △→足が外れてしまう		月　日 ・ ・ ・ できばえ ◎ ○ △

学習カードの使い方：できばえの評価

レベル1～3の評価：◎よくできた→ぶたの丸焼きの姿勢を5秒間キープ／○できた→ぶたの丸焼きの姿勢を3秒間キープ／△もう少し→ぶたの丸焼きの姿勢がもたない（3秒間より短い）

※振り返りには、「自分で気づいた点」と「友達が見て気づいてくれた点」の両方を書きます。

② ツバメ

片岡友哉

1 展開

（1）学習のねらい

①肘を曲げずに、ツバメの姿勢を保持できる。

②ツバメの姿勢をもとに他の技へつなげることができる。

（2）学習のねらいを体現する発問・指示

主体的な学びの発問・指示→鉄棒をつかむ手はどのくらい間を空けるといいのかな。

対話的な学びの発問・指示→ツバメの時はどこを見るといいのかな。

深い学びの発問・指示→ツバメからどんな技につなげられるかな。

指示１ 準備運動、雲梯（上り棒・ジャングルジム・タイヤ等の遊具の日もある）をしてきたら４列（勤務校の鉄棒の数に合わせた列数）鉄棒の前に並びます。

指示２ 鉄棒に跳び上がり。１回やったら交代します。

指示３ 跳び上がった時に鉄棒の上でバランスをとります。

説明１ これをツバメと言います。

指示４ １人１回ツバメに挑戦します。

発問１ 鉄棒をつかむ手はどのくらい間を空けるといいのかな。

指示５ 手の間を広げた時、肩幅と同じ時、せまくした時を１回ずつ行います。

発問２ ツバメの姿勢の時は目でどこを見るといいのかな。

指示６ 上を見た時、まっすぐを見た時、下を見た時、それぞれ１回ずつ行います。

発問３ ツバメからどんな技につなげられるかな。

指示７ 学習カードを書きます。

❶場づくりをする 鉄棒の前に並ぶ。

❷発問 手はどのくらい間を空けるといいのかな。

評価の観点 肩幅の間隔で握っているか。

❸発問 どこを見るといいかな。

評価の観点 まっすぐを見ながらできているか。

❹発問 ツバメからどんな技につなげられるかな。

評価の観点 多様な技（ふとん干し・ぶたの丸焼きなど）につなげられたか。

❺学習カードで評価する

□成果の確認をする。

□課題の把握をする。

2 ＮＧ事例

（１）胸よりも高い位置の鉄棒からは、させない。

（２）いきなり、他の技と組み合わせをさせない。

（３）鉄棒運動の初期の技であるため、この技で何度も失敗させない。

3 場づくり

準備物／鉄棒（子供の数に応じた数：複数台あると子供の運動時間の確保につながる）、ポートボール台（②で使用）

①「基本の場」……みぞおちの高さの鉄棒

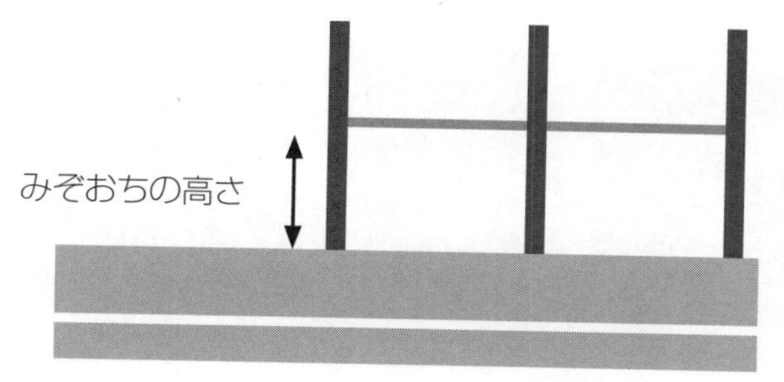

※白線で待機ラインを示すことにより怪我が減る。

②「習熟度別の場」……子供の実態に応じた高さ

〈みぞおちの高さの鉄棒でできない子供へ〉
ポートボール台を設置した鉄棒で行わせる。
ポートボール台の高さにより体を持ち上げる動作が必要でなくなる。ステップとして台の位置を鉄棒の下から遠ざけていくことで負荷をかけていく。

4 ミニコラム

低学年の時は、身が軽いため高学年と比べると相対的な筋力が高い。ツバメをはじめとする鉄棒遊びの技で子供の基礎感覚を育てたい。また、鉄棒好きを育てるためには「できる喜び」の体感を持たせるためにもツバメで失敗させないことが求められる。

ツバメのレベルアップ技として、ツバメのまま左右に鉄棒を移動することやツバメの姿勢で前後するシーソーも授業のバリエーションとして行うとよい。

5 方法・手順

(1)「基本の場」

①跳び上がる　②肘を伸ばす　③顎を出す　④前方を見る　⑤足を伸ばす

(2)「習熟度別の場」

①ポートボール台を使用してツバメをする。
②みぞおちの高さの鉄棒でツバメをする。
③胸の高さの鉄棒でツバメをする。
④肩の高さの鉄棒でツバメをする。

(3)他の技につなげる(ふとん干し、自転車こぎ、前回り下りなど)

6 コツ・留意点

ツバメをスモールステップで取り組んでもできない可能性もある。その際は子供の姿勢についての指導で変化する。

(1)おへそは鉄棒の下で、おなかは鉄棒に付けるとよい。そのため、鉄棒カバーを利用して目印とすれば子供にとってもイメージがしやすくなる。

(2)鉄棒に親指を掛けて握るとよい。ツバメの姿勢は前回りなどに接続できる。親指を掛けることでツバメの姿勢のまま違う技をすることができる。

7 この技でのチャンピオンは、ここまでできる!

これでバッチリ！ レベルアップ学習カード「ツバメ」

年　　組　　番（　　　　　　　　）

レベル	内容	やり方	振り返り
1	**跳び上がる** **技(わざ)と自己評価(じこひょうか)のポイント** 鉄棒に跳び上がる。 ◎→腰より高い／○→おなかより高い／△→ポートボール台でできた		月　日 ・ ・ ・ できばえ ◎ ○ △
2	**肘を伸ばす** **ポイント** ※サポートする人を付けてもよい。背中側から両方の脇を持ち上げる。		月　日 ・ ・ ・ できばえ ◎ ○ △
3	**前を見る** **ポイント** 顎を前に出す。鉄棒の前にあるものを見るようにする。		月　日 ・ ・ ・ できばえ ◎ ○ △
4	**足を伸ばす** **ポイント** 本人は足を見ることができないため、後ろで待っている人が教えてあげるとよい。		月　日 ・ ・ ・ できばえ ◎ ○ △
5	**ツバメをする** **ポイント** 顔が上がっていて、肘や足がまっすぐな姿勢でストップする。		月　日 ・ ・ ・ できばえ ◎ ○ △
6	**シーソーをする** **ポイント** ◎→5往復できる／○→3往復できる／△→1往復できる		月　日 ・ ・ ・ できばえ ◎ ○ △

学習カードの使い方：できばえの評価

レベル2～5の評価：◎よくできた→10秒できる／○できた→5秒できる／△もう少し→1秒できる

※振り返りには、「自分で気づいた点」と「友達が見て気づいてくれた点」の両方を書きます。

③跳び上がり・跳び下り

髙橋智弥

1 展開

（1）学習のねらい

①跳び上がって支持して、胸を張ることができる。

②支持の姿勢で体を揺らして後ろに跳び下りることができる。

（2）学習のねらいを体現する発問・指示

主体的な学びの発問・指示→どうしたら遠くから跳び上がることができますか。

対話的な学びの発問・指示→誰の跳び上がり方がよいでしょうか。それは、どうしてですか。

誰の跳び下り方がよいでしょうか。それは、どうしてですか。

深い学びの発問・指示→どうしたら、もっと後ろに跳び下りることができますか。

指示1 跳び上がりをします。鉄棒を握って「ピョン」と跳び上がります。

指示2 胸を「ピン」と張ります。

指示3 「ピン」で5秒止まります。

指示4 「ピョン」と後ろに跳び下ります。

発問1 どうしたら遠くから跳び上がることができますか。

指示5 跳び上がりが1本目の線の上からできたら△、2本目からできたら○、3本目からできたら◎です。

発問2 どうしたらもっと遠くに跳び下りることができますか。

指示6 跳び下りが、1本目の線の上に下りられたら△、2本目に下りられたら○、3本目に下りられたら◎です。

説明1 鉄棒ジャンケンをします。グーは前回り下り、チョキは足をチョキにする、パーは後ろに跳び下ります。

指示7 隣の人と対戦をします。

❶場づくりをする 鉄棒の前に4人ずつ並ばせる。

↓

跳び上がり

❷発問 どうしたら遠くから跳び上がることができますか。

評価の観点 支持して、胸を張っているか。

↓

跳び下り

❸発問 どうしたらもっと遠くに跳び下りることができますか。

評価の観点 支持の姿勢で体を揺らして後ろに跳び下りているか。

↓

❹学習カードで評価する

□成果の確認をする。

□課題の把握をする。

2 NG事例

（1）恐怖心を持たせない。

→跳び上がるのを怖がっていたら、台やマットなどを用意し高さを調節する。

（2）トレーニングのようにしない。

→ゲーム性（ジャンケン）を持たせたり、線を引いたりして点数化する。

3 場づくり

準備物／鉄棒

①「基本の場」 へそ〜みぞおちの高さの鉄棒。

跳びあがり・跳び下り

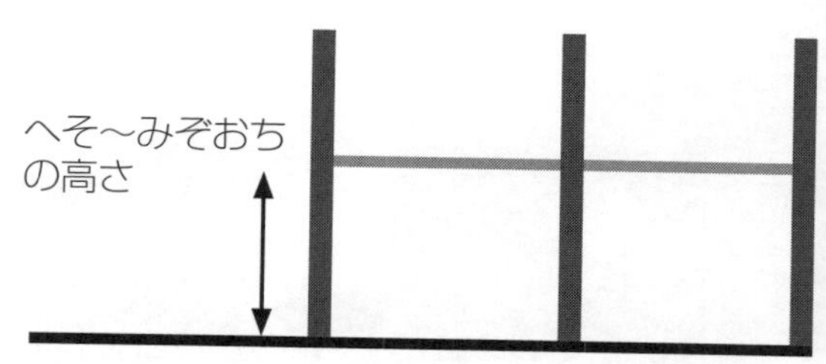

②「習熟度別の場」 線を引いておき、自分の挑戦したい位置を選ぶ。

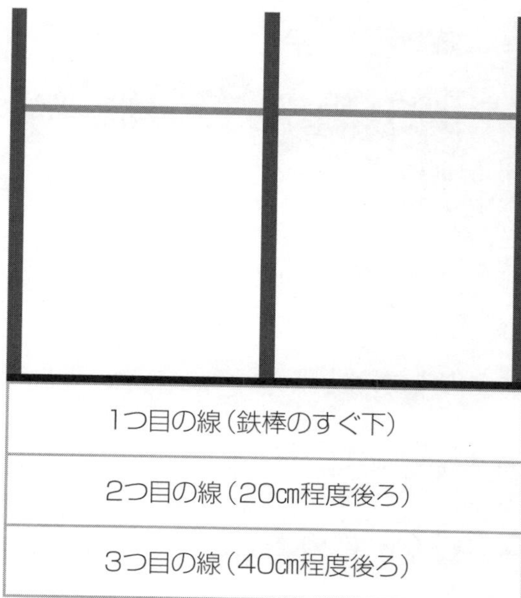

4 ミニコラム

跳び上がり、跳び下りは、鉄棒運動の中で基礎的な支持感覚、高さ感覚を育てるために大切な運動である。シンプルな運動だが、下に線を引いておいて点数化をすることで、基準が明確になる。また、鉄棒ジャンケンを行うなど、ゲーム性を持たせることで楽しく活動させることができる。

5 方法・手順

（1）基本の場
①鉄棒の前に並ぶ（4人一組程度）。
②鉄棒に跳び上がる。
③鉄棒から跳び下りる。
（2）習熟度別の場
①線の上から跳び上がる。1つ目の線の上は10点、2つ目は20点、3つ目は30点と点数化する。
②線の上に跳び下りる。1つ目の線の上は10点、2つ目は20点、3つ目は30点と点数化する。
③隣の人とジャンケンをする。

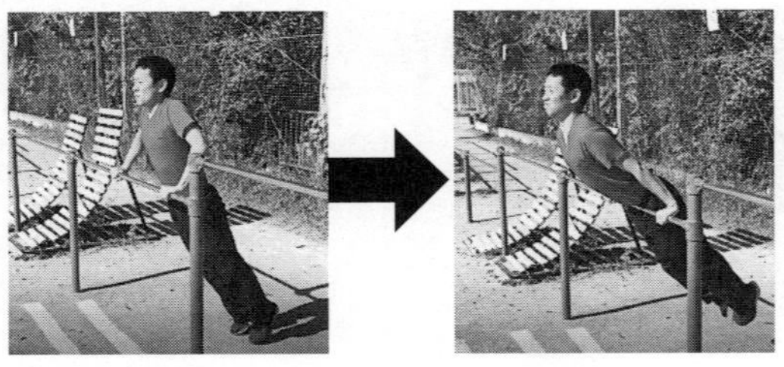
「ピョン」「ピン」で鉄棒に跳び上がる。

「グー」は、前回り下りをする。

「チョキ」は鉄棒の上で足をチョキにする。

「パー」は後ろに跳び下りる。

6 コツ・留意点

（1）「ピョン」と言って勢いよく跳び上がり、支持をする。
（2）「ピン」と言って、胸をピンと張る。
（3）跳び下りの際は、支持の姿勢で体を揺らして後ろに跳び下りる。

7 この技でのチャンピオンは、ここまでできる！

跳び上がり
「ピョン」「ピン」

跳び下り
足を振って、跳び下りる

これでバッチリ! レベルアップ学習カード「跳び上がり・跳び下り」

年　　組　　番（　　　　　　　　　　）

レベル	内容	やり方	振り返り
1	跳び上がり **技(わざ)と自己評価(じこひょうか)のポイント** ◎→「ピン」の姿勢を5秒キープできる／○→跳び上がりができる／△→できない	「ピョン」　「ピン」	月　日 ・ ・ ・ できばえ ◎ ○ △
2	跳び下り **ポイント** （跳び上がりの姿勢を）◎→足を大きく揺らして跳び下りができる／○→跳び下りができる／△→できない	足を大きく揺らす　後ろに跳び下りる	月　日 ・ ・ ・ できばえ ◎ ○ △
3	線の上から跳び上がり **ポイント** ◎→3つ目の線の上から跳び上がる／○→2つ目の線の上から跳び上がる／△→1つ目の線の上から跳び上がる	線の上から跳び上がる	月　日 ・ ・ ・ できばえ ◎ ○ △
4	線の上までとび下り **ポイント** ◎→3つ目の線の上まで跳び下りる／○→2つ目の線の上まで跳び下りる／△→1つ目の線の上まで跳び下りる	線の上まで跳び下りる	月　日 ・ ・ ・ できばえ ◎ ○ △

学習カードの使い方：できばえの評価

レベルの評価：◎よくできた／○できた／△もう少し

※振り返りには、「自分で気づいた点」と「友達が見て気づいてくれた点」の両方を書きます。

④ 足抜き回り

井上　武

1 展開

（1）学習のねらい

① 足を十分に曲げて、足抜き回りができる。

② 足抜き回りをしたり、腰を持ち上げて反対に回ったりできる。

（2）学習のねらいを体現する発問・指示

主体的な学びの発問・指示→足を鉄棒に掛けて回りなさい。

対話的な学びの発問・指示→足を鉄棒に掛けずに回るには、どんなことに気を付ければよいですか。

深い学びの発問・指示→美しく回るには、どんなことに気を付ければよいですか。

指示1　準備運動をします。ぶたの丸焼き10秒。次にダンゴムシ10秒。次にツバメ５秒。ツバメ５秒の後、足を振って後ろにジャンプ下りします。

指示2　グループに分かれます。自分の身長に合う鉄棒の前に並びなさい。

説明1　足抜き回りをします。鉄棒にぶら下がって鉄棒の中を通してぐるっと回ります。

指示3　足を鉄棒に掛けて、回りなさい。

発問1　足を鉄棒に掛けずに回るには、どんなことに気を付ければよいですか。

指示4　膝を十分曲げて回りなさい。

指示5　腹筋に力を入れて、足先が鉄棒の中を通るようにしなさい。

発問2　美しく回るには、どんなことに気を付ければよいですか。

指示6　ゆっくり回りなさい。

指示7　足抜き回りができるようになったら、腰を持ち上げて反対に回りなさい。

指示8　学習カードにどれくらいできるようになったか記入しなさい。

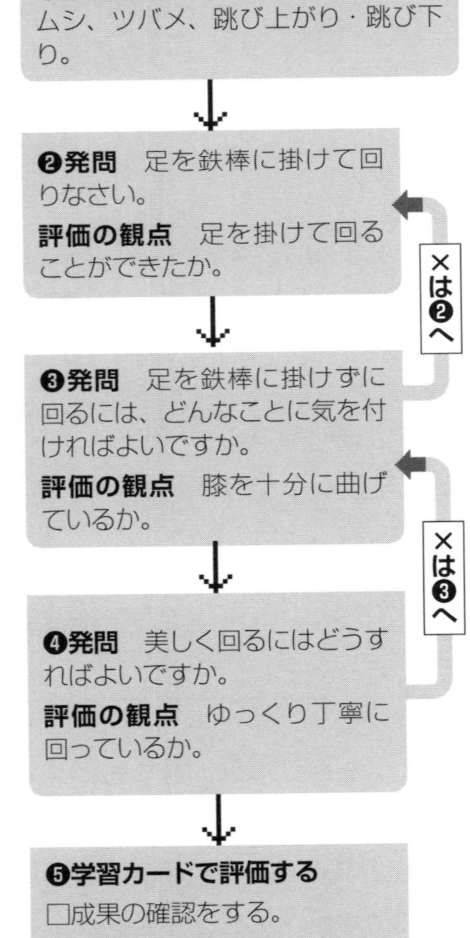

2 NG事例

（1）いきなり足を掛けない足抜き回りをさせない。

（2）体の大きさに合っていない鉄棒を使わない。

3 場づくり

準備物／子供の体に合った鉄棒数台（体育館で行う場合は、鉄棒、マット）

①「基本の場」 子供の体に合った鉄棒。準備運動をする。

②「習熟度別の場」 子供の体に合った鉄棒。足抜き回りをする。

4 ミニコラム

足抜き回りを練習する時、まずは親子や教師と子供との触れ合い遊びから始めるのもよい方法である。子供が大人の両手を握り、大人の膝からおなかと順番に足で押すような感じで登っていき、そのまま後ろにくるんと回る。腰を持ち上げて、反対に回る練習もできる。子供は、この遊びがとても好きである。何度も「やって」とせがんでくる。この遊びを何回かすることで、子供も後ろに回るという感覚をつかんでくると考えられる。

5 方法・手順

（1）「基本の場」

①ぶたの丸焼きを10秒する。慣れてきたら友達同士でジャンケンをさせても楽しい。

②ダンゴムシを10秒する。肘をしっかりと曲げ、顎が鉄棒より上になるようにさせる。

③ツバメを10秒する。体をしっかりと伸ばし、バランス感覚を養う。

④ツバメ５秒の後、足を振って後ろにジャンプ下りをする。

ぶたの丸焼き

ダンゴムシ

ツバメ

（2）「習熟度別の場」

①片方の足を鉄棒に掛け、もう片方の足を蹴って腰を持ち上げて、足抜き回りをする。

②腰を持ち上げて片方の足を鉄棒に掛け、足抜き回りをする。

③足を棒に掛けずに足抜き回りをする。

④足抜き回りができたら、腰を持ち上げ反対に回る。

①

②

6 コツ・留意点

（1）鉄棒に足を付けることで、足で鉄棒を押すようにして腰を持ち上げる。

（2）足を鉄棒に掛けずに回る時は、腰を回転方向に少し補助をする。

（3）補助をする時は、子供の手首を持ち、落ちないようにする。

7 この技でのチャンピオンは、ここまでできる！

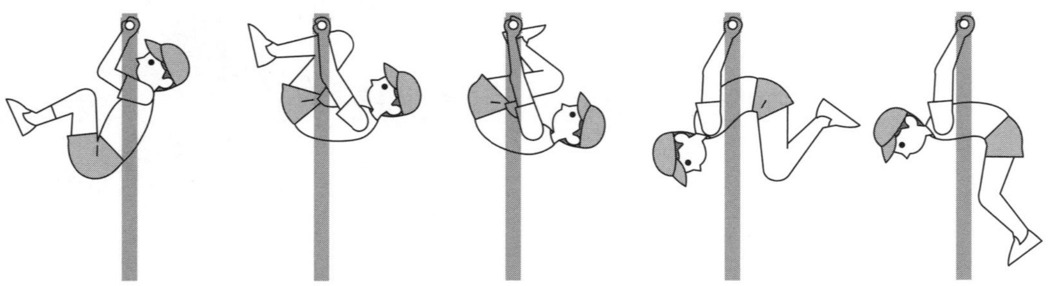

足抜き回りや反対に回る運動を、非常にゆっくりすることができる。

これでバッチリ! レベルアップ学習カード「足抜き回り」

年　組　番（　　　　　）

レベル	内容	やり方	振り返り
1	ぶたの丸焼き **技(わざ)と自己評価(じこひょうか)のポイント** 足または、膝の裏を鉄棒に掛け、顎を開いて地面を見るようにする。		月　日 ・ ・ ・ できばえ ◎ ○ △
2	ダンゴムシ **ポイント** 肘が脇腹に付くようにしめて、顎が鉄棒の上にくるようにする。		月　日 ・ ・ ・ できばえ ◎ ○ △
3	ツバメ **ポイント** 肘や膝を伸ばし、しっかり前を見て前傾姿勢を維持する。		月　日 ・ ・ ・ できばえ ◎ ○ △
4	足抜き回り（足掛けあり） **ポイント** 鉄棒に足を掛けて回る。◎→片足を掛ける／○→両足を掛ける／△→できない		月　日 ・ ・ ・ できばえ ◎ ○ △
5	足抜き回り（足掛けなし） **ポイント** 鉄棒に足を掛けずに回る。◎→両足を掛けない／○→片足を掛けない／△→できない		月　日 ・ ・ ・ できばえ ◎ ○ △
6	足抜き回り（反対回り） **ポイント** 足抜き回りをしたり、反対に回ったりする。◎→往復2回／○→往復1回／△→できない	膝をおなかに付けて、小さく回る。	月　日 ・ ・ ・ できばえ ◎ ○ △

学習カードの使い方：できばえの評価

レベル1～3の評価：◎よくできた→10秒間キープ／○できた→5秒間キープ／△もう少し→5秒未満

※振り返りには、「自分で気づいた点」と「友達が見て気づいてくれた点」の両方を書きます。

①膝掛け振り上がり

東條正興

1 展開

（1）学習のねらい

膝を伸ばした状態で膝掛け振り上がりができる。

（2）学習のねらいを体現する発問・指示

主体的な学びの発問・指示→振り足は、曲げるのと伸ばすのでは、どちらが振りやすいか。

対話的な学びの発問・指示→グループで膝の伸びや足の振りを見合ってごらん。

深い学びの発問・指示→起き上がる時、どこを見ると体を起こしやすいか。

指示1 片膝を掛けて振ります、「1・2・3」。

発問1 振り足は、曲げるのと伸ばすのでは、どちらが振りやすいですか。

発問2 肘は、曲げているのと伸ばしているのでは、どちらが振りやすいですか。

指示2 つま先が鉄棒の上と下にくるように大きく振ります（子供の相互評価）。

指示3 足を伸ばしにくい人は、補助ベルトに足を掛けます。ベルトを足で引きます。

指示4 グループで膝の伸びや足の振りを見合ってごらん。

指示5 頭が鉄棒を越えた瞬間に、手を腰に引きつけます。

説明1 補助をしながら、膝掛け振り上がりをします。補助する人は、「伸びた足側」に立ちます。「3」で太ももと腰を押してあげなさい。

発問3 上がる時、どこを見ると体を起こしやすいですか。A：空　B：掛けた足の膝

説明2 上がる時に膝を見ると、体が前に傾き、起き上がりやすくなります。

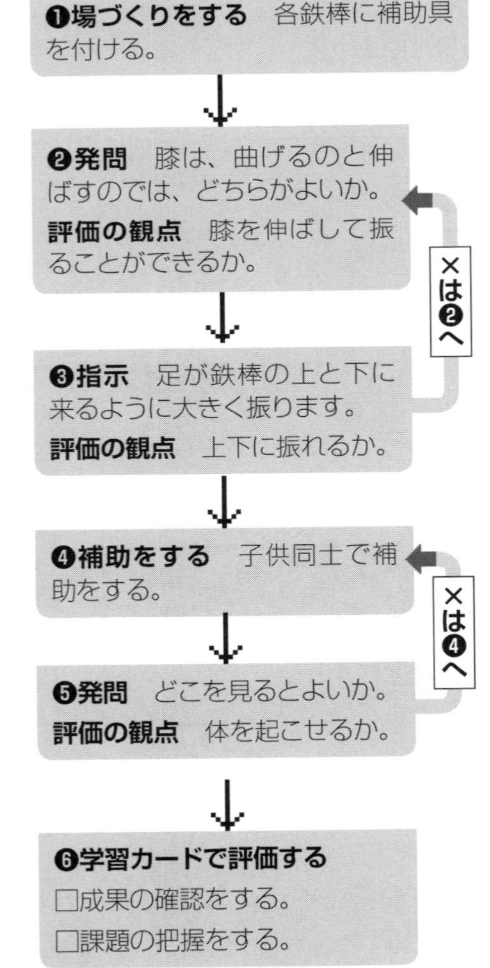

2 NG事例

（1）45分かけて短期間で指導する。

⇒1回につき20〜25分にして、練習期間を確保する。

（2）教師だけが補助をして、子供たちの待ち時間（空白の時間）を作る。

⇒子供に補助の仕方を教え、子供同士で練習ができるようにする。

3 場づくり

準備物／鉄棒回転補助具、補助ベルト

（1）「基本の場」 へそ〜胸の高さ

すべての箇所に補助具を使用する。

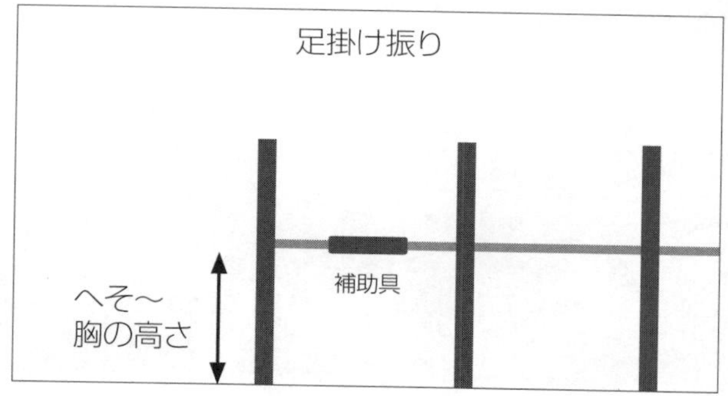

①補助具の使用

②補助

（2）「習熟度別の場」 胸〜肩の高さ

実態に合わせて、自分で場や高さを選ばせる。

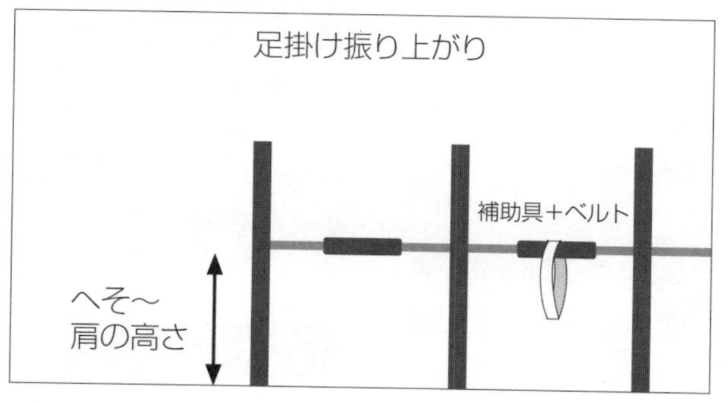

③補助ベルトの活用

③は、逆上がり補助具「くるりんベルト」を２本つなげて一組として使用する。

吊るした状態のベルトに、伸ばした方の足を掛けさせる。

伸ばした足の振り下ろす感覚をつかませることができる。

※「鉄棒くるりんベルト」（東京教育技術研究所 https://www.tiotoss.jp/ 0120-00-6564）

4 ミニコラム

膝掛け振り上がりは、振りの大きさが極めて重要な技である。片膝を掛けて体重を支え、遠心力を利用することから、膝の裏を痛めて嫌がる子が必ずいる。補助具の使用はもちろんのこと、膝のサポーターやタオル、膝上までの長い靴下の使用を認めることも必要な配慮である。

足掛け振り上がりは、片膝掛け回転やもも掛け振り上がりや両膝掛け上がりなど、他の技にもつながる技である。逆上がりよりも短期間に習得がしやすいので、是非どの子にも習得させたい技である。

5 方法・手順

（1）鉄棒から少し離れた位置に立ち、片膝を鉄棒に掛ける。
（2）もう片方のつま先を鉄棒の上まで上げ、腕を軽く曲げて鉄棒をひき体を揺らす。
（3）肘と全身を伸ばした状態で、体を大きく振る。
（4）頭が鉄棒を越えたところで、一気に肘を曲げ、手をお尻の横まで押す。
（5）手首を返し、上がったところで肘を張り、腕を伸ばす。

膝を伸ばして振る

一気に肘を曲げる

手首を返す

視線は前

肘を張る

【補助】振り足側の腕と太ももをつかむ

【補助】太ももを鉄棒の奥まで押す

6 コツ・留意点

（1）鉄棒に掛けていない方の膝を伸ばして大きく振る（右図）。
（2）足振りの時には、肘を伸ばす。
（3）顔が鉄棒の高さを越えるまで、足を大きく振る。
（4）「大きな振り」とは、つま先が鉄棒の上を越え、踵が下まで振れることである。
（5）振り上がるタイミングで、一気に肘を曲げて上体を小さくし、回転加速をつける。この際、膝を見ると、顔が前傾姿勢になる。
（6）上体を起こす際に腕を伸ばすタイミングが遅いと、上体が上がらない。肘を曲げたら、その勢いで一気に鉄棒を骨盤の横まで押す。
（6）補助具は長さの狭いものがやりやすい。両手の感覚が狭いほうが脇が締まり、鉄棒に体を引きつけやすくなる。
（7）補助者は、「太ももを押し、腰を上に持ち上げる」。

7 この技でのチャンピオンは、ここまでできる！

①「足ピン」

②足振り「1・2」

③「膝」を見る

④「バイクでぶるん」（手首を返す）

振りから止まることなく、上がることができればチャンピオン。

これでバッチリ！ レベルアップ学習カード「膝掛け振り上がり」

年　　組　　番（　　　　　　　　）

レベル	内容	やり方	振り返り
1	**膝掛け跳び上がり** **技(わざ)と自己評価(じこひょうか)のポイント** ①片膝を鉄棒に掛ける。 ②鉄棒に跳び上がる。		月　日 ・ ・ ・ できばえ ◎ ○ △
2	**膝掛け振り** **ポイント** ①片膝を鉄棒に掛ける。 ②前後に３回振る。「いーち・にー・さーん」と声を出しながら行う。		月　日 ・ ・ ・ できばえ ◎ ○ △
3	**大きな膝掛け振り** **ポイント** ①片膝を鉄棒に掛ける。 ②つま先を鉄棒の上まで大きく振る。 ③踵を下まで振って、体を大きく揺らす。		月　日 ・ ・ ・ できばえ ◎ ○ △
4	**補助つき膝掛け振り上がり** **ポイント** ①補助者は、伸ばした足側に立つ。 ②振り上がる時に、伸びた太ももと腰を押す。 ③手首を返しながら上がる。		月　日 ・ ・ ・ できばえ ◎ ○ △
5	**膝掛け振り上がり** **ポイント** ①膝を伸ばして足を大きく振る。 ②顔が鉄棒を越える時に一気に肘を曲げ、手首を返して上がる。		月　日 ・ ・ ・ できばえ ◎ ○ △

学習カードの使い方：できばえの評価

レベル１～５の評価：◎よくできた→ぎりぎりまで膝を伸ばしてできる／○できた→膝が最初から少し曲がっている／△もう少し→膝が最初からかなり曲がっている

それぞれのレベルに合わせて◎○△があります。当てはまる物に○をしましょう。

※振り返りには、「自分で気づいた点」と「友達が見て気づいてくれた点」の両方を書きます。

②前方片膝掛け回転（その1）

前田哲弥

1 展開

（1）学習のねらい

①勢いよく回るための回転前半の姿勢や動きができる。

②膝裏に鉄棒をつけて、前方膝掛け回転ができる。

（2）学習のねらいを体現する発問・指示

主体的な学びの発問・指示→勢いよく回るには、肘・背中や視線はどうすればよいですか。

対話的な学びの発問・指示→回る時、鉄棒を膝の裏に付けていますか。ペアで見せ合います。

深い学びの発問・指示→連続で回るには、どうすればよいですか。

指示1 片膝をかけて、鉄棒にぶら下がります。手は逆手（さかて）です（指示3以外すべて逆手）。

指示2 片膝をかけて、鉄棒に3回跳び上がります。

指示3 順手で3回跳び上がったら後ろに回り膝でぶら下がります。最初は友達を補助します。

指示4 3回連続で跳び上がったら、前に回ってぶら下がります。最初は友達と補助し合います。

説明1 回り始める時には、鉄棒を膝の裏にカチッとはめてから回ることが大切です。そのために腰を持ち上げ、両足で足4の字を作ります。

発問1 回る時、足4の字を作って鉄棒を膝の裏に付けていますか。ペアで見せ合います。

発問2 勢いよく回る始めるためには、肘、背中、視　線は、どうすればよいですか。

説明2 勢いよく回るためには、斜め上を見て肘や背中を伸ばして回り始めることが大切です。

指示5 回転の勢いのあるなしで、合格を判定します。合格と言われた人は、補助で1回転します。

指示6 今度は、補助なしで回れるか挑戦します。

発問3 連続で回るには、どうすればよいですか。

説明3 最初の姿勢を作ってから次の回転に入ります。

❶場づくりをする 鉄棒の高さを調整。鉄棒に補助具を巻く。4枚→3枚→2枚→1枚。

↓

❷発問 鉄棒は膝の裏に付いているか見せ合います。

評価の観点 鉄棒を膝裏に付けて回れたか。

↓

❸発問 勢いよく回るためには、肘・背中や視線はどうすればよいですか。

評価の観点 肘や背中を伸ばし、斜め上を見て勢いよく回れたか。

↓

❹発問 連続で回るには、どうすればよいですか。

評価の観点 もとの回り始めの姿勢に戻れたか。

2 NG事例

（1）前半の大きく回転に入る動きづくりを丁寧に行わないまま、練習を繰り返す。

（2）鉄棒に掛かっていない足を後方に振りこんで回転に入ろうとする。

3 場づくり

準備物／鉄棒、鉄棒に巻く補助具、マット

（1）「基本の場」

①鉄棒の高さは、片膝を掛けた状態でもう片方の足が地面に高さ。へその高さぐらいがよい。

②屋内の鉄棒なら下にマットを敷いて高さを調節。

③膝が痛くならないように、鉄棒に補助具を巻く。市販の物がなければ、ホームセンターで売っている水道管凍結防止用の物でも安く作れる。

〈マットで高さ調節〉

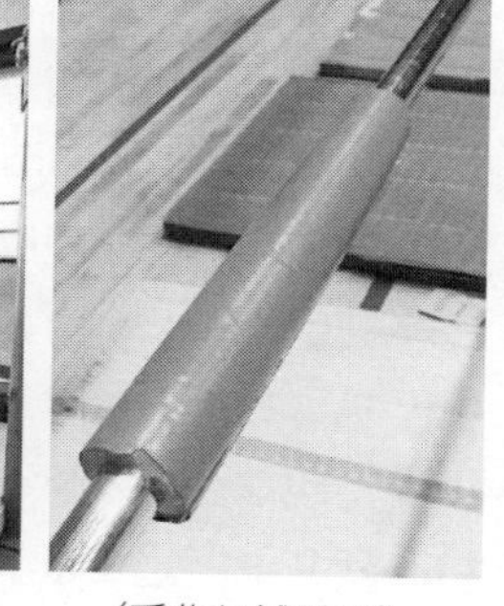

〈手作り補助具〉

（2）「習熟度別の場」

習熟度別に練習する。それぞれの動きや技は、下の写真、および、学習カードを参照。

鉄棒1

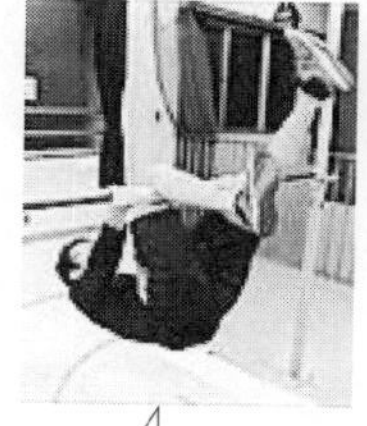

ぶら下がり

鉄棒2

膝を掛け跳び上がり

鉄棒3

鉄棒上からぶら下がり（補助）

鉄棒4

回転に入る前の動きや姿勢をペアで見合う

鉄棒5

補助で1回転して上がる

鉄棒6

1人で挑戦→連続回転→もも掛け上がり

4 ミニコラム

鉄棒運動の基本は順手である。しかし、今回の前方片膝掛け回転では、右の写真のように逆手で行うことが多い。逆手のよさは、前方への回転に入る際に比較的、スムーズに回転に入りやすいことである。

前方膝掛け回転のポイントは、何といっても回転前半にある。回転前半、回転軸となる膝の裏を鉄棒に付けながら、できるだけ勢いのある大きな回転を作れるかである。それには、逆手の方がよい。

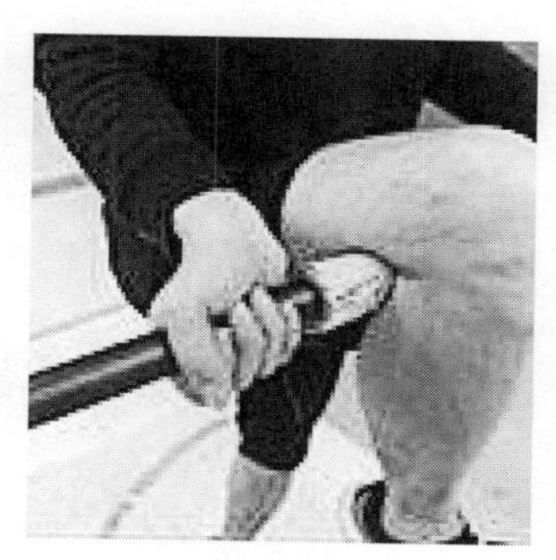

↑逆手

一方、逆手は1回転が成功し鉄棒上で支持姿勢に入る際に、戸惑うケースが見られる。子供たちは、逆手で手首を返して支持する動きに、慣れていないからである。そのために、逆手で鉄棒に跳び上がって支持姿勢になる練習を前半に取り入れていく。

5 方法・手順

(1) 逆手で片膝を掛けて、鉄棒にぶら下がって体を振る。
(2) 逆手で片膝を掛けて、鉄棒に跳び上がる。3回連続でやる。
(3) 片膝を掛け3回跳び上がったら後ろに回りぶら下がる。怖い子には補助。この動きだけ後方に回転するので順手で。
(4) 逆手で片膝を掛けて3回連続で跳び上がり、前に回って下りる。後方に回るより難しい。補助する時は正面に立つと回った子の足がぶつかる恐れもある。横に立って補助する方がよい。
(5) 腰を上げ足4の字を作り、膝の裏に鉄棒に付けた状態から回る。斜め上を見て肘や背中を伸ばした姿勢を作れると回転力が大きくなる。この回り始めの姿勢ができているかペアで見合う。
(6) もう少しでできそうな子は、上がる時に補助してもらい1回転。
(7) 補助なしで1回転に挑戦する。
(8) 1回転ができた子は、連続回転、さらにもも掛け上がりに挑戦。

↑ペアで見合う

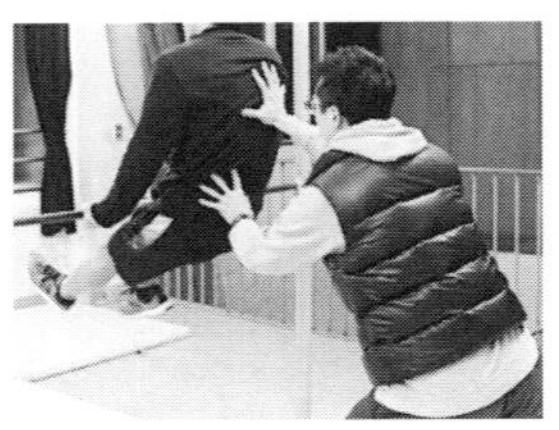
↑補助で上がる

6 コツ・留意点

(1) 回転前半、大きくて勢いのある回転を作ることが特に大切である。視線は下に向けずに斜め上を向いて回転を始めるようにすると、背筋や肘が伸びやすくなり、より勢いよく回れる。
(2) 回転の軸となる膝の裏で鉄棒を挟みつけ、ずれないようにしながら回ることが大切。回転に入らない状態で鉄棒上にのっかっている時は、鉄棒は太ももの裏にあるはずである。そこから、回転に入る前に腰を上方に持ち上げることで、鉄棒が膝の裏に移動してくる。そこから、鉄棒を掛けている膝を深く曲げ、膝の後ろで鉄棒を挟みつけるようにする。

↑回転に入る前の体勢

(3) 膝が掛かっていない足は、鉄棒に近づけることが大切である。膝を掛けている足と一緒に鉄棒を前後から挟みつけて回転に入るイメージである。

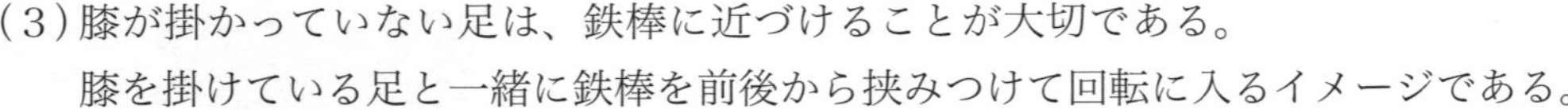

(4) 上記の(2)(3)で述べた両足の形を横から見ると、右図のように数字の「4」と似ている。子供たちには、分かりやすいように「足4の字」を作って回るように声がけする。

7 この技でのチャンピオンは、ここまでできる！

「前方もも掛け回転」

これでバッチリ！ レベルアップ学習カード「前方片膝掛け回転（その1）」

年　　組　　番（　　　　　　　　　）

レベル	内容	やり方	振り返り
1	逆手で膝を掛けて跳び上がり **技(わざ)と自己評価(じこひょうか)のポイント** ◎→3回連続で、跳び上がれる／○→1回は、跳び上がれる／△→跳び上がれない		月　日 ・ ・ ・ できばえ ◎ ○ △
2	3回跳び上がってから、後ろに回ってぶら下がり（これだけは順手でやる） **ポイント** ◎→お尻を持ち上げてから回れる／○→補助なしでできる／△→補助してもらってできる		月　日 ・ ・ ・ できばえ ◎ ○ △
3	逆手で3回跳び上がってから、前に回ってぶら下がり **ポイント** ◎→お尻を持ち上げ、鉄棒を膝の裏に近づけてから回ることができる／○→補助なしで、ぶら下がれる／△→補助してもらってぶら下がれる		月　日 ・ ・ ・ できばえ ◎ ○ △
4	足で鉄棒をはさみつけるようにして、足4の字を作ってから回る **ポイント** ◎→斜め上を向いて 背筋を伸ばし、足4の字を作ってから回れる／○→足4の字を作ってから回れる／△→足4の字を作ってから回れない		月　日 ・ ・ ・ できばえ ◎ ○ △
5	上がってくる時補助してもらって1回転 **ポイント** ◎→補助1人で上がれる／○→補助2人で上がれる／△→補助付きでも上がれない		月　日 ・ ・ ・ できばえ ◎ ○ △
6	1人で前方膝掛け回転に挑戦する **ポイント** ◎→連続で回れる／○→1人で回って鉄棒に上がれる／△→回って鉄棒に上がれない		月　日 ・ ・ ・ できばえ ◎ ○ △

学習カードの使い方：できばえの評価

レベルの評価：◎よくできた／○できた／△もう少し

※振り返りには、「自分で気づいた点」と「友達が見て気づいてくれた点」の両方を書きます。

(2) 中学年 鉄棒運動

③前方片膝掛け回転（その2）

中村　賢

1 展開

（1）学習のねらい

①肘の曲げ伸ばしの仕方を的確に行うことにより、前方片膝掛け回転ができる。

②小さな回転から取り組み、大きな前方片膝掛け回転につなげていくことができる。

（2）学習のねらいを体現する発問・指示

主体的な学びの発問・指示→どのように肘の曲げ伸ばしをしたらいいかな。

対話的な学びの発問・指示→誰の肘の曲げ伸ばしの仕方がいいかな。

深い学びの発問･指示→大きな回転の前方片膝掛け回転をするには、どうしたらいいかな。

指示1　「膝掛け振り上がり」をします。鉄棒に片膝を掛けてぶら下がった姿勢から体を前後に揺らします。徐々に振り幅を大きくしましょう。

発問1　どのように「肘の曲げ伸ばし」をすれば、大きく振れますか。

指示2　マットで「ボートこぎ」をします。体を前後に揺らしながら肘の曲げ伸ばしの仕方を確認しましょう。

指示3　肘の曲げ伸ばしの仕方を意識して再度、「膝掛け振り上がり」をします。

指示4　「前方膝掛け振り下ろし」をします。鉄棒の上で片膝を掛けた腕支持姿勢から、手の甲を正面に向けて体を前に倒します。

発問2　体を前に倒す時、顎を①上げる、②引く、どちらの方が怖くないですか。

指示5　「前方片膝掛け回転」をします。鉄棒を見て顎を引き、肘を曲げた腕支持姿勢から始めましょう。

指示6　開始の際に少しずつ顎を上げ、「肘と背中を伸ばした姿勢」に近づけていってみましょう。

発問3　どのタイミングでどのよう肘を曲げるとよいですか。

指示7　学習カードに、できばえを記録します。大きな回転ができたら、連続技にも挑戦しましょう。

❶発問　どのように肘の曲げ伸ばしをすれば、大きな膝掛け振りができるかを確認する。

❷発問　恐怖心が和らぐ振り下ろしの仕方を確認する。

❸指示　肘と背中を伸ばした姿勢からの大きな回転につなげていく。

❹発問　肘の曲げ伸ばしの仕方を観察する。

観察する局面　1. 腕支持から体を前に倒す局面 2. 頭が鉄棒の真下にくる局面 3. 起き上がる局面

❺学習カードで評価する。

□成果の確認をする。

□課題の把握をする。

2 NG事例

（1）恐怖心がある状態でさせない。

（2）いきなり「肘と背中を伸ばした開始姿勢」からさせない。

（3）回転後半の起き上がる際に、肘を縦に曲げると手首が固定されて動きが止まってしまう。

3 場づくり

準備物／鉄棒、マット（子供の数に応じて調整する）
※可能な場合は、以下２点を準備する。
①鉄棒のカバー（膝の痛みを和らげる）
②安全マット（落下した場合の安全面を考慮する。恐怖心を和らげる）

①「基本の場」 マット数は、子供の数に応じて調整する（床や地面でも可）。

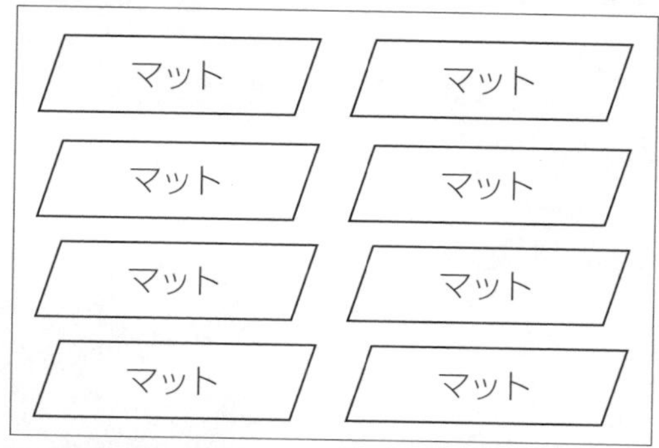

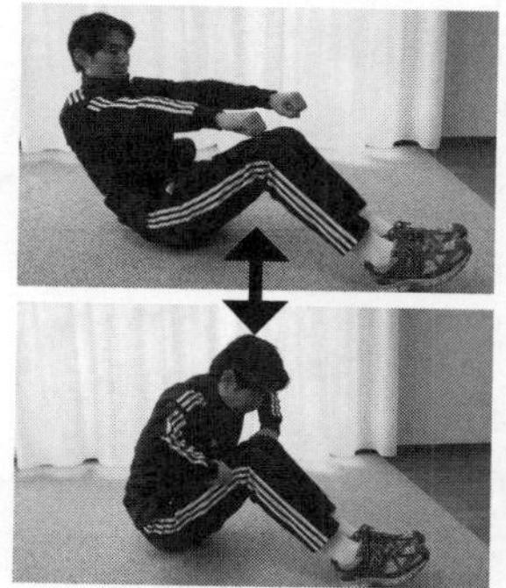

②「習熟度別の場」 恐怖心を抱くことなくできる高さの鉄棒を選んで、練習する。

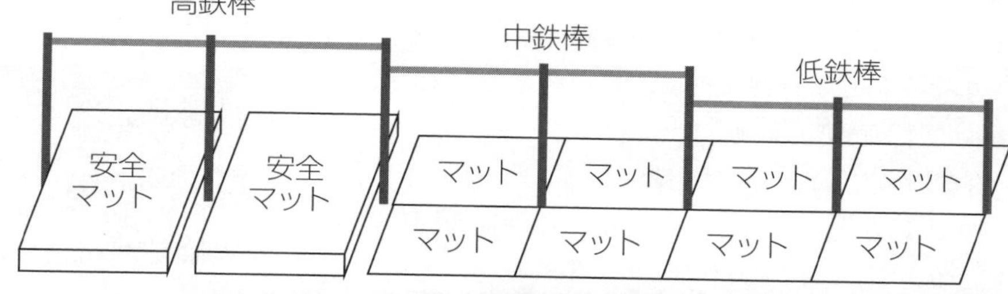

鉄棒のカバーの場

4 ミニコラム

前方片膝掛け回転では、肘の曲げ伸ばしの仕方が成否の鍵を握る。回転後半の起き上がる際に脇を開き、肘を横に曲げて前に出すことが最大のコツである。両肘の先が鉄棒を完全に越すと、高い確率で起き上がり、腕支持姿勢まで持ち込むことができる。また、肘の曲げ伸ばしのメリハリがあると、勢いのある回転を生み出すことができる。さらに、起き上がりの際に肘の曲げ方が小さくなると、より大きな回転となる。

5 方法・手順

（1）「基本の場」
①「ボートこぎ」※2.～3.を数回、繰り返す。
1.マット（床）の上で体育座りをする。
2.上体を少し後傾させて腕を伸ばす。
3.肘を横に曲げながら、上体を起こす。

（2）「習熟度別の場」
②「膝掛け振り上がり」
1.鉄棒に片膝を掛けてぶら下がり、体を数回、前後に揺らす。肘は頭を下げる際に伸ばし、頭を上げる際に横に曲げる。
2.伸ばしている脚の振り下ろしに合わせて上体を起こす。
3.手首を片仮名の「ハの字」にして、肘を前に出しながら起き上がる。

手首は片仮名の「ハの字」肘は「横」

③「前方片膝掛け回転（小さな回転）」
1.鉄棒に片膝を掛けて腕支持姿勢をつくる。
2.顎を引いて鉄棒を見ながら肘を曲げる。
3.手の甲を正面に向け、背中を丸めてゆっくりと体を前に倒す。
4.肘を横に曲げながら回転し、頭が真下を通過したら、伸ばしている脚の振り下ろしに合わせて上体を起こす。
5.手首を「ハの字」にして、肘を前に出しながら起き上がる。

×肘を縦に曲げる

④「前方片膝掛け回転（大きな回転）」
正面を向いた腕支持姿勢から、肘と背中を伸ばしたまま、体を自然に前へ倒す。起き上がり方は、③の小さな回転と同じ。
※逆手で行う場合も、手順や肘の曲げ伸ばしの仕方は同じ。
※恐怖心を抱く場合、頭が鉄棒の真下にくる3.までを行い、そのまま下りる「前方膝掛け振り下ろし」。慣れたら、回転につなげていく。

○肘を横に曲げる

6 コツ・留意点

（1）「前半は背中を棒のように伸ばし、後半は亀の甲羅のように丸めるよ」（比喩化）。
（2）「前半はゆっくり、後半は速く、の『ゆっくり・速く』だよ」（スピードの意識化）。
（3）「両肘が腕の中で一番先に鉄棒を越すつもりで起き上がろう」（体の部位の意識化）。

7 この技でのチャンピオンは、ここまでできる！

（1）前方片膝掛け回転を連続で行う。

（2）後方片膝掛け回転からの連続で行う。

これでバッチリ！ レベルアップ学習カード「前方片膝掛け回転（その2）」

年　　組　　番（　　　　　　　　）

レベル	内容	やり方	振り返り
1	ボートこぎ **技(わざ)と自己評価(じこひょうか)のポイント** ①マット（床）で体育座りをする。 ②肘の曲げ（横）伸ばしを３回行う。		月　日 ・ ・ ・ できばえ ◎ ○ △
2	膝掛け振り上がり **ポイント** ①片膝を鉄棒に掛けてぶら下がる。②前後に数回振る。③肘を横に曲げながら上がる。		月　日 ・ ・ ・ できばえ ◎ ○ △
3	前方膝掛け振り下ろし **ポイント** ①鉄棒の上で片膝を鉄棒に掛ける。 ②背中を丸めながら前に倒れて下りる。		月　日 ・ ・ ・ できばえ ◎ ○ △
4	小さな回転 **ポイント** ①鉄棒の上で片膝を鉄棒に掛ける。 ②背中を丸めながら前方に回転する。		月　日 ・ ・ ・ できばえ ◎ ○ △
5	大きな回転 **ポイント** ①鉄棒の上で片膝を鉄棒に掛ける。 ②背中を伸ばして前方に回転する。		月　日 ・ ・ ・ できばえ ◎ ○ △
6	前方膝掛け回転連続 **ポイント** 前方片膝掛け回転を連続で行う。		月　日 ・ ・ ・ できばえ ◎ ○ △
7	後方片膝掛け回転からの連続 **ポイント** 後方片膝掛け回転から前方片膝掛け回転を行う。		月　日 ・ ・ ・ できばえ ◎ ○ △

学習カードの使い方：できばえの評価

レベル１～７の評価：◎よくできた→肘の曲げ伸ばしを的確に行い、運動がスムーズにできた／○できた→スムーズではないが、運動ができた／△もう少し→運動が途中までできた

それぞれのレベルに合わせて◎○△があります。当てはまる物に○をしましょう。

※振り返りには、「自分で気づいた点」と「友達が見て気づいてくれた点」の両方を書きます。

④逆上がり（発展技）

吉田知寛

1　展開

（1）学習のねらい

①自分に合った逆上がりの踏み切り足と振り上げ足が分かる。

②ベルト（くるりんベルト）や逆上がり補助板を使って、補助逆上がりができる。

（2）学習のねらいを体現する発問・指示

主体的な学びの発問・指示→振り上げる足はどちらがやりやすいか見つけよう。

対話的な学びの発問・指示→補助する時はどこを持ってあげたらいいかな。

深い学びの発問・指示→回る時はどこを見ていたらいいかな。

指示1　準備運動として「ダンゴムシ３秒」、「ツバメ３秒」、「ふとん干し３秒」、「ふとん干しから起き上がり」をします。それぞれ1回ずつです。

指示2　振り上げる足はどちらがやりやすいか見つけよう。

指示3　(示範しながら) 鉄棒を持って両足を揃えます。

指示4　(示範しながら)「１・２」で足を振り上げます。両足で３回ずつやります。

発問1　振り上げる足はどちらがやりやすかったですか。

説明1　どちらでも構いません。

指示5　くるりんベルトを使って逆上がりの練習をします。今の色で３回できたら、次の色にします (くるりんベルトはベルトの部分に色が付いている)。

指示6　練習します。

説明2　くるりんベルトの最長でできたら、補助板と踏み切り板を使った場で練習します。

指示7　今の高さで３回できたら踏み切り板を一段階低くします。

発問2　回る時はどこを見ていたらいいですか。

発問3　回れない時はどこを持ってあげたらいいですか。

説明3　踏み切り板1台だけでできたら、完成間近です。

指示8　何もない状態で挑戦します。

❶場づくりをする　くるりんベルト×10、逆上がり補助板＆踏み切り板。

↓

❷発問　振り上げる足はどちらがやりやすいですか。

評価の観点　「1・2」のリズムで足を振り上げているか。

↓

❸指示　くるりんベルトで練習します。（×は❷へ）

評価の観点　3回連続で回れているか。

↓

❹指示　今の高さで3回できたら踏み切り板を一段低くします。（×は❸へ）

↓

❺発問　回る時はどこを見たらいいでしょうか。

評価の観点　おへそを見ているか。

↓

❻学習カードで評価する

□成果の確認をする。

□課題の把握をする。

2 NG事例

（1）教師が子供の振り上げ足、踏み切り足、順手・逆手を決めない。子供のやりやすい方でやらせる。

（2）ベルトを使って練習させる時に、いきなり長い状態で練習させない。スモールステップで練習させる。

（3）ベルトの一番長い状態でできていないのに、補助板の場に挑戦させない。

3 場づくり

準備物／くるりんベルト10本、逆上がり補助板、踏み切り板

①「基本の場」 子供の身長に合わせて、4～6人のグループを作る。

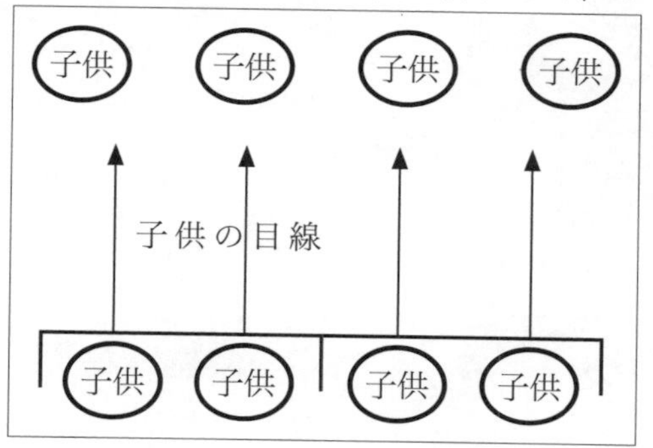

写真のように、子供の並ぶ位置をマーカーで示しておくとよい。準備が難しい場合は、マーカーの位置に教師が立ち、「先生より後ろで待ちます」と指示を出す。

②「習熟度別の場」 自分の挑戦したい場を選んで、練習する。

ⅰくるりんベルト 黒線×1 ⅱくるりんベルト 緑線×1 ⅲくるりんベルト 青線×2

ⅳくるりんベルト 白線×2 ⅴくるりんベルト 赤線×2 ⅵくるりんベルト 最長×2

ⅶ逆上がり補助板＆踏み切り板

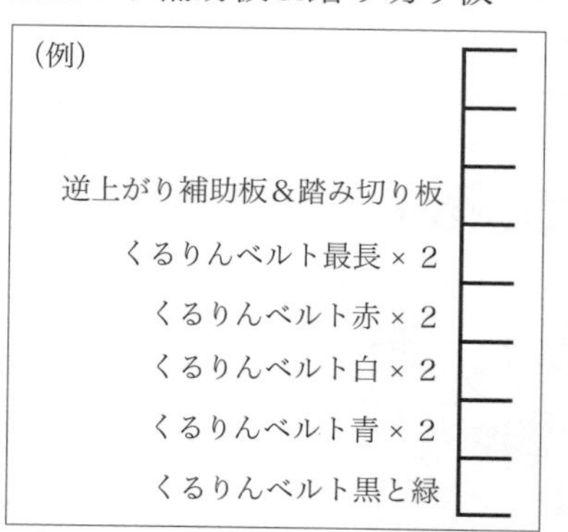

※子供の実態や鉄棒の数、子供たちの数に合わせて上記の場を変更していく。

始める前に、このようにセッティングしておく。

「くるりんベルト」には、このように、目安となる色が付いている。

逆上がり補助板＆踏み切り板

※「鉄棒くるりんベルト」（東京教育技術研究所 https://www.tiotoss.jp/ 0120-00-6564）

4 ミニコラム

「逆上がり」は小学生の多くができるようになりたいと思う技である。私は体育主任として、全校児童に週4日、昼休みの15分間に、この指導をしていた。1か月で10名強の子供たちが、逆上がりができるようになった。中には1回の指導でできるようになった子供もいた。教材を駆使して、「逆上がりができた」という経験を、子供たちに何度もさせていく。

5 方法・手順

（1）くるりんベルト黒線で練習させる。３回連続で回れたら緑へ。同様にして青まで取り組ませる。

（2）くるりんベルト白線で練習させる。３回連続で回れたら赤へ。同様にして最長まで取り組ませる。

（3）逆上がり補助板と踏み切り板を組み合わせた場で練習させる。逆上がり補助板は色分けされている。踏み切り板を補助板の下から２番目の色の範囲に置く。「○色ゾーン」とネーミングすると子供たちは分かりやすい。３回連続で回れたら次のレベルへ。

（4）踏み切り板を補助板の一番下の色の範囲に置く。３回連続で回れたら次へ。

（5）子供の様子を見ながら、踏み切り板１台の場に移行させる。３回連続で回れたら、次へ。

（6）何もない状態で挑戦させる。

逆上がり補助板と踏み切り板の場では、写真のようにだんだん踏み切り板の場所を移動させていく。子供たちの実態に合わせて、傾斜の大きさを調整できる。

6 コツ・留意点

（1）教師の手を子供の頭上にかざし、その手を蹴るようにする（視覚化）。

（2）ふとん干しから起き上がりの練習で手首を返す練習をする。

（3）踏み切り板を「バン」と蹴る（聴覚化）。

7 この技でのチャンピオンは、ここまでできる！

補助なしで、連続して逆上がりができる。「連続逆上がり」は、さらに、下の写真のように分かれる。

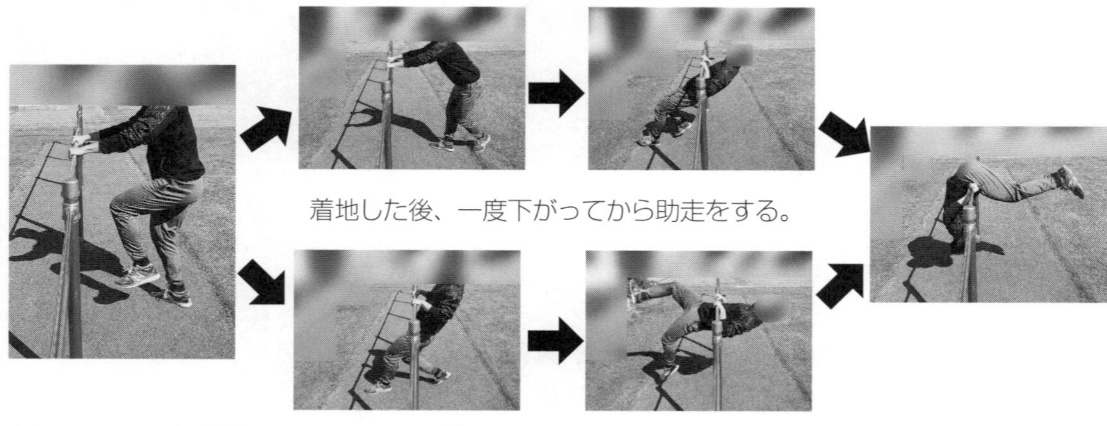

着地した後、一度下がってから助走をする。

〈チャンピオン〉着地して、そのまま「１・２」のリズムで逆上がりができる。

これでバッチリ! レベルアップ学習カード「逆上がり(発展技)」

年　　組　　番(　　　　　　　　)

レベル	内容	やり方	振り返り
1	「くるりんベルト」を使った連続補助逆上がりⅠ **技(わざ)と自己評価(じこひょうか)のポイント** ①ベルトを黒線に合わせて、3回連続で逆上がりをする。 ②緑線に合わせる。 ③青線に合わせる。	手はベルトの外側に。	月　日 ・ ・ ・ できばえ ◎ ○ △
2	「くるりんベルト」を使った連続補助逆上がりⅡ **ポイント** ①ベルトを白線に合わせて、3回連続で逆上がりをする。 ②赤線に合わせる。 ③一番長い状態にする。	外す時は同時に押す。	月　日 ・ ・ ・ できばえ ◎ ○ △
3	補助板&踏み切り板を使った連続補助逆上がりⅠ **ポイント** ①踏み切り板を青ゾーンに置く。 ②「バン」と鳴るように踏み切り、3回連続で逆上がりをする。	同じゾーン内で、踏み切り板の位置を調整しよう。	月　日 ・ ・ ・ できばえ ◎ ○ △
4	補助板&踏み切り板を使った連続補助逆上がりⅡ **ポイント** ①踏み切り板を黄色ゾーンに置く。 ②「バン」と鳴るように踏み切り、3回連続で逆上がりをする。	同じゾーン内で、踏み切り板の位置を調整しよう。	月　日 ・ ・ ・ できばえ ◎ ○ △
5	踏み切り板を使った連続補助逆上がり **ポイント** ①踏み切り板を置く。 ②「バン」と鳴るように踏み切り、3回連続で逆上がりをする。	踏み切り板はやりやすい場所に置こう。	月　日 ・ ・ ・ できばえ ◎ ○ △
6	連続逆上がり **ポイント** ①踏み切り板があるつもりで、地面を踏み切る。 ②着地しても止まらずに、もう一度逆上がりをする。 ③3回連続逆上がりをする。		月　日 ・ ・ ・ できばえ ◎ ○ △

学習カードの使い方:できばえの評価

レベル1～6の評価: ◎よくできた→着地して、そのまま「1・2」のリズムで逆上がりができる/○できた→着地した後、後ろに下がってから助走をする/△もう少し→1回は逆上がりができるが、3回連続ではできない

※振り返りには、「自分で気づいた点」と「友達が見て気づいてくれた点」の両方を書きます。

⑤後方片膝掛け回転

大貝浩蔵

1 展開

（1）学習のねらい

①逆さで片膝掛け足振りを大きくできる。

②上体と後ろ足を大きく振り出し、片膝を掛けた回転ができる。

（2）学習のねらいを体現する発問・指示

主体的な学びの発問・指示→逆さで片膝掛け足振りを大きくするには、どこを意識したらいいですか。

対話的な学びの発問・指示→補助をするとき、どのようなタイミングで上体を支えたらいいですか。

深い学びの発問・指示→片膝を掛けた状態で、上体と後ろ足を大きく振り出すには、どこを見たらいいですか。

指示1 ツバメの姿勢から鉄棒に片膝を掛けてみましょう。片膝を掛けるときに不安な人は、友達に補助を頼みましょう。

説明1 肩を後ろから支えるといいですね。

指示2 片膝を掛けた状態で、後ろ足を前後に振ってみましょう。後ろ足を振る時に不安な人は、友達に補助を頼みましょう。

説明2 肩を横から支えるといいですね。

指示3 片膝を掛けた状態で逆さになり、後ろ足を前後に振ってみましょう。逆さになるのが不安な人は、友達に背中を支えてもらいながら逆さになりましょう。

説明3 腰を支えてもらうといいですね。

発問1 逆さの状態で、体を大きく振るには、何を意識したらいいですか。

①後ろ足を伸ばす

②腕を伸ばす

③目線を鉄棒から離す（地面→空）

指示4 後方片膝掛け回転に挑戦しましょう。友達と補助をし合いながら無理のないように取り組んでいきましょう。

発問2 補助をする時、どのようなタイミングで上体や足を支えたらいいですか。

発問3 上体と後ろ足を大きく振り出すには、どこを見たらいいですか。

❶場づくりをする 2人組か3人組を作っておく。

↓

❷発問 逆さの状態で、体を大きく前後に振るには、何を意識したらいいですか。

評価の観点 後ろ足や腕が伸びていて、遠心力を使えているか。目線を上げることで、上体が伸びていて、遠心力を使えているか。

↓

❸発問 補助する時、どのようなタイミングで上体や足を支えたらいいですか。

評価の観点 友達の安全を第一に考え、回転の勢いを活かして肩や腰、足などを支えることができているか。

↓

❹発問 上体と後ろ足を大きく振り出すには、どこを見たらいいですか。

評価の観点 目線を上げることで、上体が伸びていて、遠心力を使えているか。

×は❷へ

↓

❺学習カードで評価する

□成果の確認をする。

□課題の把握をする。

→目線を鉄棒から離し、前上方を見る。

説明4　目線を上げると、胸を張ることができ、上体や後ろ足が伸びますね。

指示5　それらを友達と確認し合いましょう。

指示6　学習カードに、どれくらいできるようになったか記録しましょう。友達から聞いたことも書くようにしましょう。

2 ＮＧ事例

（1）逆さの状態で大きく体を振れていないのに、次のステップに進まない。

（2）膝裏に痛みが出たら、無理にさせない。

（3）補助を多人数でさせない。

3 場づくり

運動場に設置されている鉄棒の前に、２人組もしくは３人組で集合させるようにする。

鉄棒の近くに遊具が設置されている場合は、遊具を背にするように子供たちを集合させ、できるだけ子供たちが集中しやすい場にする。

4 ミニコラム

後方片膝掛け回転は、中学年の例示にある技であるが、意外にも幼児や低学年の方が取り組みやすい。なぜなら、体重が軽いため膝にかかる負担が少ないからだ。幼児期や低学年に取り組ませる場合は、雲梯を１つ飛ばしで行けたり、逆上がりが軽々とできたりするなどの体支持がしっかりとできていることを前提とする。

5 方法・手順

（1）ツバメから膝掛け

ツバメから膝掛けになる際、一度足を鉄棒に掛けて手を移動させるようにする。その際、友達に後ろから肩を支えてもらうと行いやすい。

(2) 後ろ足を前後に振る

後方片膝掛け回転は後ろ足を前後に動かすことで勢いをつける。そして、その勢いのまま後ろ足を前に出すことで回転ができるようになる。

そのため、ここで後ろ足を意識的に前後に動かすことで、後方片膝掛け回転の動きを身につけるようにする。

(3) 逆さで後ろ足を前後に振る

後ろ足を意識的に前に振り上げるようにする。そして、その反動を利用して後ろ足を振り下ろすことで上体を動かしていく。遠心力をつけて、より大きな振りにするために、体全体を伸ばすようにするとよい。

6 コツ・留意点

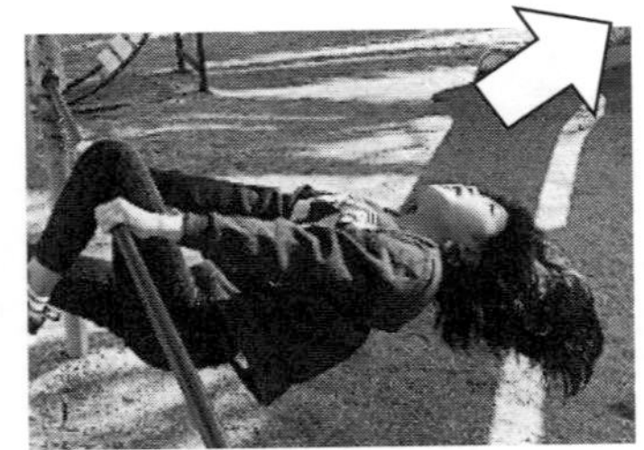

今までできなかった子も、方法・手順をしっかり踏んだ場合、目線を意識することでできるようになった。特に、膝掛けの状態で空を見るようにすると、上体が伸び、より遠心力が生まれて膝掛後転ができるようになった。

7 この技でのチャンピオンは、ここまでできる！

後方片膝掛け回転の連続技。

2回、
3回……
連続で！

これでバッチリ！ レベルアップ学習カード「後方片膝掛け回転」

年　　組　　番（　　　　　　　　）

レベル	内容	やり方	振り返り
1	ツバメから片膝掛け 技(わざ)と自己評価(じこひょうか)のポイント ◎→できた！ ○→補助付きでできた！ △→挑戦した！		月　日 ・ ・ ・ できばえ ◎ ○ △
2	逆さで膝掛け足振り ポイント ◎→できた！ ○→補助付きでできた！ △→挑戦した！		月　日 ・ ・ ・ できばえ ◎ ○ △
3	後方片膝掛け回転 ポイント ◎→できた！ ○→補助付きでできた！ △→挑戦した！		月　日 ・ ・ ・ できばえ ◎ ○ △

学習カードの使い方：できばえの評価

レベル１～３の評価：◎よくできた→できた！　自分１人でできた／○できた→補助付きでできた！　友達に協力してもらってできた／△もう少し→挑戦した！　その技に挑戦した

それぞれのレベルに合わせて◎○△があります。当てはまる物に○をしましょう。

※振り返りには、「自分で気づいた点」と「友達が見て気づいてくれた点」の両方を書きます。

①前方支持回転

村田正樹

1 展開

（1）学習のねらい

①回転の原理が分かり、前方支持回転ができる。

②前方支持回転を連続して回ったり、前方支持回転を取り入れた組み合わせ技ができる。

（2）学習のねらいを体現する発問・指示

主体的な学びの発問・指示→どうしたら５点を取れそうですか。

対話的な学びの発問・指示→ペアの子は、目が合ったら手を叩いて合図します。

深い学びの発問・指示→１回転でピタリと止まるコツは何ですか。

指示１　支持して跳び上がり下り、ふとん干しをします。

指示２　ふとん干し→ツバメを３回繰り返します。

指示３　３回目は、胸を膝にくっつけなさい。

指示４　前回り下りをします。５秒間に３回、回れたらすばらしいです。

指示５　前回り下りでゲームをします。真下の線より後ろに下りたら５点、踏んだら３点、前は１点です。

発問１　どうしたら５点を取れそうかな。

指示６　肘と背筋を伸ばして、勢いよく回りなさい。

発問２　目はどこを見ているといいかな。
(ア)斜め上　(イ)斜め下　(ウ)真下

指示７　斜め上を見たまま回り、途中でペアと目が合ったら、胸を膝に近づけます。ペアの子は、目が合ったら手を叩いて合図します。

指示８　２度目のゲームをします。２回やって何点取れたか、競争です。１回転できそうなら回っていいですよ。

発問３　１回転でピタリと止まるコツは何ですか。

指示９　ももの付け根と鉄棒をくっつけたまま回ります。

指示10　学習カードを見て、それぞれの点数に合った練習を、グループで行います。

❶基本の運動　回転の中心を作る運動を行う。

↓

❷発問　どうしたら５点を取れそうですか。
評価の観点　肘や背中を伸ばして、回転に勢いをつけているか。

↓

❸発問　目はどこを見ているといいかな。
評価の観点　鉄棒の真下を過ぎたら、胸を膝に近づけているか。

↓

❹発問　１回転でピタリと止まるコツは何ですか。
評価の観点　ももの付け根と鉄棒がくっついているか。

↓

❺学習カードで評価する
□成果の確認をする。
□課題の把握をする。

2 NG事例

（1）ふとん干しになれない子には無理をさせない。

（2）45分間の授業時間のすべてを指導にあてない。

（3）授業時間だけで100％達成を目指さない。

3 場づくり

準備物／回転補助具、回転補助ベルト、ラインカー（外）、色ガムテープ（内）

①「基本の場」 鉄棒の真下に線を引いて、写真のような運動を行う。

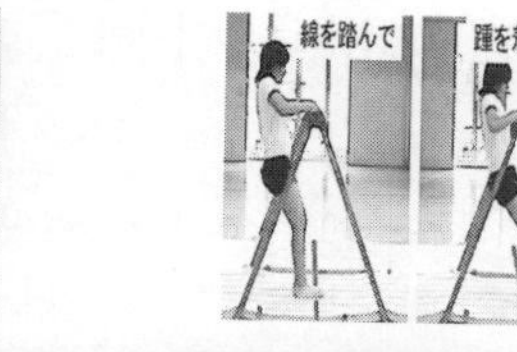
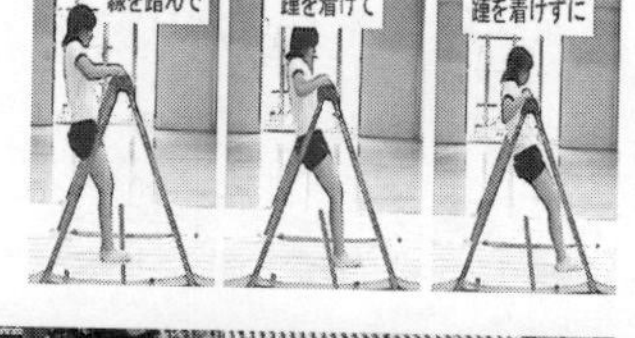

②「習熟度別の場」 自分の課題に応じた場を選んで、練習する。

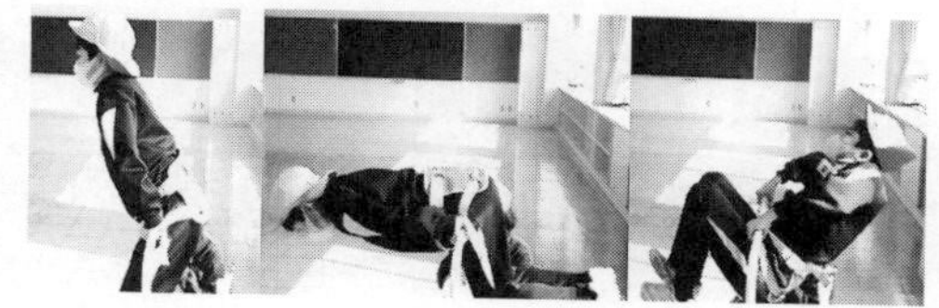

4 ミニコラム

前方支持回転は、前回り下りのゲームから導入していくと、中学年でもできるようになる。遊び感覚で、繰り返し挑戦させていくのもよい。

5 方法・手順

（1）基本の場

①腕を伸ばしたままで、跳び上がり下りを3回する。

① 前方支持回転　高学年　鉄棒運動

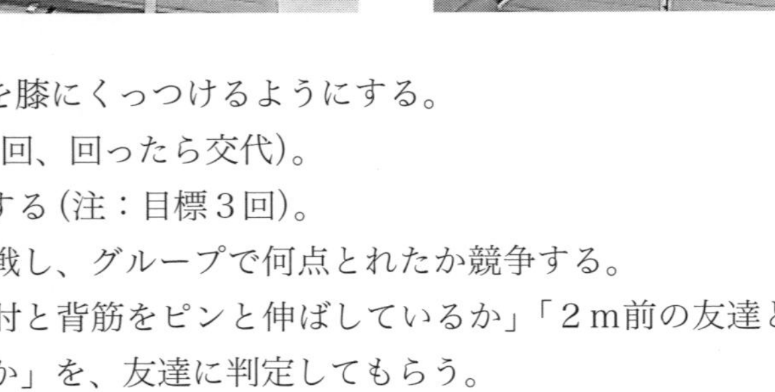

②足の位置を「真下の線を踏んで」→「線に踵を着けて」→「線に踵を着けずに」と変えて、支持して跳び上がりをする。

③ふとん干し→ツバメを３回繰り返す。

④ふとん干し→ツバメを２回繰り返し、３回目にふとん干しになる時に胸を膝にくっつけるようにする。

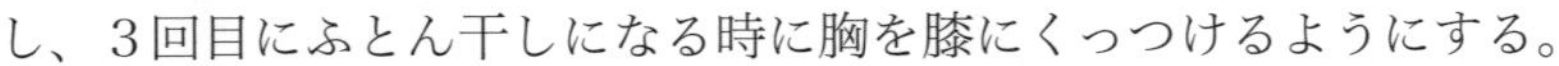

⑤前回り下りでリレーをする（注：１人２回、回ったら交代）。

⑥５秒間に３回、回る前回り下りに挑戦する（注：目標３回）。

⑦着地位置を得点化した前回り下りに挑戦し、グループで何点とれたか競争する。

⑧５点以上を取るために「回り始めは、肘と背筋をピンと伸ばしているか」「２m前の友達と目が合ったら、胸を膝に近づけているか」を、友達に判定してもらう。

（２）習熟度別の場

⑨回転補助ベルトを着けて、前方支持回転をする（注：体と鉄棒の間の隙間が少しずつ広がるように、指１本分ずつベルトを緩める）。

⑩友達の補助で、前方支持回転をする（注：習熟の程度に応じて、２人で補助→１人で補助と人数を減らしてもよい）。

⑪１回転でピタリと止まる、前方支持回転に挑戦する。

⑫前方支持回転連続３回に挑戦する。

⑬前方支持回転連続10回に挑戦する。

※1回転は10点とする

6　コツ・留意点

（１）１回の指導時間は15〜20分程度とし、鉄棒に触れる機会を増やすように心がける。

（２）「肘と背筋を伸ばして、回転に入っているかどうか」「２m前の友達と目が合っているかどうか」を友達に判定させる（焦点化・共有化）。

（３）回転補助具を着けて回転する時は、ももの付け根が鉄棒から離れないように意識させる。ももの付け根を鉄棒から離さずに回れるようになったら、鉄棒と体の間を指１本分程度ずつ緩めていき、隙間を空けても、ももの付け根と鉄棒が離れていないかを、友達に判定させる（焦点化・共有化）。

7　この技でのチャンピオンは、ここまでできる！

前方支持回転を３回以上連続して回ることができる。

これでバッチリ！ レベルアップ学習カード「前方支持回転」

年　　組　　番（　　　　　　　　）

レベル	内容	やり方	振り返り
1	支持して跳び上がり **技（わざ）と自己評価（じこひょうか）のポイント** ◎→線に踵を着けずにできた／○→線に踵を着けてできた／△→線を踏んでできた	線を踏んで／踵を着けて／踵を着けずに	月　日 ・ ・ ・ できばえ ◎ ○ △
2	前回り下り **ポイント** （5秒間に）◎→3回以上できた／○→2回できた／△→1回以下		月　日 ・ ・ ・ できばえ ◎ ○ △
3	前回り下り **ポイント** （2回やって）◎→15点以上取れた／○→8点～10点取れた／△→8点取れなかった	1点　3点　5点 ※1回転は10点とする。	月　日 ・ ・ ・ できばえ ◎ ○ △
4	ベルトで前方支持回転 **ポイント** ◎→3本分空けてもできた／○→2本分空けてもできた／△→1本分空けてもできた	鉄棒とももの付け根をくっつけたまま回れたら、指1本分ずつベルトを緩めていく。	月　日 ・ ・ ・ できばえ ◎ ○ △
5	補助で前方支持回転 **ポイント** ◎→1人の補助でできた／○→2人の補助でできた／△→2人の補助で、やっとできた	補助は、腰か背中を押すようにする。	月　日 ・ ・ ・ できばえ ◎ ○ △
6	前方支持回転 **ポイント** ◎→連続3回転以上できた／○→1回転でピタリと止まれた／△→1回転できた		月　日 ・ ・ ・ できばえ ◎ ○ △

学習カードの使い方：できばえの評価

レベルの評価：◎よくできた／○できた／△もう少し

※振り返りには、「自分で気づいた点」と「友達が見て気づいてくれた点」の両方を書きます。

② 膝掛け上がり

小倉達也

1 展開

(1) 学習のねらい

鉄棒の下を走り込み、両足を振り上げ、振れ戻りながら片膝を掛けて手首を返しながら上がることができる。

(2) 学習のねらいを体現する発問・指示

主体的な学びの発問・指示→AとBどちらの立ち位置から始めるのがいいですか。

対話的な学びの発問・指示→肘を曲げるのはいつがいいですか。

深い学びの発問・指示→何歩踏み込むのがいいですか。

指示1　膝掛け振りをします。10回振ったら下りましょう。

説明1　膝掛け上がりは片足を振り上げて足掛け姿勢になり、振れ戻る勢いを利用して鉄棒に上がる技です。

指示2　膝掛け振り上がりをします。

発問1　AとBどちらの立ち位置から始めるのがいいですか。

A　鉄棒の真下

B　鉄棒から離れた位置

指示3　足の裏を掛けた膝掛け上がりをします。

発問2　肘を曲げるのはいつがいいですか。

A　はじめから曲げておく

B　振れ戻る途中で曲げる

C　最後まで曲げない

指示4　膝掛け上がりをします。

発問3　何歩踏み込むのがいいですか。

0歩　1歩　2歩　試しましょう。

指示4　近くの友達と息を合わせて膝掛け上がりをします。

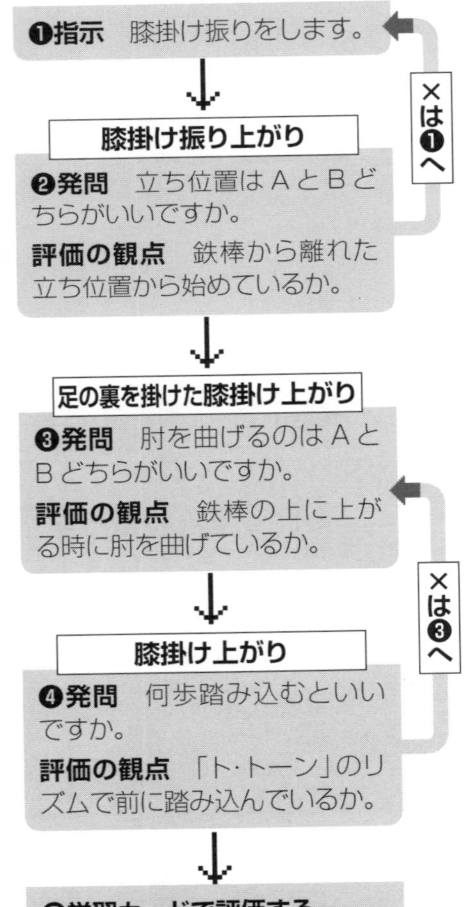

2 NG事例

(1) 逆上がりや片膝掛け回転等の他の技ができていない子供に練習させる。

(2) 膝掛け振り上がりや足の裏を掛けた膝掛け上がりができないうちに挑戦させる。

3 場づくり

準備物／鉄棒（子供の数に応じた数）、マット、鉄棒カバー（鉄棒の数だけ）
※鉄棒カバーを付けることで膝裏への負担を和らげることができる。
※着地時の足の負担を和らげるため、鉄棒の下にはマットを敷く。

①「基本の場」 みぞおちの高さの鉄棒

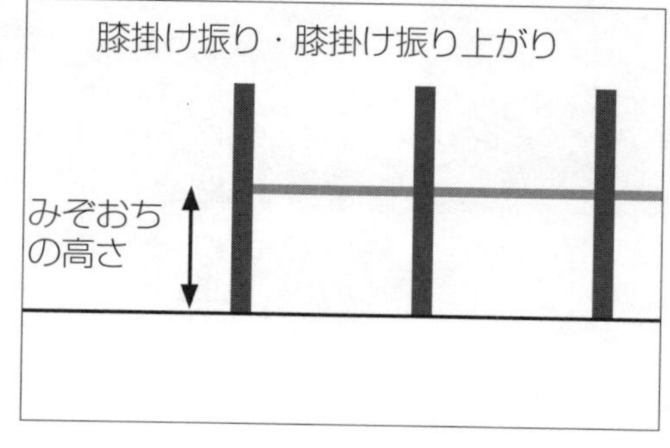

②「習熟度別の場」 肩の高さ→目線の高さ

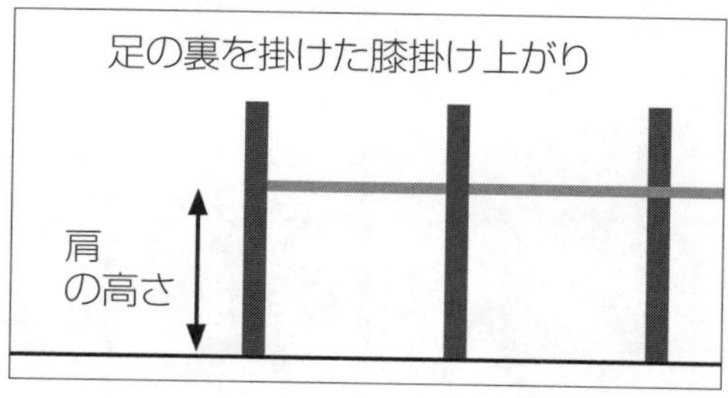

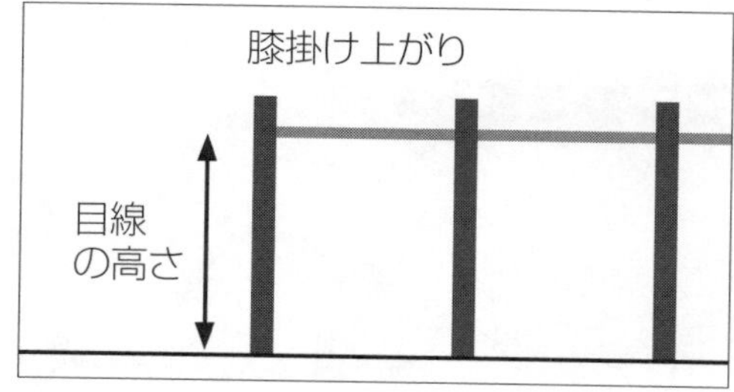

4 ミニコラム

この技は大きな振りをできるようにするため、「膝掛け振り」を十分に習得する必要がある。長時間の練習が必要であるため、鉄棒カバーがあるのと無いのとで上達の早さが大きく変わってくる。膝の裏への負担が少なくなるからだ。実際に指導者が使うことでその違いの大きさに気づくだろう。膝掛け振りをする際も、子供がやると３～４回で「膝の裏が痛いので別の技をやっていいですか」と聞いてくることがある。鉄棒カバーを使用することで、子供によって２倍～３倍以上の練習量になる。ぜひ、鉄棒の数だけ揃えておくことをおすすめする。

5 方法・手順

（1）「基本の場」

①膝掛け振りを10回する。

②２人組で以下の動きのポイントを判定し合い、合格をしたら次の場へ移動する。

◎よくできた→膝や腕がぎりぎりまで伸びている

○できた→膝や腕が途中で曲がっている

△もう少し→膝や腕がずっと曲がっている

（2）習熟度別の場

③膝掛け振り上がりをする（４回振る→３回振る→２回振る）。

④足の裏を鉄棒に掛けた状態から膝掛け上がりをする。

⑤鉄棒から離れた位置に立ち、膝掛け上がりをする。

6 コツ・留意点

教員が腕支持や回転の補助を行い、完成形の感覚をつかませることで上達が早くなる。

①鉄棒を挟んで逆側に立つ。

②腰と膝を支え、回転の補助をする。

③鉄棒と体を引き付けるように支える。

① ② ③

7 この技でのチャンピオンは、ここまでできる！

もも掛け上がり

これでバッチリ! レベルアップ学習カード「膝掛け上がり」

年　　組　　番（　　　　　　　　）

レベル	内容	やり方	振り返り
1	膝掛け振り **技(わざ)と自己評価(じこひょうか)のポイント** ①片膝を鉄棒に掛ける。 ②前後に2〜3回振る。		月　日 ・ ・ ・ できばえ ◎ ○ △
2	膝掛け振り上がり **ポイント** ①片膝を鉄棒に掛ける。 ②前後に2〜3回振る。 ③手首を返しながら上がる。		月　日 ・ ・ ・ できばえ ◎ ○ △
3	足の裏を掛けた膝掛け上がり **ポイント** ①片足の裏を鉄棒に掛ける。 ②頭が鉄棒の真下に来たら片膝を鉄棒に掛ける。 ③手首を返しながら上がる。		月　日 ・ ・ ・ できばえ ◎ ○ △
4	膝掛け上がり **ポイント** ①鉄棒から離れた位置に立つ。 ②頭が鉄棒の真下に来たら片膝を鉄棒に掛ける。 ③手首を返しながら上がる。		月　日 ・ ・ ・ できばえ ◎ ○ △
5	もも掛け上がり **ポイント** ①鉄棒から離れた位置に立つ。 ②振れ戻る時に膝ではなく、ももまで足を掛ける。 ③手首を返しながら上がる。		月　日 ・ ・ ・ できばえ ◎ ○ △

学習カードの使い方：できばえの評価

レベル1〜5の評価：◎よくできた→膝や腕がぎりぎりまで伸びている／○できた→膝や腕が途中で曲がっている／△もう少し→膝や腕がずっと曲がっている

それぞれのレベルに合わせて◎○△があります。当てはまる物に○をしましょう。

※振り返りには、「自分で気づいた点」と「友達が見て気づいてくれた点」の両方を書きます。

（3）高学年　鉄棒運動

③前方もも掛け回転

佐藤泰之

1　展開

（1）学習のねらい

①前方膝掛け回転と前方もも掛け回転の動きの違いが分かる。

②目線の固定により、背筋の伸びた大きな前方もも掛け回転ができる。

（2）学習のねらいを体現する発問・指示

主体的な学びの発問・指示→背筋の伸びた大きな動きができるかな。

対話的な学びの発問・指示→○○さんの動きはどこがよいかな。

深い学びの発問・指示→目はどこを見るとよいかな。

指示1　ツバメの姿勢からふとん干しになって、もう一度ツバメの姿勢に戻ります。

指示2　ふとん干しになる所をできるだけゆっくりと、頭ができるだけ遠くを通るようにします。

指示3　前方もも掛け回転をします。
はじめから最後まで、頭からつま先までが一直線になるようにして回ります。

発問1　膝は伸ばした方がいいですか。曲げた方がいいですか。

指示4　膝を伸ばして大きく円を描いて回ります。

発問2　はじめの姿勢の時、どこを見たらよいですか。
A：正面　B：鉄棒　C：正面と鉄棒の間

指示4　はじめに正面を見て、顎を上げて、背筋を伸ばして回ります。

❶場づくりをする　マットを敷く。鉄棒補助パッドを付ける。

❷指示　はじめから最後まで、頭からつま先までが一直線になるようにして回ります。

❸発問　膝は伸ばした方がいいですか、曲げた方がいいですか。
評価の観点　膝を伸ばして大きく回る。（×は❷へ）

❹発問　はじめの姿勢の時、どこを見たらよいですか。
評価の観点　正面を見て、腰を伸ばしている。（×は❸へ）

❺学習カードで評価する
□成果の確認をする。
□課題の把握をする。

2　NG事例

（1）「前方膝掛け回転」や「プロペラ」などができてから挑戦させる。

（2）恐怖心がある時には、徐々に取り組ませる。

（3）ももの裏に大きな負担がかかるため、45分間の授業中、ずっと「前方もも掛け回転」の動きだけを行わない。違う技を取り組むか、授業を20分・25分の前後半にして、短縄など、他の領域と組み合わせて行う。

3 場づくり

準備物／鉄棒、鉄棒用マット、鉄棒補助パッド、タオル

①鉄棒用マット

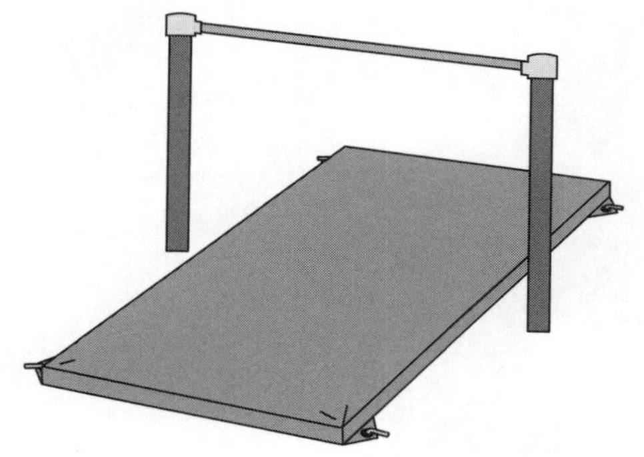

前方もも掛け回転で、鉄棒下に落ちることはまずないが、鉄棒の下にマットがあると子供たちの安心感が増す。

マットは、薄いエバーマットのような鉄棒用下敷きマットがおすすめだが、体育館で不要になったマットを校庭用にすることも考えられる。

②鉄棒補助パッド

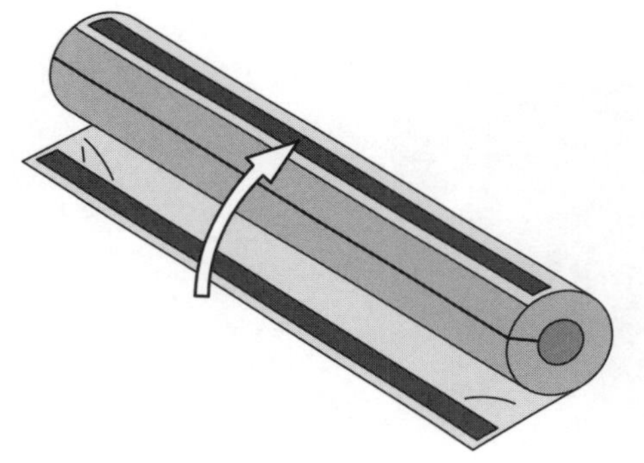

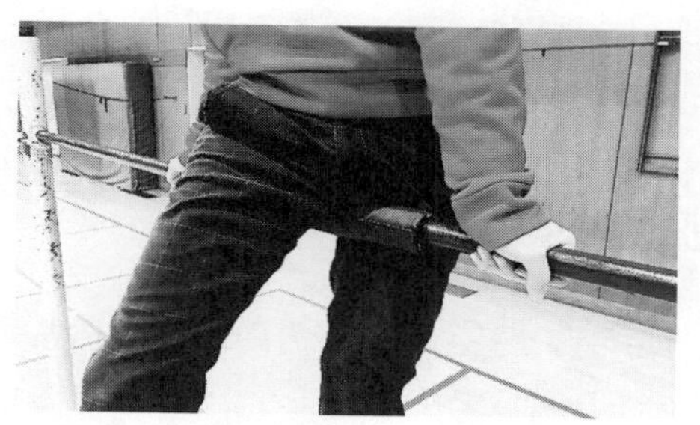

もも裏の痛みを和らげる。

③タオル

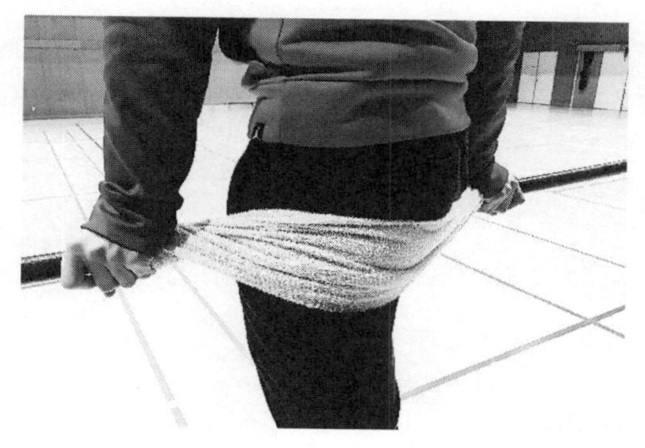

鉄棒と腰が離れないようにするために、タオルを巻く。

鉄棒にまたがった状態で、タオルを腰に付け、両端を鉄棒と一緒に握る。

4 ミニコラム

前方もも掛け回転は、動きのコツをつかむと、大きな力は必要なくスッと回ることができる。鉄棒の上に腕を伸ばした高い状態から一気に１回転をすることや、できる子が少ない技なので、子供たちにとっては、ダイナミックで魅力的な技に見える。

5 方法・手順

（1）プロペラ回り
①鉄棒にまたがる（横向き）。
②両手で鉄棒を持つ。
③頭の先からつま先までを一直線にする。
④正面を見る。
⑤一直線を保ちながら、横に1回転する。

（2）前方もも掛け回転
①鉄棒にまたがる（前向き）。
②逆手で鉄棒を持つ。
③頭の先からつま先までを一直線にする。
④正面を見る。
⑤一直線を保ちながら、前に1回転する。

（3）前方もも掛け回転　補助の仕方
①補助する人は、後ろ足側に立つ。
②回転を始めたら腰を押す。
③後ろ足の膝を持ち、回転方向に押し上げる
（脇の下を持って持ち上げることもできる）。

6 コツ・留意点

（1）常に体を一直線に保つ。
（2）腰を伸ばすために、目は正面を見て、顎を軽く上げる。
（3）両足で鉄棒を挟む。
（4）前足の踵を大きく振り下ろすイメージにすると後半部分で勢いがつく。
（5）回転して戻ってきたら、手首を返したり、前足を前方に出したりして勢いを止める。

7 この技でのチャンピオンは、ここまでできる！

（1）足を前後に大きく開いて、無理なく回ることができる。
（2）前方もも掛け回転を連続で行うことができる。
（3）後方もも掛け回転を1回行ってから、前方もも掛け回転を行う連続技ができる。

これでバッチリ! レベルアップ学習カード「前方もも掛け回転」

年　　組　　番（　　　　　　　　）

レベル	内容	やり方	振り返り
1	プロペラ回り **技(わざ)と自己評価(じこひょうか)のポイント** ◎→1回転することができる ○→3/4 回ることができる △→鉄棒にまたがり、下まで回ることができる		月　日 ・ ・ ・ できばえ ◎ ○ △
2	またいだ状態で前後振り **ポイント** 頭の先から足先までを一直線にする。		月　日 ・ ・ ・ できばえ ◎ ○ △
3	逆さの状態で前後振り **ポイント** 上体で揺らすのではなく、踵を振るイメージで行う。		月　日 ・ ・ ・ できばえ ◎ ○ △
4	補助あり前方もも掛け回転 **ポイント** 体を一直線にして回る。 ◎→連続3回できる ○→1回できる △→補助があってもできない	〈ポイント〉 体を一直線にして回る。	月　日 ・ ・ ・ できばえ ◎ ○ △
5	前方もも掛け回転 **ポイント** 1回転したら手首を返して止める。 ◎→連続で3回できる ○→1回できる △→1回転できない	〈ポイント〉 1回転したら手首を返して止める。	月　日 ・ ・ ・ できばえ ◎ ○ △

学習カードの使い方：できばえの評価

それぞれのレベルに合わせて◎○△があります。当てはまる物に○をしましょう。

レベル2・3の評価：◎よくできた→リズムよく前後振りが10回できる／○できた→前後振りができる／△もう少し→前後振りができない

※振り返りには、「自分で気づいた点」と「友達が見て気づいてくれた点」の両方を書きます。

④逆上がり

辻岡義介

1 展開

（1）学習のねらい

①逆上がりの動き方を知り、動きのポイントを押さえた逆上がりをできるようにする。

②補助者とコミュニケーションをとりながら、有効な練習ができる。

（2）学習のねらいを体現する発問・指示

主体的な学びの発問・指示→鉄棒に体のどこを付けるといいですか。

対話的な学びの発問・指示→補助者はももの付け根が鉄棒に付いているか見ましょう。

深い学びの発問・指示→蹴り足が振り上げ足を追い越します。

指示1 自分のおへその高さの鉄棒に行きなさい。

指示2 準備運動をします（ツバメ、ふとん干し、だんごむし、足抜き回り等、交代して行う）。

指示3 逆上がりの動きを知って練習します。1で踏み切り、2で後ろの足を振り上げます（1、2、1、2と言って見本を見せる）。

発問1 この時、鉄棒に体を付けます。鉄棒に体のどこを付けるといいですか（選択肢）。

①おへそ　②ももの付け根　③もも

説明1 ももの付け根です。逆上がりは、ももの付け根が中心軸になって、鉄棒の周りを回転する技なのです。だから、ももの付け根を鉄棒から離さないようにしましょう（1、2と言って練習する）。

指示4 次は、「1、2、3」と言って補助で回ります。補助者は、振り上がった足を支え、ももの付け根が鉄棒に付いているか見てあげましょう。

指示5 ももの付け根が鉄棒から離れにくい方法があります。蹴り足が振り上げ足を追い越します（見本）。普通のやり方と比べなさい。

指示6 学習カードを見て、それぞれの段階に合った練習を補助し合って行います。

❶場づくりをする おへその高さの鉄棒を使う。

↓

❷発問 鉄棒に体のどこを付けるといいですか。

評価の観点 振り上げたももの付け根を鉄棒に付けている。

↓　（×は❷へ）

❸指示 補助者は、振り上がった足を支え、ももの付け根が鉄棒に付いているか見てあげましょう。

評価の観点 蹴り上げた時、ももの付け根を鉄棒に付けている。

↓　（×は❸へ）

❹指示 蹴り足が振り上げ足を追い越します。普通のやり方と比べなさい。

評価の観点 足追い越しの効果を実感し、できるようにする。

2 NG事例

（1）補助者が相手の足を回しすぎない。

（2）授業時間だけで100％達成を目指さない（毎日5分を1週間続けると効果が出てくる）。

3 場づくり

準備物／おへそ辺りの高さの鉄棒

予備として、「くるりんベルト」等の補助ベルトや「段階別台付鉄棒」による指導の跳び箱と踏み台などを合わせて準備しておいてもよい。今回紹介した「補助による指導」は、「くるりんベルト」を使った指導」や「段階別台付鉄棒による指導」などと併用してできるものである。

↑くるりんベルト

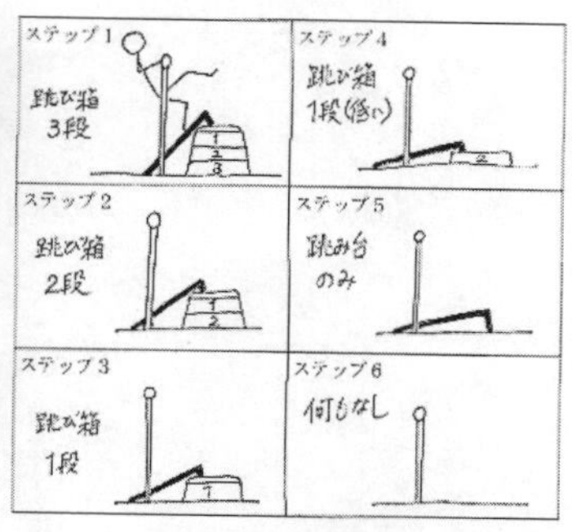

↑段階別台付鉄棒による指導

※「鉄棒くるりんベルト」
（東京教育技術研究所 https://www.tiotoss.jp/ 0120-00-6564）

4 ミニコラム

第１期の法則化シリーズ８巻で根本正雄氏は、逆上がりができる条件として「持久懸垂（だんごむし）が10秒以上できること」を挙げている。他に、指示２で示した、ふとん干しやツバメ、足抜き回りなどの準備運動も、逆上がりに必要な基礎感覚、基礎技能を育てる有効な運動である。年度はじめから年間を通して、逆上がりに必要な基礎的な運動に慣れさせておくと、逆上がりの指導に入った時にできやすくなる。

5 方法・手順

（1）踏み切り足を前にして足を前後に開く（前足は鉄棒の真下ぐらい）。

（2）「1」で前足を浮かせて、鉄棒の真下から靴１足分前で踏み切る。

（3）「2」で後ろ足を振り上げて、ももの付け根を鉄棒に付ける。
踏み切りから足の振り上げまでの動きを１セットとして「1、2、1、2……」と言って、何度か練習する。この時、下の写真のようにももの付け根を鉄棒に付ける。さらに、次のポイントも押さえる。

・少し後傾姿勢で体をまっすぐにする。

・顎が上がらないように、振り上げた足の先を見る。

（4）「3」で蹴ると同時に肩を後ろに落として補助で回る。補助者は、上がってきた振り上げ足の膝裏の上（ふくらはぎから足首の辺り）を持ち、足が戻らないように支える。ももの付け根を回転の中心として、回転する感覚をこの練習でつかむ。

（5）蹴り足で振り上げ足を追い越させる。
「3」の時に、蹴り足で振り上げ足を追い越させるのである（次頁「1」「2」「3（足追い越し）」写真参照）。

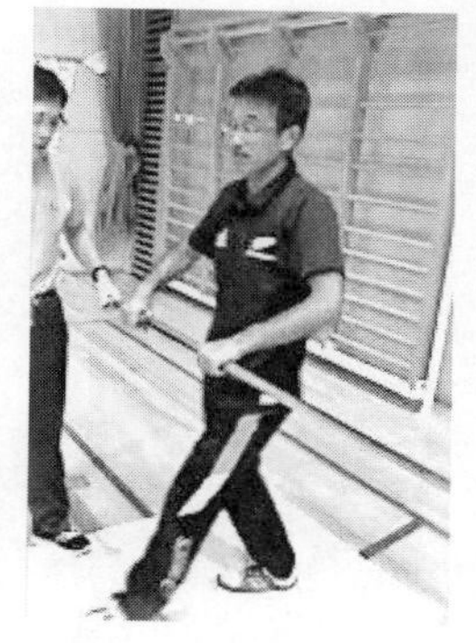

↑「1」踏み切り

↑「2」振り上げ

足追い越しができるようになると、腰が落ちないためももの付け根が鉄棒から離れにくくなり、回りやすくなる。しかし、実際、この動作は難しい。

そこで、以下の手順で足追い越しの練習を行う。

①「1、2」の後、振り上げた状態で「ストップ」する（補助者が振り上げた足を支えている状態）。

②「せーの、追い越せ！」の掛け声で、足追い越しをする。

③「1、2、ストップ、せーの、追い越せ！」で何度も練習する。

↑「ストップ、せーの」

④足追い越しができるようになってきたら、ストップせずに「1、2、追い越せ！」で足追い越しができるようにしていく。

（6）補助を徐々に軽くしていく。

補助者は、徐々に足の持ち方を軽くし、振り上がってきた足を戻らないように支えるだけにしていく。蹴り足を素早く上げて回れるようになってくると、補助なしでできるようになる。

6 コツ・留意点

（1）蹴り上げた時、ももの付け根が鉄棒から離れないように、脇に力を入れて締めると腰が落ちない。足追い越しの練習の時にも有効である。

（2）逆上がりができる子、できるようになった子には、連続逆上がり3回・5回や、軸足を徐々に後ろに位置しての足振り逆上がりに挑戦させる。

7 この技でのチャンピオンは、ここまでできる！

軸足を徐々に後ろに位置して、足振り逆上がりができる。軸足を後ろにすればする程後方支持回転につながる。

これでバッチリ! レベルアップ学習カード「逆上がり」

年　組　番（　　　　　　）

レベル	内容	やり方	振り返り
1	**足の振り上げ** **技(わざ)と自己評価(じこひょうか)のポイント** 踏み切りと足の振り上げ「1、2」 ◎→ももの付け根を鉄棒に付けていた／○→リズムよくできた		月　日 ・ ・ ・ できばえ ◎ ○ △
2	**補助で回る** **ポイント** 「1、2、ストップ、せーの、3」 ◎→ももの付け根が鉄棒に付いていた／○→補助で回れた		月　日 ・ ・ ・ できばえ ◎ ○ △
3	**足追い越し** **ポイント** 「1、2、ストップ、せーの、追い越せ」◎→足追い越しができた／○→足が追いついた／△→足が追いついていない	追いついた　追い越せた	月　日 ・ ・ ・ できばえ ◎ ○ △
4	**足追い越し（ストップなし）** **ポイント** 「1、2、追い越せ」 ◎→足追い越しができた／○→足が追いついた／△→足が追いついていない		月　日 ・ ・ ・ できばえ ◎ ○ △
5	**逆上がり** **ポイント** ◎→逆上がりができた／○→逆さ状態になれた／△→ももの付け根が鉄棒に当たらない	逆さ状態　回れた状態	月　日 ・ ・ ・ できばえ ◎ ○ △
6	**連続逆上がり** **ポイント** ◎→連続５回／○→連続３回／△→連続３回未満		月　日 ・ ・ ・ できばえ ◎ ○ △
7	**足振り逆上がり** **ポイント** ◎→鉄棒真下より足3つ分以上後ろ／○→鉄棒真下より足1～2つ分後ろ／△→鉄棒真下またはそれより前		月　日 ・ ・ ・ できばえ ◎ ○ △

学習カードの使い方：できばえの評価

レベルの評価：◎よくできた→運動がスムーズにできた／○できた→スムーズではないが、運動ができた／△もう少し→運動が途中までできた

それぞれのレベルに合わせて◎○△があります。当てはまる物に○をしましょう。

※振り返りには、「自分で気づいた点」と「友達が見て気づいてくれた点」の両方を書きます。

⑤後方支持回転

岩田史朗

1 展開

（1）学習のねらい

①後方支持回転をする時にどこを見ればいいか分かる。

②補助具を使ったり、補助をしてもらったりしながら、後方支持回転ができる。

（2）学習のねらいを体現する発問・指示

主体的な学びの発問・指示→どこを見て回ればいいですか。

対話的な学びの発問・指示→補助する時、手はどのように動かせばいいですか。

深い学びの発問・指示→太ももを鉄棒の上にのせる動きが、後方支持回転につながるのはなぜですか。

指示1 自分に合う高さの鉄棒の前に座りなさい。

指示2 準備運動として、跳び上がり、跳び下り、持久懸垂、ふとん干し、ふとん干し下り、前回り、足抜き回り、逆上がりをします。それぞれ1回です。

指示3 補助具をつけて、後方支持回転の練習をします。

発問1 どこを見て回ればいいですか。

指示4 膝を見て回ります。スムーズに回れるようになったら、補助具を緩めます。

指示5 2人組をつくりなさい。補助をしてもらって、後方支持回転の練習をします。

発問2 補助する時、手はどのように動かせばいいですか。

指示6 手は、円を描くように動かします。こうすると、体を鉄棒に巻きつけることができます。

発問3 太ももを鉄棒の上にのせる動きが、後支持回転につながるのはなぜですか。

指示7 太ももを鉄棒の上にのせようとすることで、体が鉄棒に巻きつくからです。

指示8 学習カードに記録をします。

❶基本の運動 後方支持回転の基礎技能につながる運動を行う。

↓

❷発問 どこを見て回ればいいですか。

評価の観点 膝を見て回ることができたか。

↓

❸発問 補助する時、手はどのように動かせばいいですか。

評価の観点 円を描くように手を動かすことができたか。

↓

❹発問 太ももを鉄棒の上にのせる動きが、後方支持回転につながるのはなぜですか。

評価の観点 体を鉄棒に巻きつけることができたか。

↓

❺学習カードで評価する

□成果の確認をする。

□課題の把握をする。

2 NG事例

（1）腕支持感覚、逆さ感覚、回転感覚を習熟させないまま、後方支持回転の練習をさせない。

（2）滑らかに回れるようになるまで、回転補助具を緩めない。

3 場づくり

準備物／回転補助具（可能なら人数分、または２人に１つ）

①「基本の場」 自分に合った鉄棒の高さを選ばせる。

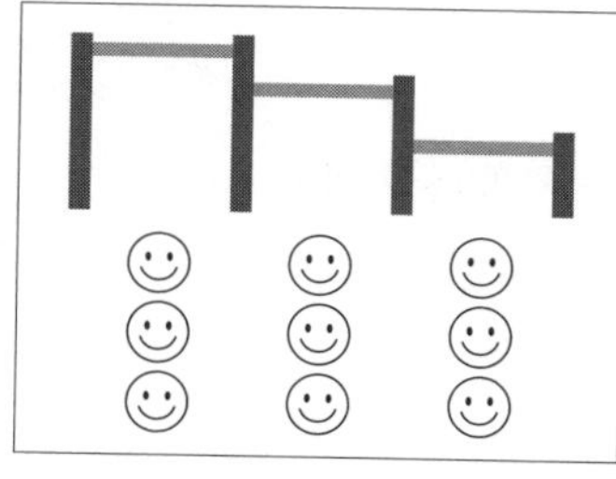

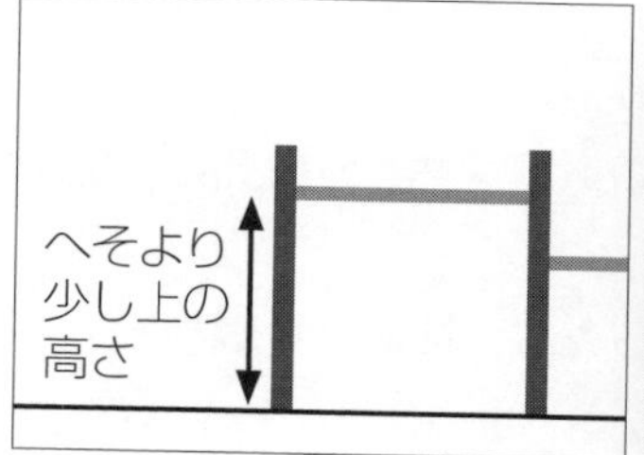

選んだら、鉄棒の前に座らせる。高さは、途中で変更させてもよい。

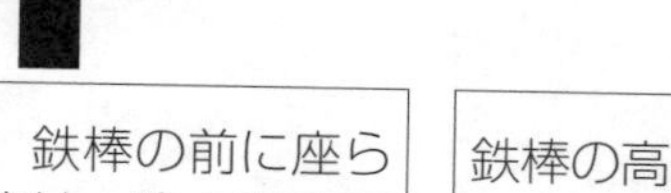

鉄棒の高さは、へそより少し上の高さの鉄棒が目安である。ただ、目安なので、やりやすいところを選ばせればよい。

②「習熟度別の場」 補助具なしの場、補助具ありの場、基本の場から選ばせる。

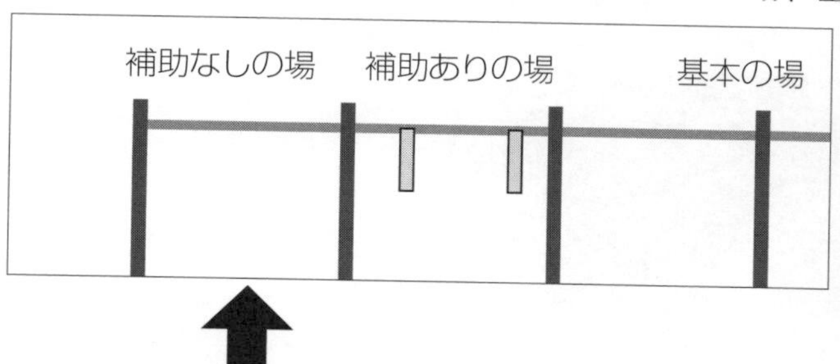

それぞれの場の鉄棒の数は、希望する人数によって増やしたり減らしたりする。

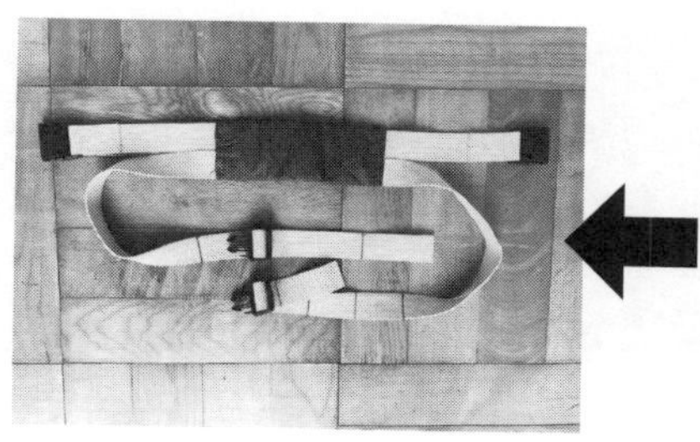

回転補助具のおすすめは、「鉄棒くるりんベルト」である。

※「鉄棒くるりんベルト」（東京教育技術研究所 https://www.tiotoss.jp/ 0120-00-6564）

補助具ありの場では、選んだ子供の中でペアをつくらせる。ペアに１つ回転補助具を渡す。回転補助具をつける時には、ペアの子供につけさせるとスムーズに付け替えができる。

4 ミニコラム

後方支持回転は、逆上がりの発展技として位置付けられており、空中逆上がりとも呼ばれている。ただ、体育の教材として取り入れられた当初は、現在のような低鉄棒ではなく、高鉄棒が中心であったため、後方支持回転から指導する場合もあったようである。

5 方法・手順

（1）準備運動として、跳び上がり、跳び下り、持久懸垂、ふとん干し、ふとん干し下り、前回り、足抜き回り、逆上がりをする。

（2）補助具を使ったゆっくり回り（村田正樹氏考案）の練習をする。
①膝を伸ばしたまま、ゆっくりとつま先を持ち上げる。
②「これ以上持ち上げたら倒れる」と感じた瞬間に、膝を素早く曲げて回転する。
③回転する時は、膝を見る。
④スムーズに回れるようになったら、補助具を緩める。

（3）補助（高橋勲氏考案）をしてもらいながら、後方支持回転の練習をする。
①補助者は、太ももの裏に手を当てる。
②太ももの裏に当てた手を、円を描くように動かす。
③補助者の手は、手のひら→４本の指→３本の指→２本の指と減らしていく。

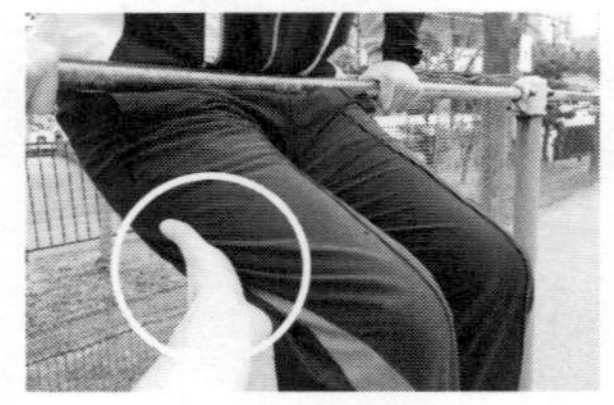
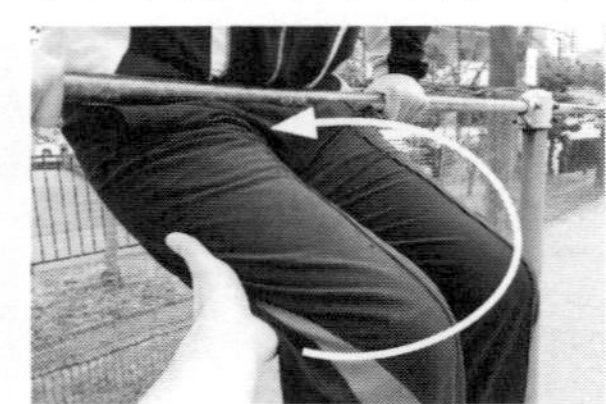

（4）補助なしで後方支持回転の練習をする。
①「イーチ、ニーイ」のリズムで足を振り、「サン」で回る。
②太ももを鉄棒にのせるようにして、鉄棒に体を巻きつける。

6 コツ・留意点

（1）ゆっくりと回り、補助具で練習する時は、鉄棒を太ももの付け根に固定する。
（2）視線を膝に固定し、顎を引いたまま回転する。

7 この技でのチャンピオンは、ここまでできる！

鉄棒に体を付けずに後方支持回転をする。

これでバッチリ！ レベルアップ学習カード「後方支持回転」

年　　組　　番（　　　　　　　　）

レベル	内容	やり方	振り返り
1	**足抜き回り** **技（わざ）と自己評価（じこひょうか）のポイント** ◎→スムーズに回ることができる（5回） ○→回ることができる（3回） △→回ることができない		月　日 ・ ・ ・ できばえ　◎　○　△
2	**逆上がり** **ポイント** ①胸を鉄棒に引きつける。 ②振り上げた足を鉄棒よりも高く上げる。 ③蹴り上げた足で振り上げた足を追い越す。		月　日 ・ ・ ・ できばえ　◎　○　△
3	**補助具あり 後方支持回転** **ポイント** ①3回できたら、補助具の長さを次の段階に伸ばす。 ②長さが最も長い状態になったらベルトに体重をかけないようにして回る。		月　日 ・ ・ ・ できばえ　◎　○　△
4	**補助具あり 後方支持回転** **ポイント** ①手は太ももの裏に当てる。 ②手は円を描くように動かす。		月　日 ・ ・ ・ できばえ　◎　○　△
5	**後方支持回転** **ポイント** ①「イーチ」「ニーイ」の「サン」のリズムで回る。 ②膝を見るようにする。 ③太ももを鉄棒にのせるようにする。		月　日 ・ ・ ・ できばえ　◎　○　△

学習カードの使い方：できばえの評価

それぞれのレベルに合わせて◎○△があります。当てはまる物に○をしましょう。

レベル2～5の評価：◎よくできた→スムーズに回ることができる（5回）／○できた→回ることができる（3回）／△もう少し→回ることができない

※振り返りには、「自分で気づいた点」と「友達が見て気づいてくれた点」の両方を書きます。

⑥後方もも掛け回転

三好保雄

1 展開

（1）学習のねらい

①後方片膝掛け回転を基礎として、膝掛けからもも掛けに変えて、工夫しながら挑戦できる。

②後方もも掛け回転の回転加速の方法が、後方片膝掛け回転と似ていることが分かる。

（2）学習のねらいを体現する発問・指示

主体的な学びの発問・指示→鉄棒を膝の後ろではなく、どこに掛けて回りますか。

対話的な学びの発問・指示→「膝掛け」と「もも掛け」で背中の伸ばし方は同じかな、違うかな。

深い学びの発問・指示→後ろ足の使い方は、どうしたらいいですか。

まず、「後方片膝掛け回転」が、うまくできるようになっているか。できるようになっている子に「後方もも掛け回転」に挑戦させるとよい。

指示1　〇〇さんが、上手だったのでやってもらいます（動画を見せてもよい）。

発問1　鉄棒を膝の後ろではなく、どこに掛けて回りますか。見ていた子供たち数人を指名し発言させる。

説明1　鉄棒をももで前後に挟んで回ります。

発問2　回り始め。肘と背中は伸ばした方がいいですか、丸めた方がいいですか。

モデルの子にやらせ、子供たちの発言を聞く。

説明2　よく見つけましたね。肘も背中も伸ばした方がいいです。

指示2　次は、後ろ足に注目。

発問3　後ろ足をどのようにしたらよいですか。

モデルの子にやらせ、子供たちの発言を聞く。

説明3　後ろ足を伸ばす。後ろ足を振り、挟みこむことが大切です。見つけたことを意識して教え合って練習しましょう。練習後、学習カードに「自分の気づいた点」と「友達が見て気づいてくれた点」を記入しましょう。

❶場づくりをする　膝掛してぶら下がり、頭が地面に着かない高さの鉄棒。ペアづくり。

↓

❷発問　鉄棒を膝の後ろではなくどこに掛けて回りますか。

評価の観点　鉄棒をももで前後に挟み回転軸を固定しているか。

↓

❸発問　回り始め。肘と背中は伸ばした方がいいですか、丸めた方がいいですか。

評価の観点　回転のはじめに肘と背中を伸ばしているか。

↓

❹発問　後ろ足をどのようにしたらよいですか。

評価の観点　後ろ足を伸ばして振り、離れないように鉄棒を挟みこんでいるか。

↓

❺学習カードで評価する

□成果の確認をする。

□課題の把握をする。

2 NG事例

（1）「後方片膝掛け回転」が、うまくできるようになっているかが大切。

（2）へそを前に向け、鉄棒をももで前後に挟むこと。横向きになると会陰部を傷めることもある。

3 場づくり

準備物（1）／鉄棒……膝掛けでぶら下がり、頭が地面に着かない高さの鉄棒を選ぶ。

低すぎると頭部を地面に打ち付けて怪我をする可能性がある。

（1）「基本練習・習熟練習の場」

①1つの鉄棒で2人ずつ同時に練習できる。

②2人組のペアで練習　前後に並ぶ（いのちを守り合う2人組）。

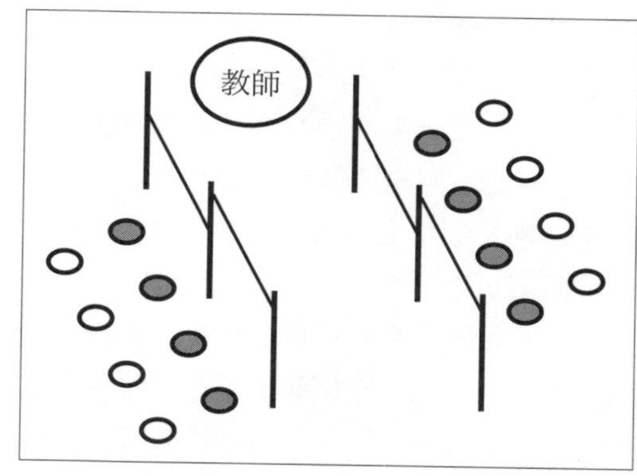

身長に合った高さの鉄棒で練習することが大切である。そのため、鉄棒の高さを選ぶことになる。2人がほぼ同じ身長であるといい。身長が違う者がペアになると、いちいち鉄棒を移動しなくてはならない。移動は、ロス時間である。

体に触れて補助し合うので、男女別のペアとする。奇数人数ならば3人組も作る。

ペアは、赤帽子、白帽子と分かれる。はじめは赤が行う。白は後ろに2m離れて見守る。

2分練習したら、次は白と役割を交代して行う。補助する時は、他のペアに配慮して立つ。

練習の基本パターンを授業のはじめにやっておくと、その後の授業で役立つ。

（2）基本練習

片膝掛け振り

後方片膝掛け回転

（3）習熟練習

もも掛け

補助して

後方もも掛け回転

準備物（2）／

①「回転補助具」を鉄棒に巻く。

膝やももの痛みをなくすことができる。

水道管凍結防止カバーで自作もできる。

②膝に「サポーター」をつける。

ハイソックスを切ったものでもよい。

4 ミニコラム

「後方もも掛け回転」は、大腿部を前後に開いた股の部分に鉄棒の軸を合わせて回転するので「後方片膝掛け回転」のように膝の裏に鉄棒の軸を合わせて回転するよりも、上半身部分が長くなる。てこの原理から考えて起き上がりにくくなり、技として難しくなる。

補助者に協力してもらって、回転後半の起き上がりを助けてもらうことが大切である。

5 方法・手順

②後方片膝掛け回転

③もも掛け

（1）後方片膝掛け回転ができることが基本である。

①片膝掛け振りで大きく振ることができる（準備運動として毎回行いたい）。

②後方片膝掛け回転ができる。

③鉄棒を両足で前後に挟み、手を離すことができる（両足のももで前後に強く挟むと回転の軸が安定する）。

④補助をしてもらって、後方もも掛け回転ができる。

・回転の後半の起き上がりが難しい。肩の辺りを軽く押し上げてやる。

・向山型跳び箱指導法での補助と同様、子供の回転の不足分を補ってやるのである。

・補助者は、鉄棒の横側に横向きに立ち、補助者の使いやすい手で軽く押し上げる。

（2）子供同士の補助（ペアでの教え合い）

教師の補助の仕方を見て、子供が補助をし始める。頃合いを見て、補助の仕方を全員に教える。

6 コツ・留意点

①大きな回転加速を得るために、後ろ足の振りこみの力を利用する。

②頭が真下を通過したら、背中を丸めながら一気に頭を起こす。

③頭が上がってきたら手首を返す。

これらを体感できるように、補助をしていくのである。

7 この技でのチャンピオンは、ここまでできる！

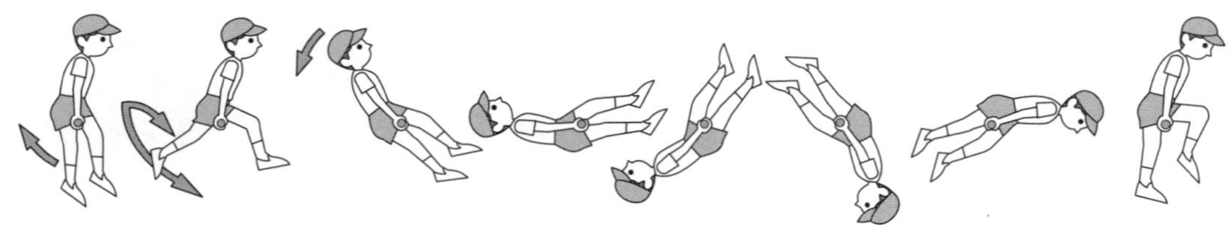

これでバッチリ! レベルアップ学習カード「後方もも掛け回転」

年　　組　　番（　　　　　　　　　）

レベル	内容	やり方	振り返り
1	片膝掛け振り **技(わざ)と自己評価(じこひょうか)のポイント** 大きく振る。◎→3回の振りで顔が鉄棒の高さまで上がる／○→顔が鉄棒の高さまで上がる／△→5回振る		月　日 ・ ・ ・ できばえ ◎ ○ △
2	後方片膝掛け回転 **ポイント** 後方片膝掛け回転ができる。◎→5回以上できる／○→3回できる／△→1回できる		月　日 ・ ・ ・ できばえ ◎ ○ △
3	もも掛け **ポイント** 鉄棒を両足で前後に挟み、手を離す。◎→5秒できる／○→3秒できる／△→1秒できる	両足のももで前後に強く挟むと回転の中心が安定する。	月　日 ・ ・ ・ できばえ ◎ ○ △
4	補助後方もも掛け回転 **ポイント** 補助をしてもらって、後方もも掛け回転ができる。◎→5回以上できる／○→3回できる／△→1回できる	補助者の手にかかる圧がだんだん少なくなる。	月　日 ・ ・ ・ できばえ ◎ ○ △
5	後方もも掛け回転 **ポイント** 膝が曲がるが、後方もも掛け回転ができる。◎→5回以上できる／○→3回できる／△→1回できる	頭が真下を通過したら一気に頭を起こす。	月　日 ・ ・ ・ できばえ ◎ ○ △
6	後方もも掛け回転 **ポイント** 膝が伸びた後方もも掛け回転ができる。◎→5回以上できる／○→3回できる／△→1回できる	後ろ足の振り込みの力を利用する。	月　日 ・ ・ ・ できばえ ◎ ○ △

学習カードの使い方：できばえの評価

レベルの評価：◎よくできた／○できた／△もう少し

それぞれのレベルに合わせて◎○△があります。当てはまる物に○をしましょう。

※振り返りには、「自分で気づいた点」と「友達が見て気づいてくれた点」の両方を書きます。

⑦両膝掛け振動下り（こうもり振り下り）

表　克昌

1 展開

（1）学習のねらい

①両膝を鉄棒に掛けて、ぶら下がることができる。

②脱力した両膝掛け姿勢から、振ることができる。

（2）学習のねらいを体現する発問・指示

主体的な学びの発問・指示→どこまで前に手でいけるかな。

対話的な学びの発問・指示→足を離して下りるタイミングは、いつがいいかな。

深い学びの発問・指示→両膝掛けの振りが大きい人と小さい人は、どこが違うかな。

指示1　準備運動として「ダンゴムシ」「ツバメ」「前回り下り」「足抜き回り」をします（列ごとに順番に行う）。

指示2　次の人と両膝掛けジャンケンをします。勝ったら交代します（怖がる子供には、足を支え、補助する）。

指示3　両膝掛けの姿勢から、逆立ちになって下ります。できるだけ前の方で下ります。

発問1　どこまで前に手でいけるかな（子供の身長に合った鉄棒で行う。両膝掛け姿勢から、手を伸ばしたら逆立ちになることができる高さがよい）。

指示4　両膝掛け振りをします。反対の場所で、友達が手を出して、そこにタッチをします。

発問2　両膝掛け振りで振りが大きい人と小さい人は、どこが違うかな？

発問3　足を離して、下りるタイミングはいつがいいかな？

①地面が見えた時

②振りが大きくなった時

指示5　学習カード、どれくらいできるようになったかを記録します。

❶準備運動をする
（逆さ感覚を身につける動きを中心に行う）

↓

❷発問1　どこまで前に手でいけるかな。
評価の観点　脱力した両膝掛けができているか。

↓

❸発問2　両膝掛け振りで振りが大きい人と小さい人は、どこが違うかな。
評価の観点　脱力している。手を大きく使って遠心力を使っている。

（×は❷へ）

↓

❹発問3　足を離して、下りるタイミングはいつがいいかな。
評価の観点　振りが最大のところで足を「スパッ」と離す。

（×は❸へ）

↓

❺学習カードで評価する
□成果の確認をする。

2 NG事例

（1）怖がる子供には絶対に無理をさせず、補助をして、安心して取り組めるようにする。

（2）頭から落下する危険があるので、全員に目を配り、安全に配慮する。

3 場づくり

準備物／鉄棒（室内でも、屋外でもよい）

①「基本の場」 子供の身長や技能に差があるので、いろいろな高さがあるとよい。

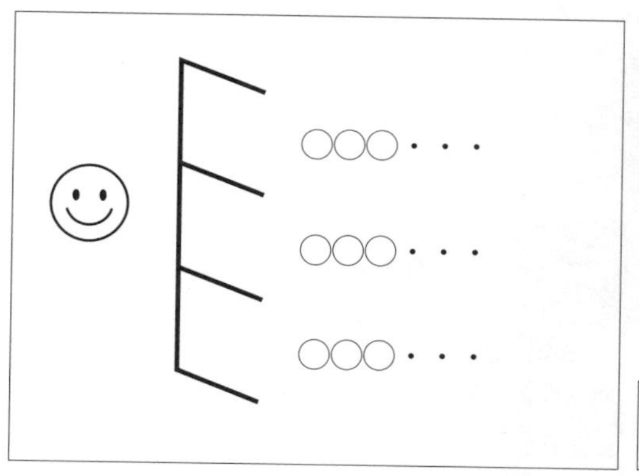

「ダンゴムシ 10 秒」
「ツバメ５秒」
「前回り下り３回」
「足抜き回り 往復」

などを行う。

自分に合った高さで行う。

図のように一斉に行うとよい。
教師は、号令をかける。

②「習熟度別の場」 自分の挑戦したい場で練習する。

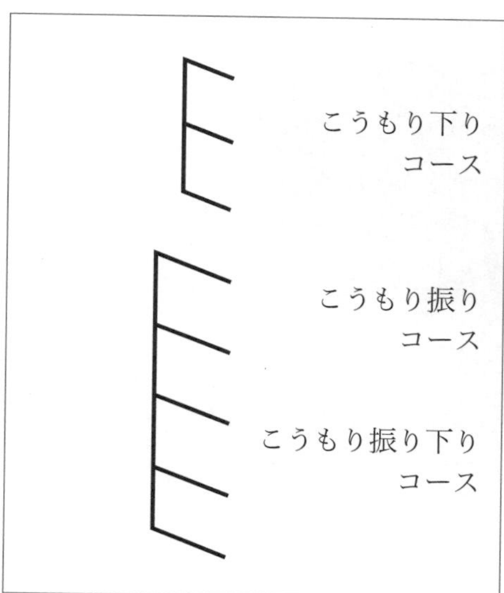

逆さの姿勢に慣れたい→「両膝掛け下り」
振りを大きくしたい→「両膝掛け振り」
着地を練習したい→「両膝掛け振動下り」

の３つのコーナーに分かれて練習する。

室内用（マットを敷いて）。

友達と協力し合って行う。

4 ミニコラム

両膝掛け振りや両膝掛け振り下りは、鉄棒が苦手で逆上がりができない子供でもできる優れた教材である。その段階には、「怖くてぶら下がれない」「振りが大きくならない」「下りるタイミングが分からない」という３つがある。

以前、学習発表会の鉄棒の演技に向けて、両膝掛け振動下りができない５年生、約20名を指導した。２週間の指導で、全員ができるようになった。着地が決まった時の達成感が大きいと喜んでいた。低学年の場合、どんどん褒めることで「私も、ぼくも」とがんばる子供が出てくる。

5 方法・手順

脱力した「こうもり」ができるようになった子供が、「両膝掛け振動下り」ができるようになるまでの方法を紹介する。

（1）両膝掛けの姿勢から、ジャンケンをする（ペアで行ってもよい）。
（2）両膝掛けの姿勢から、地面に手を着いて、下りる。
（3）両膝掛けの姿勢から、地面に手を着き、少し振ってから下りることができる。
（4）友達の手を叩いてこうもりの振りを大きくすることができる。
（5）両膝掛けの振りをして、補助をしてもらって、着地ができる。
（6）1人で両膝掛け振動下りができる。

①両膝掛けの姿勢から、ジャンケンをする。

②地面に手を着いて下りる。

④友達の手を叩いて、振りを大きくする。

⑤補助してもらい、着地する。

6 コツ・留意点

①振りを大きくするために、補助者が両手を出し、手のひらを叩くようにする。その時には、できるだけ離れることが大事である。最初は、教師が行うとよい。
②着地の際は、安全のため、最初は教師が補助する。
③「ビューン（振り）・ストン（着地）」（聴覚化）。

7 この技でのチャンピオンは、ここまでできる！

両膝掛けの姿勢から両膝掛け振動下りをする。

これでバッチリ! レベルアップ学習カード「両膝掛け振動下り（こうもり振り下り）」

年　　組　　番（　　　　　　　　）

レベル	内容	やり方	振り返り
1	**足ぬき回り** **技(わざ)と自己評価(じこひょうか)のポイント** ◎→鉄棒に触れないで ○→足が鉄棒に触れる △→友達の助けあり	できるだけ、ゆっくりやろう	月　日 ・ ・ ・ できばえ ◎ ○ △
2	**両膝掛けジャンケン** **ポイント** ◎→3回勝てた ○→2回勝てた △→1回勝てた 次の友達としてもよい。	怖い時は、片手でもいいよ	月　日 ・ ・ ・ できばえ ◎ ○ △
3	**両膝掛けから手を着いて下りる** **ポイント** ◎→前に進んで下りる ○→その場で下りる △→膝を着いて下りる	前に進むと自然に足が離れるよ	月　日 ・ ・ ・ できばえ ◎ ○ △
4	**両膝掛け振りができる** **ポイント** ◎→前の人の顔が見られるくらい振れる ○→大きく振れる △→少し振れる	お化けのように力を抜こう	月　日 ・ ・ ・ できばえ ◎ ○ △
5	**両膝掛け振動下りができる** **ポイント** ◎→1回の振りで下りられる ○→1人でできる △→支えてもらってできる	「スパッ」と足を離そう	月　日 ・ ・ ・ できばえ ◎ ○ △

学習カードの使い方：できばえの評価

レベルの評価：◎よくできた／○できた／△もう少し

それぞれのレベルに合わせて◎○△があります。当てはまる物に○をしましょう。

※振り返りには、「自分で気づいた点」と「友達が見て気づいてくれた点」の両方を書きます。

跳び箱遊び・
跳び箱運動

3

(1)低学年――跳び箱を使った運動遊び

①踏み越し跳び／②またぎ乗り・またぎ下り
③支持で跳び乗り・跳び下り／④跳び上がり・回転下り

(2)中学年――跳び箱運動

①開脚跳び／②抱え込み跳び(発展技)／③台上前転
④伸膝台上前転(発展技)／⑤首はね跳び
⑥頭はね跳び(発展技)

(3)高学年――跳び箱運動

①抱え込み跳び(その1)／②抱え込み跳び(その2)
③台上前転／④伸膝台上前転
⑤首はね跳び／⑥頭はね跳び

① 踏み越し跳び

金子真理

1 展開

（1）学習のねらい

①いろいろな高さの場を選んで、踏み越し跳びをして遊ぶことができる。

②踏み越し跳びの簡単な遊び方や場を考えることができる。

（2）学習のねらいを体現する発問・指示

主体的な学びの発問・指示→踏み越し跳びはどんな遊びですか。

対話的な学びの発問・指示→友達の跳び方の上手なところはどこですか。

深い学びの発問・指示→どんな場で踏み越し跳びをしてみたいですか。

指示1　班で協力して場づくりをします。

・どの班が何をするのか掲示する。

説明1　絵（写真、実物）を見てください。

発問1　踏み切りの足は、片足ですか。両足ですか。

発問2　着地の時は、片足ですか、両足ですか。

指示2　やってみましょう。

・1段または2段で踏み越し跳びをする。

・合格か不合格で評価する。

発問3　上手な跳び方ができています。どこでしょう。

・上手にできている子に実際にしてもらう（リズムよくできるポイント、着地の仕方を確認する）。

指示3　できているかペアでお互いに見合って、教えてあげましょう。

・1段から3段までの高さで行う。

発問4　体操選手のようにピタッと着地するためには、どうすればいいですか。

指示4　今のポイントを意識して、やってみましょう。

指示5　今日の学習の振り返りを書きましょう。

指示6　協力して片付けましょう。

❶場づくりをする　1段→2段→3段→跳び箱を2つつなげる。

↓

❷発問　踏み切りの足は、片足か両足か。

評価の観点　片足で踏み切りができたか。

↓

❸発問　リズムよく跳ぶためにはどんなリズムがいいのか。

評価の観点　「ト・ト・トーン」

↓

❹発問　体操選手のようにピタッと着地するためには、どのようにすればいいのか。

評価の観点　着地の時に軽く膝を曲げてピタッと止まる。

↓

❺学習カードで評価する

□成果の確認をする。

□課題の把握をする。

2 NG事例

（1）跳べたからといって段をどんどん高くしない。

（2）着地で転んだり、スピードを出しすぎたりしている子を放置する。

（3）できていないのに無理に高い段に挑戦させない。

3 場づくり

準備物／跳び箱、マット、ケンステップ、ロイター板

※１回の活動時間の目安は、15分程度。他の跳び箱遊びと組み合わせて行うのもよい。

①「基本の場」

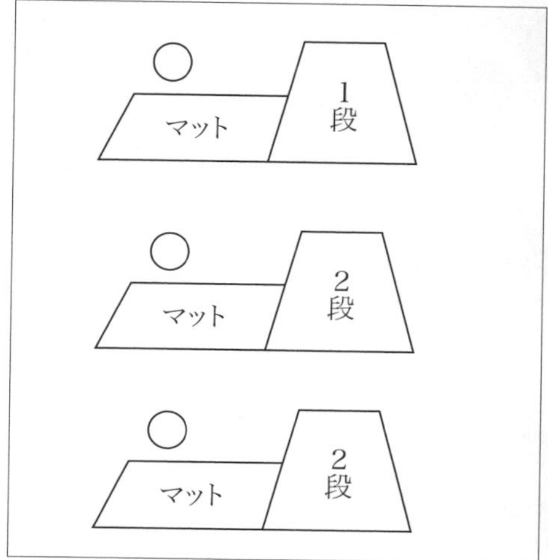

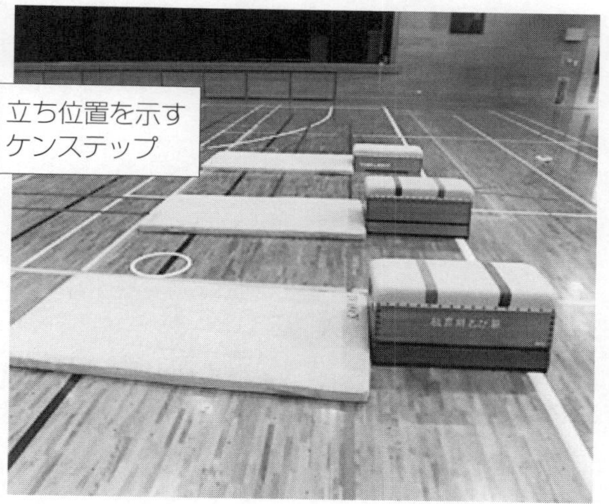

②「習熟度別の場」 自分のやってみたい場を選んで、練習する。

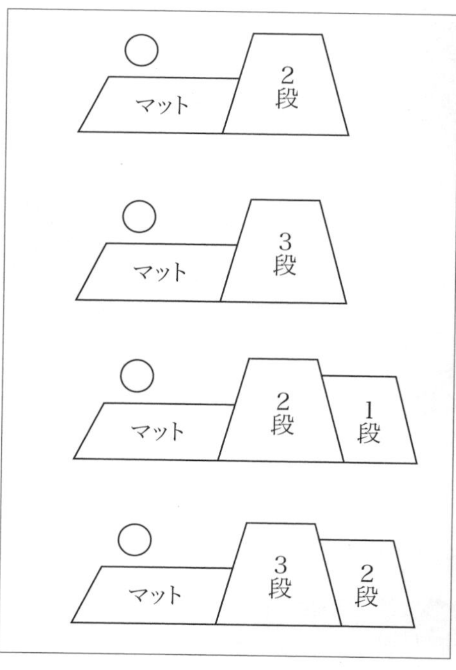

4 ミニコラム

踏み越し跳びは、跳び箱の高さに慣れ、跳び下りる感覚をつかむのに適している。今の子供たちは、高いところから跳び下りるという経験が減っている。体育の時間の中で、安全な場を確保し、跳び下りる体験を繰り返すことで体の使い方にも慣れさせたい。

5 方法・手順

（1）「基本の場」 踏み越し跳びの運動の仕方を知る。

↑片足で踏み切って跳び箱に上がり、1歩か2歩で跳び下りて両足で着地する

①歩いて上がり、跳び下りる。

②3歩ほど後ろから、駆け足くらいのスピードで跳び上がり、跳び下りる。

③5歩くらいから助走し、踏み越し跳びをする。

④3つのポイントの学習を行う。

⑤2人ペアでポイントができているか確認して相手に伝える（△ゆっくり跳べた、○リズムよく、◎着地ピタッ！）。交代で運動をする。

（2）「習熟度別の場」

⑥やってみたいと思う場を2つくらい作る（跳び箱を2つ使ったもの、途中にマットを入れた場など）。

⑦選んだ場を作って踏み越し跳びを楽しむ（やりにくかったら、改善する）。

⑧ペアでやりたい場を選んで、ポイントを評価し、レベルやできばえを上げていく。

6 コツ・留意点

（1）「ト・ト・トーン」のリズムで跳ぶ（聴覚化）。

（2）ケンステップなどで見る位置を決める（視覚化）。

（3）活動量に差ができるため、回る数が少ない子は全体が終わった後で時間を確保する（他の子には振り返りを書かせ、時間調整をする）。

↑ペアの人が見る位置を決める

7 この技でのチャンピオンは、ここまでできる！

助走→踏み切り→跳び箱の上→着地の一連の流れがリズムよく、着地が両足でピタッとできる。

これでバッチリ！ レベルアップ学習カード「踏み越し跳び」

年　　組　　番（　　　　　　　　）

レベル	内容	やり方	振り返り
1	**1段** **技(わざ)と自己評価(じこひょうか)のポイント** ①片足で踏み切って、跳び箱に上がる。 ②片足で踏み切って、跳び箱から下りる。		月　日 ・ ・ ・ できばえ ◎ ○ △
2	**2段** **ポイント** ①右足踏み切り、左足踏み切り（跳びやすい方を見つける）。 ②「ト・ト・トーン」とリズムよく跳ぶ。		月　日 ・ ・ ・ できばえ ◎ ○ △
3	**3段** **ポイント** 踏み切る場所（跳び上がる時に止まらないために）。 ・跳び箱の近く ・少し後ろ		月　日 ・ ・ ・ できばえ ◎ ○ △
4	**2つの跳び箱で** **ポイント** リズムよく跳べる跳び箱の上で足を着く場所（手前・真ん中・奥）。		月　日 ・ ・ ・ できばえ ◎ ○ △
5	**工夫した場で** **ポイント** ◎→着地ピタッ！ 　3秒止まる ○→リズムよく跳べた 　「ト・ト・トーン」 △→止まらず跳べた		月　日 ・ ・ ・ できばえ ◎ ○ △

学習カードの使い方：できばえの評価

それぞれのレベルに合わせて◎○△があります。当てはまる物に○をしましょう。

レベル1～4の評価：◎よくできた→着地ピタッ！　3秒止まる／○できた→リズムよく跳べた「ト・ト・トーン」／△もう少し→ゆっくり跳べた

※振り返りには、「自分で気づいた点」と「友達が見て気づいてくれた点」の両方を書きます。

② またぎ乗り・またぎ下り

若井貴裕

1 展開

(1) 学習のねらい

①踏み切りのリズムを身につける。

②開脚跳びに必要な「腕を支点とした体重移動」を体感する。

(2) 学習のねらいを体現する発問・指示

主体的な学びの発問・指示→跳び箱から下りるのに、手を何回着きましたか。

対話的な学びの発問・指示→友達のどこがよかったですか。

深い学びの発問・指示→回数が少ないのが上手です。どうすれば回数を減らせますか。

説明1 今日はかえるのように上手に跳びます。

説明2 テープに手を着いて、「パン(手)・ピョン(足)」のリズムで跳びます。

説明3 テープが少ないマットも用意しました。

指示1 やりたいところで跳びましょう。

指示2 次は跳び箱です。手を着いて跳んで座ります。座ったら手を着いて進み、跳び箱から下ります。

発問1 跳び箱から下りるのに手を何回着きましたか。

発問2 上手なかえるは回数が少ないです。どうすれば回数を減らせますか。「腕を伸ばす」「助走をつける」などの意見が出る。

指示3 腕を伸ばして奥に手を着くようにしましょう。

指示4 次は助走をつけてやってみましょう。踏み切りの上手な子に手本をやらせる。

発問3 友達のどこがよかったですか。

指示5 「1、2、グー」で跳んでみましょう。

発問4 最初の手は手前・真ん中・奥のどこがいいですか。

説明4 できるだけ奥に手を着くようにしましょう。

発問5 手を着く回数は減りましたか。

2 NG事例

(1) 回数の数え方を教えないまま、自分で数えさせる。

(2) 跳び箱で最初から助走を入れる。

(3) 回数を減らすことに指導者がこだわる(回数はあくまでも子供が目標をもつための手立て)。

3 場づくり

準備物／踏み切り板３台、マット４枚、跳び箱２段６台（２台で１セット）、コーン３つ
※備品やクラスに応じて跳び箱の段数や台数は変更する。

①「基本の場」 マット４枚。子供の数に応じて調整する。

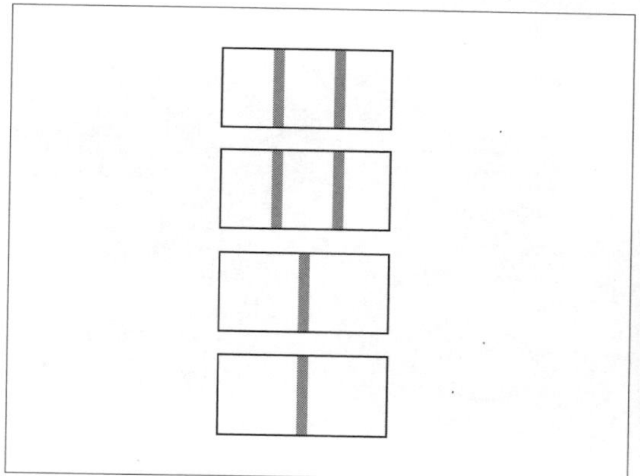

テープの貼ったマットを並べる。
テープを貼る間隔を変えて、２種類の場を作る。

②「習熟度別の場」 自分の挑戦したい場を選んで練習する。

３段の跳び箱を２つ連結したもの２つと、３つ連結したもの１つ、踏み切り板を用意する。スタート地点にコーンを置く。

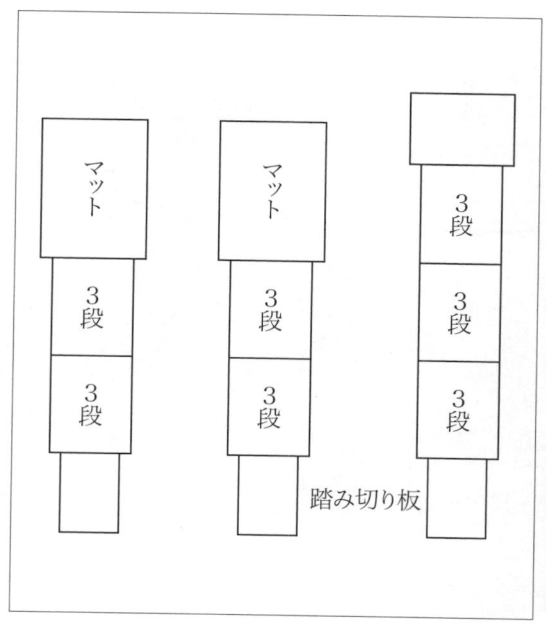

4 ミニコラム

跳び箱を跳べるようにするためには、腕を支点とした体重移動を体感させる必要がある。跳び箱に手を着いて進む運動はその体重移動を体感させるものであり、これが中学年の開脚跳びにつながる。また着手を奥にすることにより、踏み切りから着手まで（第１空間局面）が大きくなる。これが大きいことが、その後の抱え込み跳びなどの技につながっていく。

5 方法・手順

（1）「基本の場」

①準備運動として様々な動物になって進む。

②かえるになり、「パン（手）・ピョン（足）」のリズムで、マットの上を跳ぶ。この時、手を着いた状態で足が離れているかを確認する。

（2）「習熟度別の場」

③踏み切り板・跳び箱・マットを用意し、踏み切り板に立った状態から跳び箱に乗る。

④できるだけ腕を伸ばして奥に手を着いて前に進む。

⑤跳び箱の手前にコーンを置き、コーンの位置から助走をつけて跳び箱に乗る。

6 コツ・留意点

（1）「パン、ピョン」のリズムでマットを跳ぶことにより、手・足の順次性を習得させる。

（2）「1、2、グー」とリズム言葉を言いながら跳ぶ（聴覚化）。

（3）踏み切り板に踏み切りの足跡の印をつける（視覚化）。

（4）跳び箱にテープで印をつけ、着手の場所が分かるようにする（視覚化）。

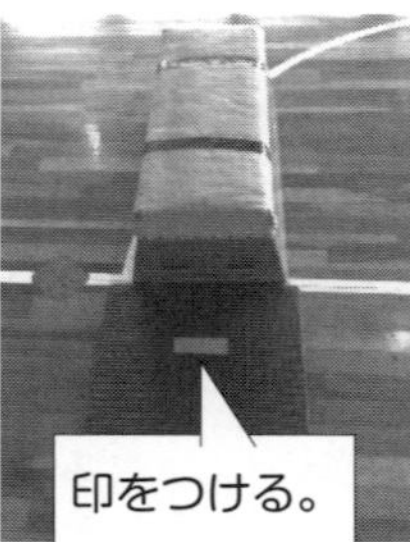

7 この技でのチャンピオンは、ここまでできる！

助走からリズムよく踏み切る。手を奥に着いてまたがる。腕を伸ばして前に進み、合計3回の着手で着地する。

これでバッチリ! レベルアップ学習カード「またぎ乗り・またぎ下り」

年　　組　　番（　　　　　　　　　　）

レベル	内容	やり方	振り返り
1	かえる1 技(わざ)と自己評価(じこひょうか)のポイント 手と足をテープに付ける。 ◎→両方　○→片方 △→できなかった		月　日 ・ ・ ・ できばえ ◎ ○ △
2	かえる2 ポイント 手と足をテープに付ける。 ◎→両方　○→片方 △→できなかった		月　日 ・ ・ ・ できばえ ◎ ○ △
3	跳び箱1 ポイント （手を着く数） ◎→4回　○→5回 △→6回以上		月　日 ・ ・ ・ できばえ ◎ ○ △
4	助走 ポイント （「1、2」と「グー」が） ◎→両方　○→片方 △→できなかった		月　日 ・ ・ ・ できばえ ◎ ○ △
5	跳び箱2 ポイント 「1、2、グー」の後、最初の手を跳び箱の奥に着く。		月　日 ・ ・ ・ できばえ ◎ ○ △
6	チャンピオン ポイント 手を跳び箱の奥に着いて跳ぶ。手を前に伸ばして進む（2個なら3回で下りる）。		月　日 ・ ・ ・ できばえ ◎ ○ △

学習カードの使い方：できばえの評価

レベル5の評価： ◎よくできた→手の場所が奥／○できた→手の場所が真ん中／△もう少し→手の場所が手前

レベル6の評価： 「手の場所が奥」「腕を前に伸ばして進む」◎よくできた→両方／○できた→片方／△もう少し→できなかった

※振り返りには、「自分で気づいた点」と「友達が見て気づいてくれた点」の両方を書きます。

(1) 低学年 跳び箱を使った運動遊び

③支持で跳び乗り・跳び下り

角家 元

1 展開

(1) 学習のねらい

①跳び箱に両手を着いて、またぎ乗ったり、またぎ下りたりできる。

②跳び箱に両手を着いて、両足で跳び乗ったり、跳び下りたりできる。

(2) 学習のねらいを体現する発問・指示

主体的な学びの発問・指示→またぐ時、手はどこに着くといいかな。

対話的な学びの発問・指示→下りる時、どうやって下りればいいかな。

深い学びの発問・指示→なぜ、お尻を浮かせて下りるのがいいのかな。

指示1 グループで協力して場づくりをします。
①マット ②跳び箱 ③踏み切り板 ④ケンステップ

指示2 準備運動として、かえる、アザラシ、うさぎ、カンガルー、馬をします。

説明1 またぎ乗りをします。

発問1 またぐ時、手はどこに着くといいかな。

説明2 手は、お馬さんに乗るように、遠くに着きます。

発問2 下りる時、どうやって下りればいいかな。

説明3 お尻を浮かせて前にきます。跳び箱を後ろに押すつもりで下ります。両足が揃って着地できると、かっこいいです。

発問3 なぜ、お尻を浮かせて下りるのがいいのかな。

説明4 跳び箱を跳ぶというのは、両手に自分の体重がかかるということなのです。お尻が浮くように両手で自分の体を支えてみましょう。

指示3 学習カード、どれくらいできるようになったかを記録します。

指示4 後片付けをします。グループで協力して行います。

❶場づくりをする マット、跳び箱、踏み切り板、ケンステップ。

↓

❷発問 またぐ時、手はどこに着くといいか。
評価の観点 手を遠くに着けたか。

↓

❸発問 下りる時、どうやって下りればいいか。
評価の観点 お尻を浮かせて下りていたか。

↓

❹発問 なぜ、お尻を浮かして下りるのがいいか。
評価の観点 手に体重がかかっているのを感じていたか。

↓

❺学習カードで評価する
□成果の確認をする。
□課題の把握をする。

2 NG事例

(1) 基礎感覚づくりをしないで、すぐ技に挑戦させる。

(2) 技の系統性を踏まえずに指導する(またぎ乗り下り→跳び乗り下り)。

3 場づくり

準備物／マット、跳び箱（1～2段）、踏み切り板、ケンステップ

①「基本の場」 準備運動として、①かえる②アザラシ③うさぎ④カンガルー⑤馬を行う。

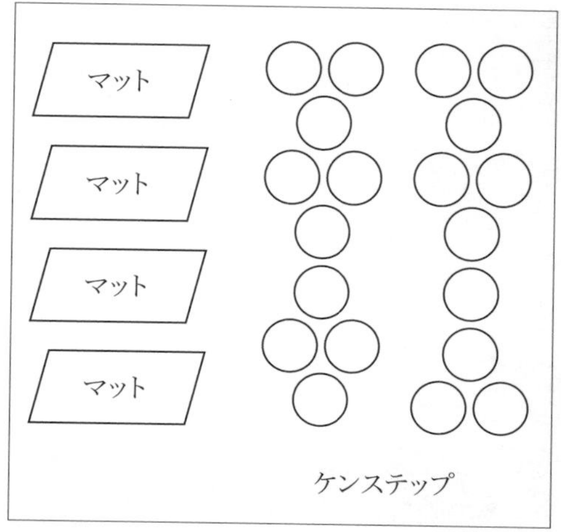

②「習熟度別の場」

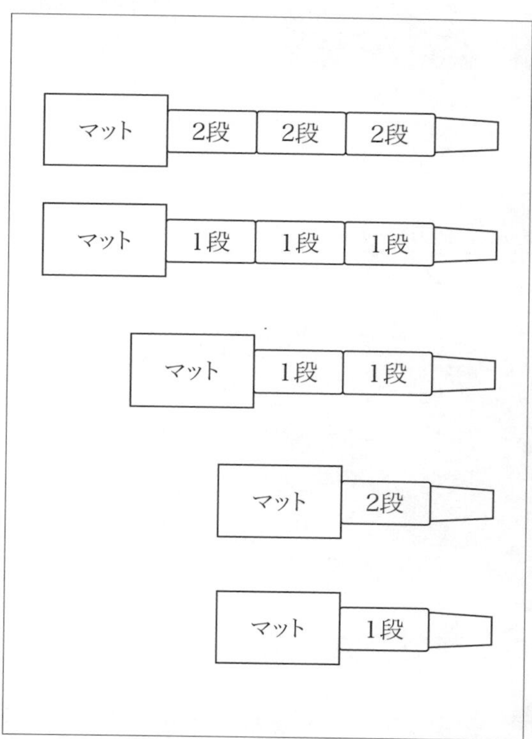

4 ミニコラム

跳び箱遊びは、跳び箱を使った様々な遊びを通して、楽しみながら跳び箱に慣れさせる。腕の力が弱い子や高さが怖い子に配慮し、基礎感覚づくりを毎時間の導入で行うとよい。

5 方法・手順

(1)「基本の場」 準備運動として、次の運動を行う。
①かえる　マットの上で行う。足を曲げて、両手でしっかりと体を支える。
②アザラシ　両手を着いて胸を反らせ、下半身を引き寄せるようにして歩く。
③うさぎ　手を遠くに着き、突き放して跳ぶ。足・手・足の順に着く。
④カンガルー　輪の中(ケンステップ)をリズムよく跳ぶ。
⑤馬　2人一組になる。1人が馬になり、もう1人が跳び越す。
(2)「習熟度別の場」
⑥またぎ乗り　跳び箱に両手を着いて乗る。
　またぎ下り　またぎ乗りの姿勢から、両手を着いて下りる。
⑦跳び乗り　ジャンプして、跳び箱に両手を着いて乗る。
⑧跳び下り　跳び箱の上から、ジャンプして下りる。

↑またぎ乗り

↑またぎ下り

↑跳び乗り

↑跳び下り

6 コツ・留意点

(1)跳び箱に着手の手形を置く。あるいは、テープで印をつける(視覚化)。
(2)跳び箱の端に両手を着いて、跳び箱を押すようにして下りる。

7 この技でのチャンピオンは、ここまでできる!

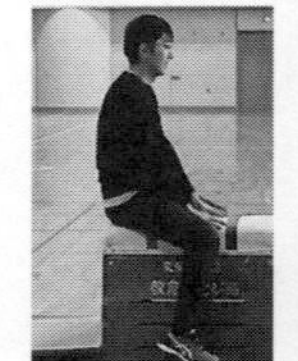

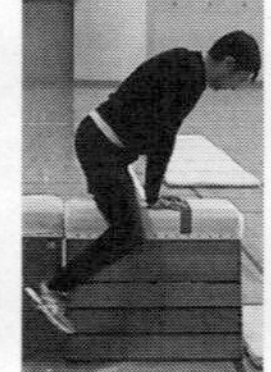
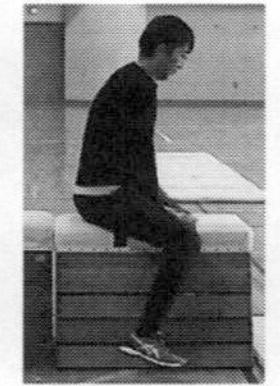

またぎ乗り連続3回で、跳び箱から下りることができる。

これでバッチリ! レベルアップ学習カード「支持で跳び乗り・跳び下り」

年　　組　　番（　　　　　　　　）

レベル	内容	やり方	振り返り
1	かえる（かえる倒立） **技（わざ）と自己評価（じこひょうか）のポイント** ①両手の指を広げ床におく。 ②両足を肘に乗せて支える。		月　日 ・ ・ ・ できばえ ◎ ○ △
2	アザラシ（アザラシ歩き） **ポイント** ①両手を外向きにして着く。 ②肘を伸ばして前に進む。 ③膝をまっすぐに伸ばす。		月　日 ・ ・ ・ できばえ ◎ ○ △
3	うさぎ（うさぎ跳び） **ポイント** ①足・手・足の順に着く。 ②遠くに両手を着ける。 ③腰を高く上げて跳ぶ。		月　日 ・ ・ ・ できばえ ◎ ○ △
4	カンガルー（ケンパー跳び） **ポイント** ①つま先でリズムよく跳ぶ。 ②輪を踏まないように跳ぶ。		月　日 ・ ・ ・ できばえ ◎ ○ △
5	馬（馬跳び） **ポイント** ①2人一組になる。 ②足を広げ手でつかむ(馬)。 ③両手を着いて跳び越える。		月　日 ・ ・ ・ できばえ ◎ ○ △
6	またぎ乗り・またぎ下り **ポイント** ①両手で体を支えてまたぐ。 ②体を支える時は、お尻を浮かせる。		月　日 ・ ・ ・ できばえ ◎ ○ △
7	跳び乗り・跳び下り **ポイント** ①両手を着きジャンプする。 ②両足で跳び箱に跳び乗る。 ③両足で静かに着地する。		月　日 ・ ・ ・ できばえ ◎ ○ △

学習カードの使い方：できばえの評価

レベル1～7の評価：◎よくできた→肘をまっすぐに伸ばして、進んだり跳んだりできる／○できた→肘が少し曲がりながらも、進んだり跳んだりできる／△もう少し→肘が大きく曲がっていて、進んだり跳んだりできない

それぞれのレベルに合わせて◎○△があります。当てはまる物に○をしましょう。
※振り返りには、「自分で気づいた点」と「友達が見て気づいてくれた点」の両方を書きます。

④跳び上がり・回転下り

石川圭史

1　展開

（1）学習のねらい

①両足で床に着地し、姿勢が保持できる。

②跳び上がり、回転下りを組み合わせて連続技を考え、行うことができる。

（2）学習のねらいを体現する発問・指示

主体的な学びの発問・指示→着地で「ピタッ」と止まるのは、膝を伸ばす、曲げる、どちらかな。

対話的な学びの発問・指示→跳び上がり、回転下りの連続技を考えよう。

深い学びの発問・指示→姿勢や目線、友達のいいところを見つけよう。

指示1　グループで協力して場づくりをします。①小マット2枚を8か所。②跳び箱1段を4か所。③ケンステップ1個④ケンステップ2個。⑤ケンステップ3個。⑥ケンステップ4個ずつ。

指示2　準備運動として、かえる跳び、うさぎ跳びをします。

指示3　両足跳びをします。半回転します。

発問1　着地で「ピタッ」と止まるのは、膝を伸ばす、膝を曲げる、のどちらかな。

指示4　跳び箱手前の印から両足で跳び箱（マット）に向かってジャンプしましょう。

発問2　跳び上がり・回転下りの連続技を考えよう。

指示5　友達の技を取り入れてもいいので、自分の連続技を作ろう。

発問3　「ピタッ」と止まれるには、どこを見て回るといいですか。

指示6　跳んでいる時の友達の姿勢や目線を判定します。

指示7　場所を選んで、できたらケンステップの多い場所で連続技に挑戦します。

指示8　学習カードに、記録します。

❶基本の運動　膝を曲げて着地するジャンプをたくさん行う。

❷発問　着地では、膝を伸ばす、曲げる、どちらかな。

評価の観点　膝を曲げて着地しているか。

❸発問　跳び上がり・回転下りの連続技を考えよう。

評価の観点　◎→膝が曲がっている／○→膝がちょっと曲がっている／△→膝が伸びている

❹発問　「ピタッ」と止まれるには、どこを見て回るといいですか。

評価の観点　上半身がピンと伸びているか。回転する方を見ているか。

❺学習カードで評価する

□成果の確認をする。

□課題の把握をする。

2　NG事例

（1）後ろ向きで、跳び箱が見えないので、必ず跳び箱が見える向きで跳ばせる。

（2）床や跳び箱に両足が着いてから次の競技に移す。

（3）マットだけで跳ぶ時から、着地する時に足元を見ず、遠くを見るようにさせる。

3 場づくり

準備物／小マット16枚、跳び箱１段×４個、ケンステップ36個

①「基本の場」 小マット８枚と小マット２枚１セットを４組つくる(場は、子供の数に応じて調整する)。

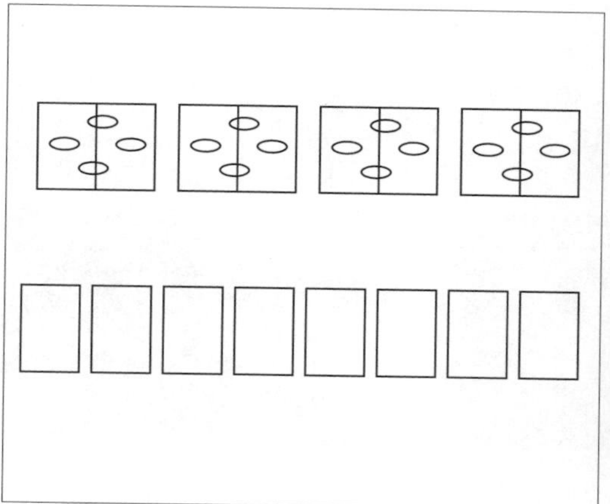

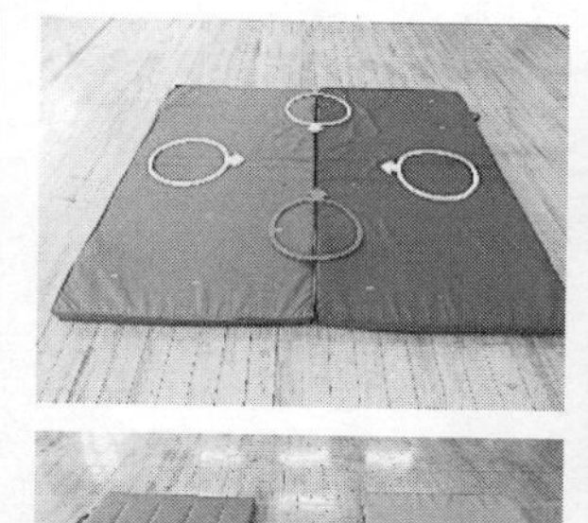

②「習熟度別の場」 マットには跳び箱に跳び乗る場所が分かるよう、目印にケンステップを置く。

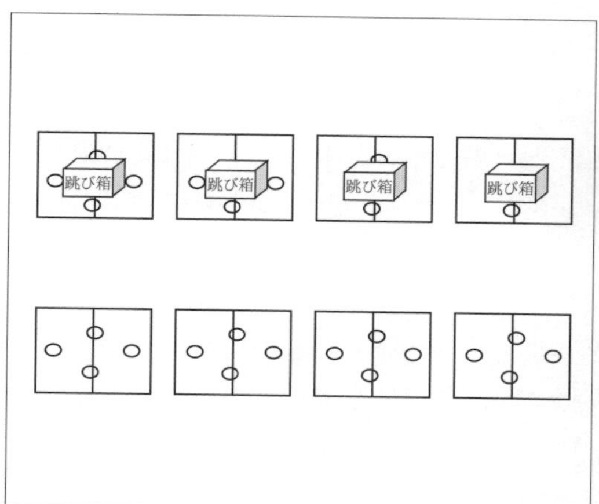

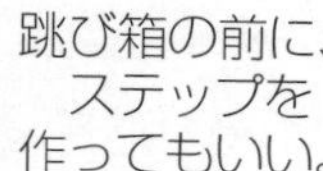

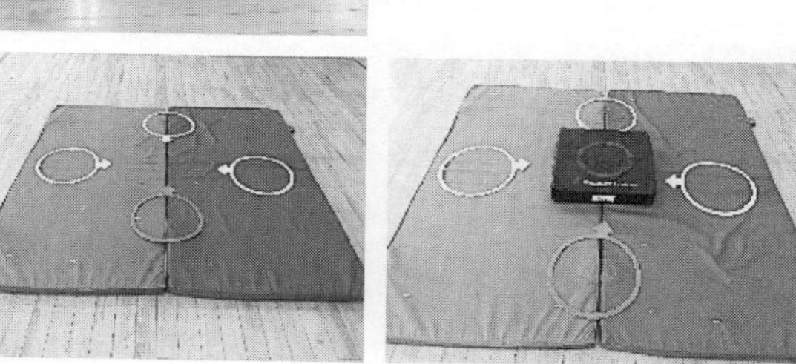

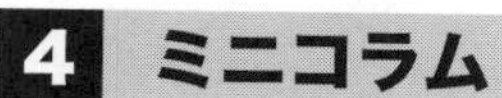

4 ミニコラム

跳んで下りるだけの遊びであるから、小学校低学年の子供でも簡単にできるようになる。

ジャンプでは固有感覚、回転下りでは、基礎感覚である回転感覚と前庭感覚(平衡感覚)を鍛えられる。

着地の場所や姿勢、回転を得点化することでゲーム感覚の運動ができ、楽しい活動になる。跳び箱１つで子供たちが熱中する活動ができる。

5 方法・手順

（1）「基本の場」

①準備運動として、かえる跳び、うさぎ跳びをする。

②両足跳びをする。両足で踏み切る、両足で着地する。

③両足跳びをする。体がふらつかないように、膝を曲げて着地する。

④両足跳びで半回転（右回転、左回転）する。体がふらついていないか、両足が同時に着いているかを友達に判定してもらう。

◎よくできた
→しっかりと両足が着いて、安定している

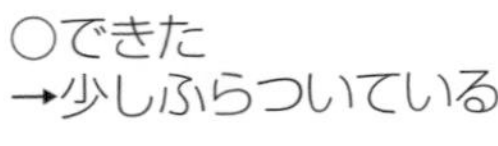

△もう少し
→足が離れ、上半身が倒れている

（2）「習熟度別の場」

⑤跳び箱に跳び上がり、そのまま跳び下りる。

⑥マットから跳び箱に跳び上がり、回転して下りる。
（右90度、左90度、左右から180度）

⑦マットから跳び箱に跳び上がり、横に回転して下りる。「トーン・トーン」のリズムで跳ぶ。

⑧連続技。マットから跳び箱に跳び上がり、回転して下りる。横でも前でも後でもいい。連続してジャンプする。

⑨助走をつけてジャンプ。ケンステップから両足ジャンプして跳び箱に上がる。跳び箱から回転して下りる。

6 コツ・留意点

（1）マットの上にケンステップなどの目印を置き、踏み切る場所や下りる場所を示す（視覚化）。

（2）意識づけるために、両足で踏み切っているか、膝を曲げて着地しているか、体がふらついていないか、を判定させる（焦点化・共有化）。

（3）前を向いて、着地できるよう、見る場所に印をつける（視覚化・焦点化）。

7 この技でのチャンピオンは、ここまでできる！

連続での両足跳び。バランスを崩さずスムーズに跳ぶことができる。

これでバッチリ! レベルアップ学習カード「跳び上がり・回転下り」

年　　組　　番（　　　　　　　　）

レベル	内容	やり方	振り返り
1	両足跳び **技(わざ)と自己評価(じこひょうか)のポイント** ◎→両足踏み切り、着地ができる／○→両足踏み切り、着地のどちらかができる／△→両足は揃わないが踏み切りと着地ができる		月　日 ・ ・ ・ できばえ ◎ ○ △
2	両足跳び・半回転 **ポイント** 足元を見ず、遠くを見るようにしてジャンプする。 体が動かないように、着地の時、膝を曲げて支える。		月　日 ・ ・ ・ できばえ ◎ ○ △
3	跳び箱・回転下り **ポイント** 跳び箱に着地した時、体が動かないように、しっかり膝を曲げて支える。		月　日 ・ ・ ・ できばえ ◎ ○ △
4	跳び箱・連続跳び **ポイント** ◎→すべて両足が揃う ○→2回両足が揃う △→1回両足が揃う		月　日 ・ ・ ・ できばえ ◎ ○ △
5	助走・両足ジャンプ **ポイント** 助走から両足を揃えてジャンプする。 スピードをコントロールして、跳び箱に着地する。		月　日 ・ ・ ・ できばえ ◎ ○ △

学習カードの使い方：できばえの評価

レベル2・3・5の評価：◎よくできた→両足を揃えて着地／○できた→バランスを崩しても両足で着地／△もう少し→着地して足が動く

それぞれのレベルに合わせて◎○△があります。当てはまる物に○をしましょう。

※振り返りには、「自分で気づいた点」と「友達が見て気づいてくれた点」の両方を書きます。

① 開脚跳び

武井 恒

1 展開

（1）学習のねらい
①助走から両足で踏み切ることができる。
②足を左右に開いて着手し、跳び越えることができる。
（2）学習のねらいを体現する発問・指示
主体的な学びの発問・指示→手はどこに着くといいですか。
対話的な学びの発問・指示→誰の跳び方がいいですか。
深い学びの発問・指示→着地でピタッと止まるには、どうしたらいいですか。

リズム感覚

指示1 太鼓に合わせてケンパー（グー）跳びをします。①ケンパー運動 ②ケングー運動

腕支持感覚

指示2 うさぎ跳びをします。手、足の順で着きます。①足が手の後ろ ②足は手の横 ③足が着くと同時に手はお尻の下（犬のしっぽ） ④手が足より前

指示3 馬跳びをします。２人一組。４人一組。

腕の突き放し感覚

指示4 壁タッチをします。手を着いて、元に戻ります。①ジャンプして ②靴１足分後ろから ③高いところへ手を着く。

指示5 グループで協力して場づくりをします。着地するところのマットを横向きにする。

発問1 開脚跳びをします。手はどこに着くといいですか（手を置く位置が手前すぎてしまう子には、手を置く位置を視覚的に表示する）。

発問2 誰の跳び方がいいですか。

指示6 「トン（両足踏み切り）・パッ（着手）・トン（マットに着地）」のリズムで跳びます。

発問3 着地で「ピタッ」と止まります。どうしたらいいですか。

指示7 学習カードに記入します。

指示8 跳び箱とマットの片付けをします。

❶場づくりをする 跳び箱、踏み切り板、マット

↓

❷発問 手はどこに着くといいですか。
評価の観点 跳び箱の手前ではなく、奥に着けたか。

↓

❸発問 誰の跳び方がいいですか。
評価の観点 「トン・パッ・トン」のリズムで跳べたか。
（×は❷へ）

↓

❹発問 着地で「ピタッ」と止まるには、どうしたらいいですか。
評価の観点 空中の姿勢がバラスよく保てているか。
（×は❸へ）

↓

❺学習カードで評価する
□成果の確認をする。
□課題の把握をする。

2 NG事例

（1）協応動作ができるか見極めるために、いきなり跳び箱を跳ばせない。
（2）課題を細分化しないで、行わない。

3 場づくり

準備物／跳び箱（３～５段）、踏み切り板、マット２枚、得点板（着地ゲームの時に使用）
※子供の数によって上記準備物を数セット用意する。

（1）「基本の場」 開脚跳びにつながる感覚づくりを行う。

①ケンパー運動、ケングー運動

※難しい子供には、フープなどの視覚的支援も有効。

②うさぎ跳び

※足が着くと同時に手はお尻の下（犬のしっぽ）→

③馬跳び

1人馬：２人一組
連続馬：４人一組

※馬は、子供の実態に応じて膝を伸ばしたり曲げたりして高さを調節する。

④壁タッチ

※壁に手を着いて離す。（距離や高さを変えて）「トン（踏み切り）・パッ（着手）・トン（着地）」のリズムで行う。

（2）「習熟度別の場」 自分の挑戦したい場を選んで練習する。

開脚跳び

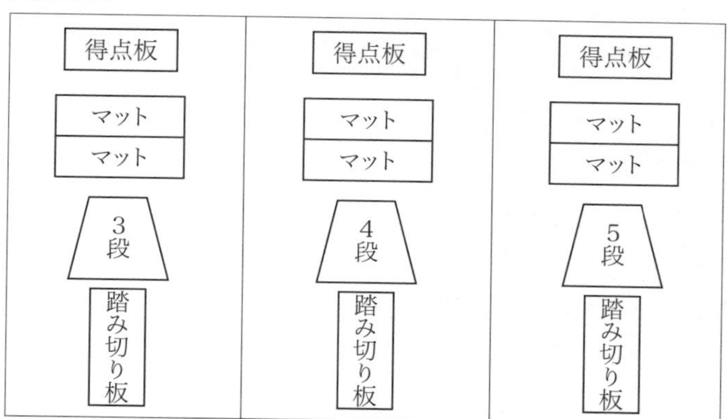

写真は跳び箱５段を使用。

4 ミニコラム

跳び箱は、次から次へと動きのパターンが変わる運動である。行程を細分化し、段階的に指導していくことが大切である。助走から踏み切り板へスピードを落とさずにジャンプするバランス感覚と、ジャンプしてから瞬時に手を跳び箱に着ける両腕の支えが決め手となる。着地姿勢も意識させることで、安全にきれいに跳べるようになる。多感覚(リズム感覚、腕支持感覚、腕の突き放し感覚等)を使って指導を行い、開脚跳びにつなげていく。

5 方法・手順

(1)「基本の場」 開脚跳びにつながる感覚づくり

①ケンパー運動、ケングー運動(「ケン・ケン・パ」→「ケン・ケン・グー」の順で前に跳ぶ)。

②うさぎ跳び(手→足の順で着く。手は前に着き、足は手の横に着く。足が着くと同時に手はお尻の下にする。手が着いたところより足を前にする)。

③馬跳び(２人一組で行った１人馬跳びを行った後、４人一組で連続馬跳びを行う)。

④壁タッチ(壁から前ならえの距離で立地、手を着いて、元に戻る。ジャンプして壁にタッチする。靴１足分後ろからタッチすることや高いところへ手を着くことに挑戦する)。

(2)「習熟度別の場」 開脚跳び　以下の運動を３～５段の跳び箱で行う。

①手を跳び箱の前に着いて、跳ぶ。

②「トン(両足踏み切り)・パッ(着手)・トン(マットに着地)」のリズムで跳ぶ。一連の動きが安定した開脚跳びや強く突き放して跳び越える大きな開脚跳びにつなげる(動画参照)。

③着地を意識し、「ピタッ」と止まる。

④できるようになったら、着地を得点化し、チームでのゲームにつなげる。

※開脚跳びが難しい場合　腕を支点とした体重移動を体感させる向山型A・B式指導を行う。

向山型A式指導

①跳び箱をまたいで座る。
②跳び箱の端に手を着かせ、跳び下りる。
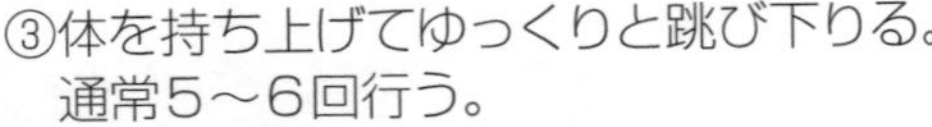
③体を持ち上げてゆっくりと跳び下りる。通常５～６回行う。

向山型B式指導

①教師が跳び箱の横に立つ。
②助走してくる子供の腕を片手でつかみ、お尻を片手で支えて跳ばせる(平行に送る)。
③手にかかる体重が少なくなってきたら、補助の手を引く。通常７～８回行う。

6 コツ・留意点

(1)様々な運動で、開脚跳びにつながる基礎感覚を作る。

(2)オノマトペ(「トン・パッ」等)を活かして、助走、踏み切り、着手、着地をイメージさせる。

(3)踏み切り位置、着手位置、着地位置などを視覚的に表示し、イメージさせる。

(4)静止する着地のゲーム化で、話し合いを必然的に設定させる(得点板を用意する)。

7 この技でのチャンピオンは、ここまでできる！

足で強く踏み切って、手で強く突き放して明確に切り返す大きな開脚跳びをすることができる。

これでバッチリ! レベルアップ学習カード「開脚跳び」

年　　組　　番（　　　　　　　　）

レベル	内容	やり方	振り返り
1	ケンパー（グー） 技(わざ)と自己評価(じこひょうか)のポイント ◎→ケンの足が左右でできる ○→ケンの足が片方できる △→ケンの足ができない	①「ケン・パ（グー）」 ②「ケン・ケン・パ（グー）」 ③「ケン・パ（グー）・ケン」	月　日 ・ ・ ・ できばえ ◎ ○ △
2	うさぎ跳び ポイント ◎→手より足が前 ○→手と足が同じ位置 △→手より足が後ろ	※足が着くと同時に手はお尻の下（犬のしっぽ）→	月　日 ・ ・ ・ できばえ ◎ ○ △
3	馬跳び ポイント ◎→連続で跳び越せた ○→1人跳び越せた △→跳び越せなかった	※2人一組→4人一組	月　日 ・ ・ ・ できばえ ◎ ○ △
4	壁タッチ ポイント ◎→ジャンプしてタッチ ○→靴1足分後ろからタッチ △→前へならえの位置で、手を着いて戻る		月　日 ・ ・ ・ できばえ ◎ ○ △
5	開脚跳び ポイント ①手を跳び箱の前に着く。 ②「トン（両足踏み切り）・パッ（着手）、トン（マットに着地）」のリズムで跳ぶ。 ③「ピタッ」と止まって着地。	① トン ② パッ ③ トン 跳び箱は、3～5段から選ぶ。	月　日 ・ ・ ・ できばえ ◎ ○ △

学習カードの使い方：できばえの評価

レベル5の評価：◎よくできた→①～③すべてできた／○できた→①～③のいずれか2つできた／△もう少し→①～③のいずれか1つできた

それぞれのレベルに合わせて◎○△があります。当てはまる物に○をしましょう。

※振り返りには、「自分で気づいた点」と「友達が見て気づいてくれた点」の両方を書きます。
※応用編（グループ）の活動例は動画を参照してください。

② 抱え込み跳び(発展技)

東郷 晃

1 展開

(1) 学習のねらい

腕支持と突き放し、膝の引き付けが分かり、抱え込み姿勢で跳び越せる。

(2) 学習のねらいを体現する発問・指示

主体的な学びの発問・指示→跳び箱のどこに手を着いたらよいですか。

対話的な学びの発問・指示→補助する時、声かけはどんな言葉がいいですか。

深い学びの発問・指示→うさぎ跳びと抱え込み跳びに、共通の動きは何ですか。

指示1 準備運動。
クマ歩き、くも歩き、アザラシ、うさぎ跳び。

指示2 グループで協力して場づくりをします。
・マットを重ねる(1枚→2枚→3枚→4枚)
・跳び箱を準備する(1段→2段→3段→4段)

発問1 うさぎ跳びで、補助する時、声かけはどんな言葉がいいですか。

指示3 階段うさぎ跳びをします。「トン・パッ」のリズムで跳びましょう。着地がマット半分の線を越えたら合格。次の高さに進みます。着地で1歩動いたら不合格(抱え込み跳び(横)の場)。

指示4 うさぎ跳び上がりをします。膝をグー1つ分以上離さないで上がれたら合格。次の高さに進みます。

指示5 膝を胸に引き付けて、抱え込み跳びをします(抱え込み跳び(縦)の場)。

発問2 跳び箱のどこに手を着いたらよいですか。

指示6 跳び箱の「手前」「真ん中」「奥」を試して、一番跳び越しやすい、手を着く場所を見つけます。

発問3 うさぎ跳びと抱え込み跳びに共通の動きは何ですか。肩と腰の位置に注目します。

指示7 腰の高い抱え込み跳びをしてみましょう。

指示8 学習カードに記録します。

❶発問 補助する時、声かけはどんな言葉がいいですか。
評価の観点 「トン・パッ(手—足)」で、うさぎ跳びができたか。

↓

❷発問 跳び箱のどこに手を着いたらよいですか。
評価の観点 跳び箱の奥に手を着いて跳び越せたか。

↓

❸発問 うさぎ跳びと抱え込み跳びに共通の動きは何ですか。
評価の観点 腰を肩と同じ高さまで上げて跳べるか。

↓

❹学習カードで評価する
□成果の確認をする。
□課題の把握をする。

2 NG事例

(1) 1つのステップを習熟しないで、次のステップに進んでしまう。

(2) 膝と膝がグー1つ分より離れてしまう。

（3）着地後すぐに動いてしまう。

3 場づくり

準備物／跳び箱４台、ロイター板２台、マット16枚（子供たちの数に応じて調整する）

①「基本の場」　マット16枚　子供たちの数に応じて調整する。

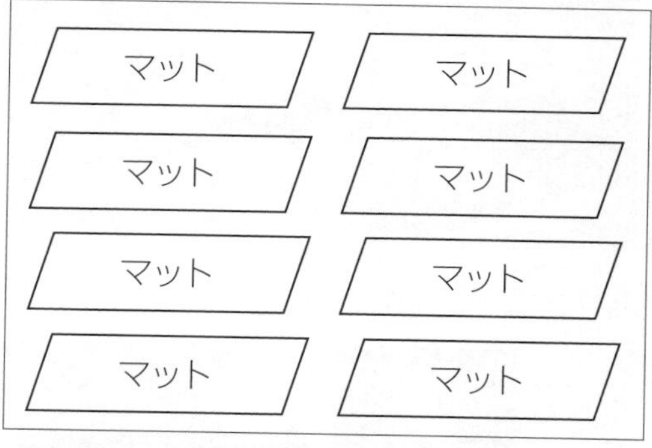

②「習熟度別の場」　自分の挑戦したい場を選んで練習する。

A　階段うさぎ跳び（小マット１枚→２枚重ね→３枚重ね→４枚重ね）（右上写真）

B　うさぎ跳び上がりの場（跳び箱１段＋小マット
跳び箱２段＋小マット
跳び箱３段＋小マット
跳び箱４段＋小マット）

※不安の強い子がいたら
跳び箱１段＋セーフティマットの場もつくる

C　抱え込み跳び（横）の場　Bと同じ

D　抱え込み跳び（縦）の場　※踏み切り板でもよい
（跳び箱１段＋小マット＋ロイター板
跳び箱２段＋小マット＋ロイター板
跳び箱３段＋小マット＋ロイター板
跳び箱４段＋小マット＋ロイター板）

4 ミニコラム

跳び箱指導をする時に、踏み切り板まで走ってきて、直前にピタッと止まる子がいる。

> 両足ではねるのもできませんでした。うさぎとびもできませんでした。私はその子といっしょになって、何度も何度も助走だけくり返しました。手をつないで走って、足をトンとそろえることをくり返したのです。助走ができるようになったとき、その子は跳べました。もちろん、長い時間がかかりました。『跳び箱は誰でも跳ばせられる』向山洋一　明治図書

あと残りわずかな子供たちのつまずきを見つけて、励ますことが、跳び箱指導では極めて重要である。動作の苦手な子のために、毎時間の運動として、ジャンプ、ケンケン、ケンパー、スキップ、ギャロップ、かえるの足打ち、かえる倒立、うさぎ跳び、短縄、長縄などの運動を、年間を通して準備運動で行っておきたい。

5 方法・手順

（1）「基本の場」

①準備運動として、クマ歩き、くも歩き、アザラシ、うさぎ跳びをする。
うさぎ跳びについては、「トン・パッ」のリズムで跳ぶ。
着地がマット半分を越えたら合格。

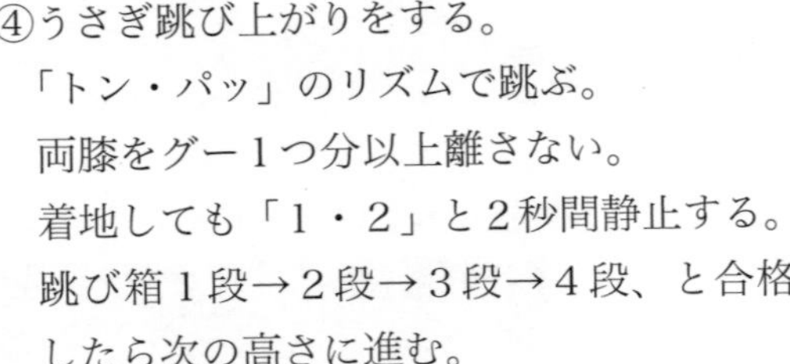

（2）「習熟度別の場」

③階段うさぎ跳びをする。
着地がマット半分を越えたら合格。
マット１枚→２枚→３枚→４枚、と合格したら次の高さに進む。

④うさぎ跳び上がりをする。
「トン・パッ」のリズムで跳ぶ。
両膝をグー１つ分以上離さない。
着地しても「１・２」と２秒間静止する。
跳び箱１段→２段→３段→４段、と合格したら次の高さに進む。

⑤抱え込み跳び(横)をする。
「トン・パッ」のリズムで跳ぶ。
膝を胸に引き付けて跳び越す。

⑦抱え込み跳び(縦)をする。
跳び箱の奥の方に着手する。
腰が肩よりも上に上がる姿勢。

6 コツ・留意点

A：抱え込み姿勢で跳び越すことが不安で、どうしても閉脚できずに開脚したり、姿勢が斜めになったりする子がいる場合がある。その場合は、セーフティマットを着地のマットにして、安心して抱え込み姿勢で跳び越せるようにしていくとよい。

B：腰を肩と同じ高さまで上げた姿勢で跳躍しないと、膝を胸に引き付けても跳び越せない。つまずきの見られた子には、「トン・トン・トーン」跳び(右写真)と向山B式の補助をするとよい。

7 この技でのチャンピオンは、ここまでできる！

これでバッチリ! レベルアップ学習カード「抱え込み跳び（発展技）」

年　　組　　番（　　　　　　　　　）

レベル	内容	やり方	振り返り
1	うさぎ跳び **技(わざ)と自己評価(じこひょうか)のポイント** ◎→手より前 ○→手と同じ位置 △→手より手前		月　日 ・ ・ ・ できばえ ◎ ○ △
2	階段うさぎ跳び **ポイント** マット半分より足が前に着地。 ◎→マット３枚以上 ○→マット２枚 △→マット1枚		月　日 ・ ・ ・ できばえ ◎ ○ △
3	うさぎ跳び上がり **ポイント** 着地して２秒間静止。 ◎→跳び箱３段以上 ○→跳び箱２段 △→跳び箱１段		月　日 ・ ・ ・ できばえ ◎ ○ △
4	抱え込み跳び（横） **ポイント** 「トン・パッ」のリズムで跳ぶ。 膝を胸に引き付けて跳び越す。 両膝をグー１つ分以上、離さない。		月　日 ・ ・ ・ できばえ ◎ ○ △
5	抱え込み跳び（縦） **ポイント** 跳び箱の奥の方に着手する。 腰が肩よりも上に上がる姿勢。		月　日 ・ ・ ・ できばえ ◎ ○ △

学習カードの使い方：できばえの評価

レベル４～５の評価： ◎よくできた→跳び箱５段以上／○できた→跳び箱３～４段／
△もう少し→跳べない

それぞれのレベルに合わせて◎○△があります。当てはまる物に○をしましょう。

※振り返りには、「自分で気づいた点」と「友達が見て気づいてくれた点」の両方を書きます。

③ 台上前転

大中州明

1 展開

（1）学習のねらい

①台上前転ができるようになるため、課題を見つけることができる。

②腰の位置を高く保って着手する台上前転ができる。

（2）学習のねらいを体現する発問・指示

主体的な学びの発問・指示→台上前転ではどこに手を着いたらいいかな。

対話的な学びの発問・指示→腰を高く上げるため、どんなかけ声をかけるといいかな。

深い学びの発問・指示→なぜ腰を高く上げると、スムーズな台上前転ができるのかな。

発問1　台上前転ではどこに手を着いたらいいかな。

説明1　台上前転では、跳び箱の手前に手を着いて腰を高く上げ、頭の後ろを着けて回るとうまくいきます。

指示1　マットに頭の後ろが着くように前転の練習をします。５回中、何回頭の後ろが着くように前転できるか友達に判定してもらいます。

発問2　腰を高く上げて前転の練習をします。腰を高く上げるため、どんなかけ声がいいかな。

説明2　マットの手前に手を着いて、「トン・トン・トーン」のかけ声を出すと腰が高く上がります。

指示2　５回中、何回腰を高く上げて前転できるか友達に判定してもらいます。

指示3　場所を選んで、跳び箱（マット）の手前に手を着いて、腰を高くあげて「トン・トン・トーン」のリズムで台上前転をします。

発問3　なぜ腰を高く上げると、スムーズな台上前転ができるのかな。

説明3　腰を高く上げると、頭の後ろを着けて回るようになるので、段の高い跳び箱でもスムーズな台上前転ができるのです。

❶発問　どこに手を着いたらいいかな。

評価の観点　（1）跳び箱の手前に手を着き腰を高く上げる（2）頭の後ろを着けて回る

マットで前転（1枚）

❷発問　腰を高く上げるため、どんなかけ声がいいかな。

評価の観点　どんなリズムで踏み切るか→「トン・トン・トーン」

↓

マットで前転（2枚→3枚→4枚）

台上前転（1段→2段→3段→4段）

❸発問　なぜ腰を高く上げると、スムーズな台上前転ができるのかな。

評価の観点　頭の後ろを着けて回ることができているか。

❹学習カードで評価する。

□成果の確認をする。

□課題の把握をする。

2 NG事例

（1）マットで、頭の後ろを着けて前転することができないのに、跳び箱で台上前転をする。

（2）子供の判断で跳び箱の段数を増やし、台上前転をする。

（3）跳び箱の横にマットを置かず台上前転をする。

3 場づくり

準備物／跳び箱４台、踏み切り板４台、マット16枚（子供の数に応じて調整する）

①「基本の場」　マット８枚（子供の数に応じて調整する）

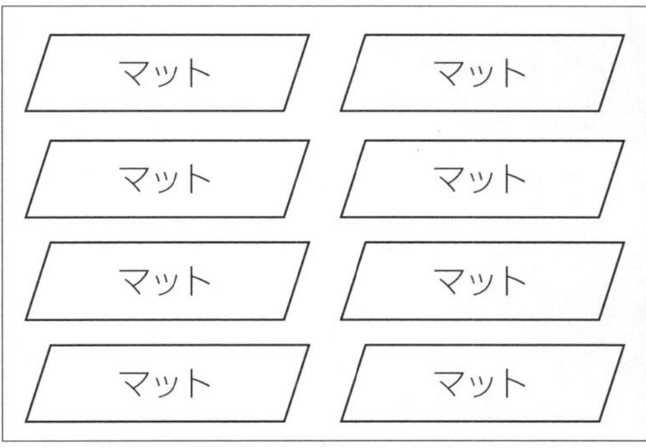

（1）立った位置から、頭の後ろを着けた前転をする。

（2）「トン・トン・トーン」のリズムで腰を高く上げた前転をする。

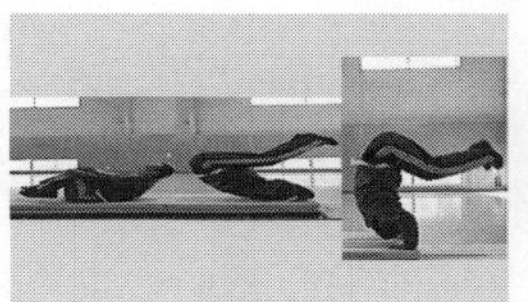

（3）重ねたマットの上で前転をする（近くにあるマットを重ねると素早く、場づくりを行うことができる）。

②「習熟度別の場」　自分の挑戦したい場を選んで、挑戦する。

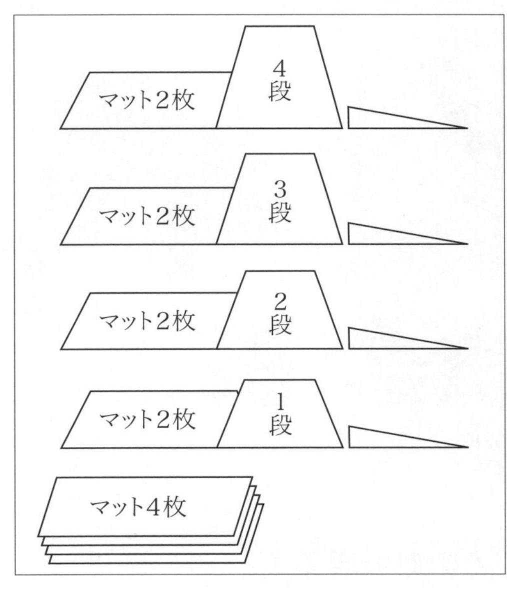

4 ミニコラム

野球のアメリカメジャーリーグで活躍したイチロー選手は、上手な見本を真似しながら、自分のプレースタイルを確立したそうである。

台上前転でも、上手な子供に示範させ、「上手な子の真似をしましょう」と指示するのではなく、「アメリカメジャーリーグで活躍したイチロー選手は、まず、最初、上手な選手の真似からはじめるそうです。台上前転ではどこに手を着いたらいいかな」と発問し、どの部分の動きを真似していくのかを意識させながら指導したい。

5 方法・手順

（1）「基本の場」

①立った位置から、マットに頭の後ろが着くよう前転をする。５回中何回、頭の後ろが着くように前転できるか、友達に判定してもらう。
（注：①の判定基準は、「6　コツ・留意点」の（2）を参照）

②マットの手前に手を着いて、「トン・トン・トーン」のリズムで、頭の高さより腰を高く上げた前転をする。５回中何回、腰を高く上げて前転できるか、友達に判定してもらう。

③マット１枚で前転ができたら、２枚→３枚→４枚とマットを増やし、「トン・トン・トーン」のリズムで前転をし、膝を曲げて着地する。５回中何回、腰を高く上げて前転できるか、友達に判定してもらう。
（注：②、③の判定基準は、「6　コツ・留意点」の（2）を参照）

（2）「習熟度別の場」

④跳び箱の手前に手を着いて、「トン・トン・トーン」のリズムで前転をし、膝を曲げて着地する。成功したら跳び箱の高さを調節していく（１段→２段→３段→４段）。

⑤助走から跳び箱の手前に手を着いて前転をし、膝を曲げて着地する（３段→４段）。

6 コツ・留意点

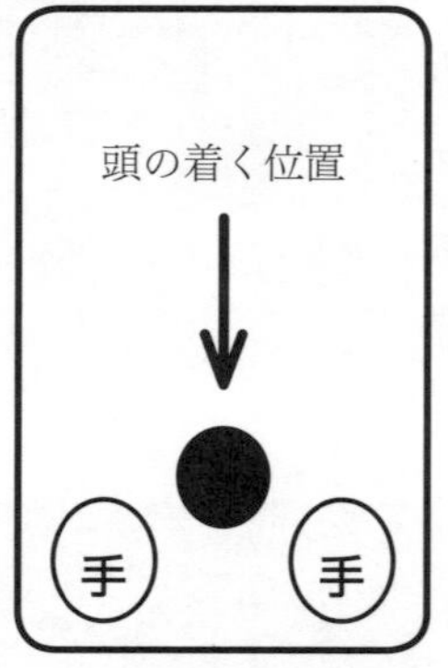

（1）跳び箱の手前に手を着く。

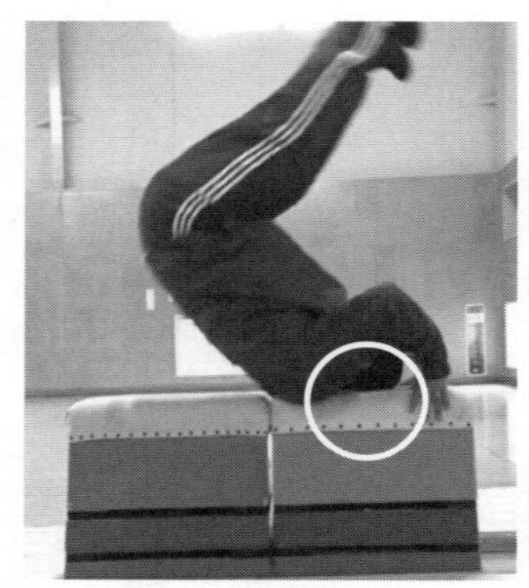
（2）跳び箱（マット）の上では、頭の後ろを着けて前転する。

（3）「トン・トン・トーン」のリズムで腰を高く上げる（頭の高さより腰を高くする）。

7 この技でのチャンピオンは、ここまでできる！

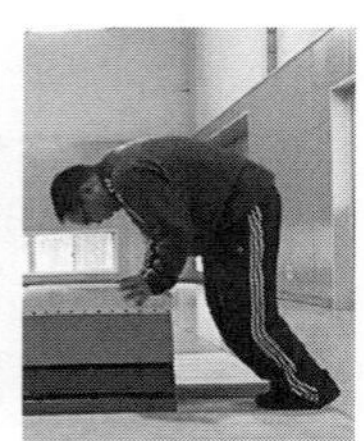

膝を伸ばして、ゆっくり大きく回る。

これでバッチリ！ レベルアップ学習カード「台上前転」

年　　組　　番（　　　　　　　）

レベル	内容	やり方	振り返り
1	立った位置から前転 **技(わざ)と自己評価(じこひょうか)のポイント** （頭の後ろを付けた前転を５回中）◎→５回できた／○→３回できた／△→１回できた	頭の後ろを付ける。	月　日 ・ ・ ・ できばえ ◎ ○ △
2	「トン・トン・トーン」のリズムで前転 **ポイント** （頭の高さより腰を高く上げた前転を５回中）◎→５回できた／○→３回以上できた／△→３回未満	「トーン←←←トン←←←トン」	月　日 ・ ・ ・ できばえ ◎ ○ △
3	重ねたマットの上で「トン・トン・トーン」のリズムで前転 **ポイント** マットの手前に手を着いて、「トン・トン・トーン」のリズムで前転をし、膝を曲げて着地する。◎→５回できた／○→３回以上できた／△→３回未満	※成功したら、マットの枚数を増やす。	月　日 ・ ・ ・ できばえ ◎ ○ △
4	台上前転 **ポイント** （助走なし）跳び箱の手前に手を着いて、「トン・トン・トーン」のリズムで前転をし、膝を曲げて着地する。成功したら高さを調節していく。１段→２段→３段→４段。		月　日 ・ ・ ・ できばえ ◎ ○ △
5	台上前転 **ポイント** （助走あり） 跳び箱の手前に手を着いて前転をし、膝を曲げて着地する。３段→４段。		月　日 ・ ・ ・ できばえ ◎ ○ △

学習カードの使い方：できばえの評価

レベル４～５の評価：◎よくできた→ゆっくりと、大きく前転することができた／○できた→前転することができた／△もう少し→前転することができないことがある

それぞれのレベルに合わせて◎○△があります。当てはまる物に○をしましょう。

※振り返りには、「自分で気づいた点」と「友達が見て気づいてくれた点」の両方を書きます。

④伸膝台上前転（発展技）

山戸 駿

1 展開

（1）学習のねらい

①伸膝台上前転のための膝を伸ばした踏み切りができる。

②伸膝台上前転ができる。

（2）学習のねらいを体現する発問・指示

主体的な学びの発問・指示→手はどこに着いたらいいかな。

対話的な学びの発問・指示→膝を伸ばせない人はどこを直したらいいかな。

深い学びの発問・指示→膝を美しく伸ばすにはどこを見たらいいかな。

指示1 グループで協力して場づくりをします。マットを5枚並べなさい。

指示2 準備運動として、前転、伸膝前転をします。伸膝前転では、最後に立てなくても構いません。1人2回ずつします。

指示3 台上前転をします。グループで協力して跳び箱を用意しなさい。

発問1 手はどこに着いたらいいかな。

指示4 手は跳び箱の手前に着きます。

指示5 「跳び箱の手前に着けているか」テストをします。着けていれば合格です。

発問2 膝を伸ばせない人はどこを直したらいいかな（教師が悪い例示をする）。

指示6 大事なのは、踏み切りの時に膝を伸ばすことです。「曲げ・曲げ・ピン」のリズムで声かけをします。

発問3 膝を美しく伸ばすにはどこを見たらいいかな。

指示7 膝を伸ばすためには、つま先を見るとよいです。「膝が伸びているか」テストをします。

指示8 場所を選んで伸膝台上前転をします。4段＋4段。4段＋1段。4段＋ロイター板。易しい場所から始めて、1つの場所をクリアしたら次の場所へ挑戦します。4段でできた人は、ゆっくり回る練習をしなさい。

指示9 学習カードで、どれくらいできるようになっ

❶レディネスチェックをする
・前転はできるか
・台上前転はできるか

↓

❷発問 手はどこに着いたらいいかな。
評価の観点 跳び箱の手前に着くことができたか。

↓

❸発問 膝を伸ばせない人はどこを直したらいいかな。
評価の観点 どんなリズム言葉がいいか→「曲げ･曲げ･ピン」

（×は❷へ）

↓

❹発問 膝を美しく伸ばすにはどこを見たらいいかな。
評価の観点 膝が伸びているか。

（×は❸へ）

↓

❺学習カードで評価する
□成果の確認をする。
□課題の把握をする。

たかを記録します。

指示10 跳び箱の後片付けをします。協力して行います。

2 NG事例

（1）着手の位置が正しくない状態で次のステップに挑戦させない。
（2）基本的に最初から助走をさせない。

3 場づくり

準備物／跳び箱５セット、マット５枚、ロイター板１台（子供の実態によって高さは変える）

①「基本の場」 マット５枚。子供の数に応じて調整する。

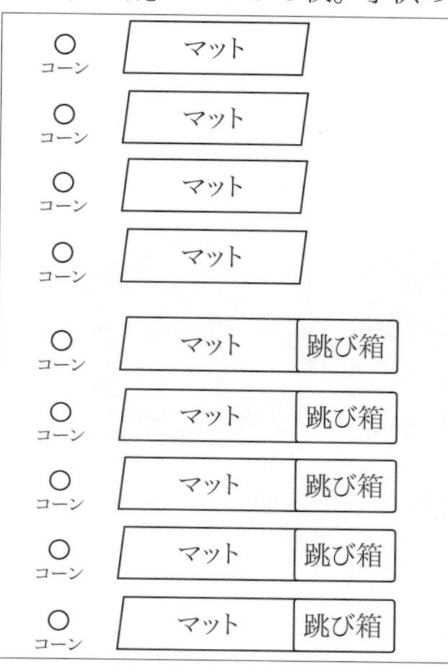

前転
伸膝前転
手の位置に気を付ける

②「習熟度別の場」 自分の挑戦したい場を選んで、練習する。

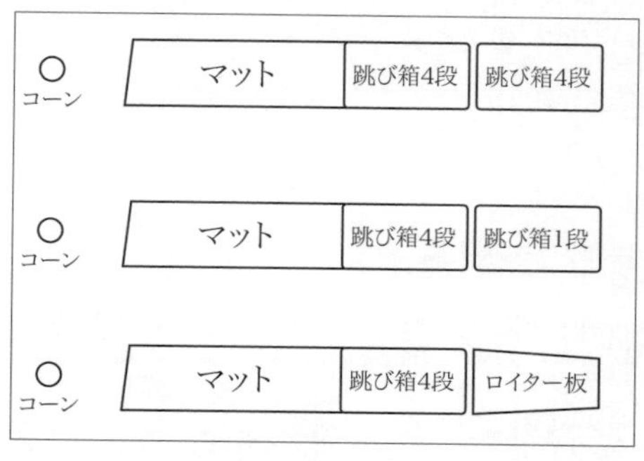

同じ高さの跳び箱から
一段の跳び箱から

4 ミニコラム

台上前転は、実は開脚跳びよりも簡単であり、子供に成功体験を味わわせやすい教材である。その台上前転の難易度を少し高めたのが、伸膝台上前転である。中には台上前転を練習しているうちに、自然と達成してしまう子もいる。伸膝台上前転ができるようになると、次は首はね跳び、そして頭はね跳びとレベルアップしていく。

5 方法・手順

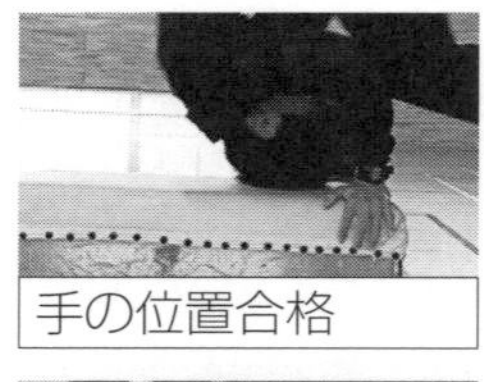
手の位置合格

手の位置不合格

(1)「基本の場」

①準備運動として、まっすぐ前転をする。

②伸膝前転をする。ただし、最後に立てなくてもよい。

③台上前転をする。手は跳び箱の手前に着くことに気を付けながら練習する。その際助走はせず、ロイター板に乗った状態から始める。1人ずつ「合格・不合格」の評定をする。手を着く場所のみで判断し、回転の美しさなどは考えない。合格した人はマットの奥に並んで座る。全員が合格するまで繰り返す。

(2)「習熟度別の場」

④同じ高さの跳び箱の場で、伸膝台上前転をする。

⑤段違い跳び箱の場で、伸膝台上前転をする(注:低い方から高い方へ向かって)。

⑥跳び箱4段の場で、伸膝台上前転をする。

△もう少し
→膝がずっと曲がっている

○できた
→膝がちょっとだけ曲がっている

◎よくできた
→膝がずっと伸びている

6 コツ・留意点

(1)手は跳び箱の手前に着く。

(2)踏み切りの際に「曲げ・曲げ・ピン」のタイミングで膝を伸ばす(聴覚化)。

(3)膝を伸ばしながら回転するために、「つま先」を伸ばすことに留意する。

(4)どうしても膝が伸ばせない子には、足を伸ばした先に鈴をつけたゴム紐を用意し、そのゴム紐につま先が当たるように意識させる(視覚化、聴覚化)。

7 この技でのチャンピオンは、ここまでできる!

「1・2・さーん」の声に合わせて、ゆっくり伸膝台上前転をする(回転速度を調節して、伸膝台上前転をすることができる)。

これでバッチリ! レベルアップ学習カード「伸膝台上前転（発展技）」

年　組　番（　　　　　　　　）

レベル	内容	やり方	振り返り
1	マットで前転 **技(わざ)と自己評価(じこひょうか)のポイント** ◎→まっすぐ前転／○→途中で曲がる前転／△→斜めの前転		月　日 ・ ・ ・ できばえ ◎ ○ △
2	マットで伸膝前転 **ポイント** ◎→膝を伸ばして立てる／○→膝が曲がるが立てる／△→お尻が浮く		月　日 ・ ・ ・ できばえ ◎ ○ △
3	台上前転 **ポイント** ◎→着手の位置が手前／○→着手の位置が真ん中／△→着手の位置が奥		月　日 ・ ・ ・ できばえ ◎ ○ △
4	伸膝台上前転 **ポイント** 同じ高さの跳び箱から膝を伸ばす。 →つま先に力を入れる。		月　日 ・ ・ ・ できばえ ◎ ○ △
5	伸膝台上前転 **ポイント** 段違い跳び箱：低い→高い。「曲げ・曲げ・ピン」で膝を曲げ、つま先で踏み切る。		月　日 ・ ・ ・ できばえ ◎ ○ △
6	伸膝台上前転 **ポイント** 踏み切りから着地までの一連の動作の中で、膝の伸びた前転をする。踏み切り板を強くけり、腰を高くする。		月　日 ・ ・ ・ できばえ ◎ ○ △

学習カードの使い方：できばえの評価

それぞれのレベルに合わせて◎○△があります。当てはまる物に○をしましょう。

レベル4～6の評価：◎よくできた→膝がずっと伸びている／○できた→膝がちょっとだけ曲がっている／△もう少し→膝がずっと曲がっている

※振り返りには、「自分で気づいた点」と「友達が見て気づいてくれた点」の両方を書きます。

⑤ 首はね跳び

本吉伸行

1 展開

（1）学習のねらい

①大きな台上前転ができ、両足で着地できる。

②タイミングよく、はね動作を行い、首はね跳びができる。

（2）学習のねらいを体現する発問・指示

主体的な学びの発問・指示→どこで、はねればいいですか。

対話的な学びの発問･指示→タブレットを見て､友達がはねているタイミングを伝えなさい。

深い学びの発問・指示→どこではねると、より遠くに着地できるかな。

指示1 頭の着かない前転をします。グループにマット1枚で準備運動で行う。

指示2 グループで協力して場づくりをします。

①セーフティマットの上にマットの場

②マットを重ねた場 ③跳び箱の場

指示3 自分に合った場で台上前転をしましょう。

発問1 大きな台上前転をするには、どうしたらいいかな？

説明1 足が伸びていると、大きな、きれいな台上前転になります。足が伸びていると、着地が両足できれいにできます（子供を見本にして、説明する）。

※ここまでで、２～３時間。

指示4 首はね跳びの場づくりをします。

①台上前転の場は残しておく

（首はね跳びをする場としても活用）。

②舞台を使った、首はね跳びの場を作る。

※首はね跳びをする際は、教師がつく。

発問2 どこではねると、遠くに着地できるかな？ タブレットを使い、撮影し、交流する。

指示5 学習カードを記録し、片付けましょう。

2 NG事例

（1）首はね跳びで、教師が補助につかない（安全面の観点から補助は必要）。

（2）セーフティマットが低い（低いセーフティマットだと、膝が顎に当たり、怪我をする）。

❶基本の運動 頭の着かない前転をたくさん行う。

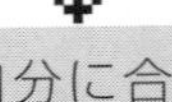

❷指示 自分に合った場で、台上前転をしなさい。

❸発問 大きな台上前転をするには、どうしたらいいかな？

評価の観点 足が伸びている。着地が足の裏でできている。

❹発問 どこで、はねるとより遠くに着地できるかな？

評価の観点 タブレットを使い、はねるタイミングについて、話し合えているか。タイミングよく、はねることができているか。

❺学習カードで評価する

□成果の確認をする。

□課題の把握をする。

3 場づくり

準備物／マット13枚、踏み切り板６台、跳び箱３台　（５人×６班、30人学級を想定）

(1)「基本の場」 班にマット２枚、教師用１枚(前転の練習の場づくり)。

(2)「習熟度別の場Ⅰ」 自分の挑戦したい場で台上前転を、練習する。

①セーフティマットにマットにマット１枚を重ね、跳び箱１段を配置。

②セーフティマットにマット３枚、踏み切り台を配置。

③台上前転の場(3段・4段・5段)

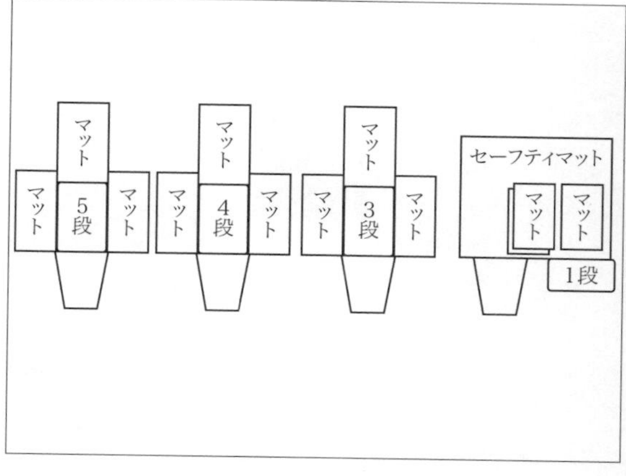

③「習熟度別の場Ⅱ」 自分の挑戦したい場で首はね跳びを、練習する。

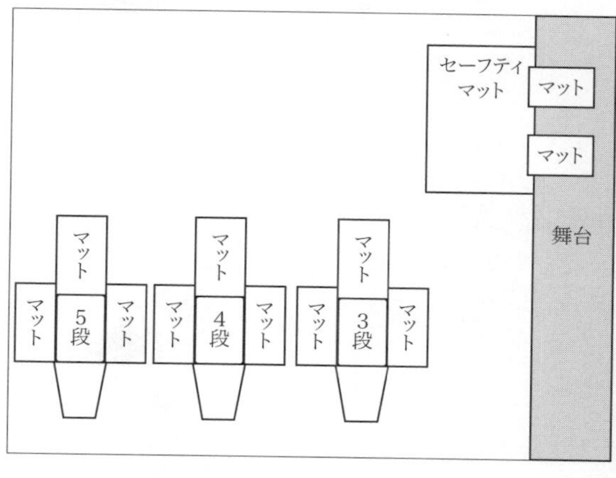

※セーフティマットが1枚しかない場合、
上写真のように、マットを重ねる。

4 ミニコラム

本題材の首はね跳びは、首を着いてはねる跳び方である。

一方、頭頂部を着いてはねる跳び方は、頭はね跳びと言う。

首も頭も着かないで、手だけの力で回転(転回)する技を、腕立て前方回転(転回)と言う。ハンドスプリングという言い方もするが、一般的にハンドスプリングと言うと、跳び箱ではなく、マットでの腕立て前方転回を意味することの方が多い。

5 方法・手順

（1）「基本の場」

マット1枚の場で、頭頂部を着かない前転を行う。

（2）「習熟度別の場Ⅰ」（台上前転　大きな台上前転）

①セーフティマットの場で、まっすぐに回れるように、台上前転の練習をする。

②まっすぐ回ることができる子供は、跳び箱の場に行き、台上前転をする。

③着地を両足揃えて、足の裏で着地できるようにする。

④足を伸ばして、大きな台上前転をし、両足で着地できる。

セーフティマットの上での前転

台上前転

足が伸びた台上前転

（3）「習熟度別の場Ⅱ」（首はね跳びの場）

①舞台上から、前転をして首ではねて着地する。

②跳び箱のある場所で、首はね跳びを行う。

6 コツ・留意点

【留意点】

（1）舞台からの台上前転の場合、セーフティマットを２枚重ねるなどして、ある程度高さを作る。落差がありすぎると、子供が膝で顎を打ち、怪我をする場合がある。

（2）首はね跳びをする際は、教師が補助をして、安全を確保する。教師がつけない場合は、大きな台上前転だけとする。

【コツ】

（3）右図のように、足がちょうど、頭上に来た瞬間にはねる。

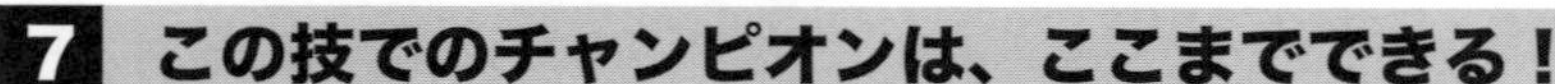

7 この技でのチャンピオンは、ここまでできる！

これでバッチリ! レベルアップ学習カード「首はね跳び」

年　組　番（　　　　　　）

レベル	内容	やり方	振り返り
1	首が着く前転 **技(わざ)と自己評価(じこひょうか)のポイント** ◎→首が着き、立ち上がれる ○→首が着いた前転 △→頭頂部が着いた前転	頭のてっぺんではなく、 首、背中がマットに着くように。	月　日 ・ ・ ・ できばえ ◎ ○ △
2	台上前転 **ポイント** ◎→跳び箱で真っすぐ回れる ○→マットで真っすぐ回れる △→マットで真っすぐ回れない	セーフティマットの上で前転。 台上前転。	月　日 ・ ・ ・ できばえ ◎ ○ △
3	足の伸びた台上前転 **ポイント** ◎→お尻を着かずに着地できる ○→足が伸びた台上前転 △→足が曲がった台上前転	足が伸びた台上前転。	月　日 ・ ・ ・ できばえ ◎ ○ △
4	舞台からの首はね跳び **ポイント** ◎→足が頭上に来た瞬間はねている ○→はねているがタイミングがずれている △→はねていない	舞台 舞台から首はね跳び。 ※必ず補助してもらいましょう。	月　日 ・ ・ ・ できばえ ◎ ○ △
5	跳び箱での首はね跳び **ポイント** ◎→足が頭上に来た瞬間はねている ○→はねているがタイミングがずれている △→はねていない	跳び箱での首はね跳び。 ※必ず補助してもらいましょう。	月　日 ・ ・ ・ できばえ ◎ ○ △

学習カードの使い方：できばえの評価

レベルの評価：◎よくできた／○できた／△もう少し

それぞれのレベルに合わせて◎○△があります。当てはまる物に○をしましょう。

※振り返りには、「自分で気づいた点」と「友達が見て気づいてくれた点」の両方を書きます。

⑥ 頭はね跳び（発展技）

太田健二

1 展開

（1）学習のねらい

①「はね」のタイミングが分かる。

②首はね跳びや頭はね跳びができる。

（2）学習のねらいを体現する発問・指示

主体的な学びの発問・指示→足をはねるのはいつがいいですか。

対話的な学びの発問・指示→ボールを首の後ろに入れると、動きはどうなりますか。

深い学びの発問・指示→腕の突き放しはいつがいいですか。

指示1　伸膝台上前転ができているか、テストをします。

指示2　ステージで前転をします。着地する時に、両足で立つようにします。

発問1　ボールを首の後ろに入れると、動きはどうなりますか。

発問2　足をはねるのはいつがいいですか。

発問3　腕の突き放しはいつがいいですか。

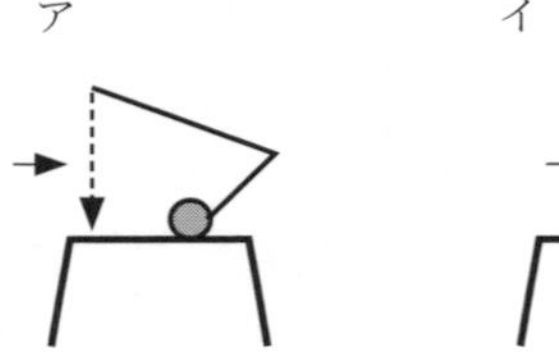

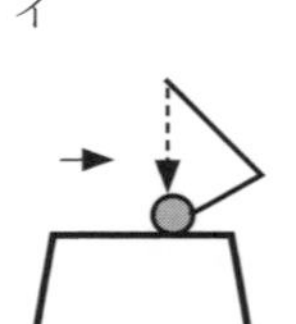

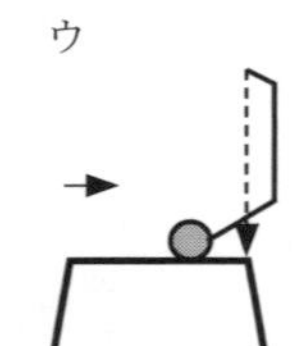

指示4　どれがよいか試してみます。

指示5　腕の突き放しは、ウの時に行います。つま先が通過したと思ったら、腕を突き放しなさい。個に応じて次のような指示をしていく。

「顎を突き出しなさい」

「跳び箱を最後まで見続けなさい」

「着地するまで手で押し続けなさい」

指示4　突き放しのタイミングを友達同士でアドバイスしましょう。

タブレットなどのICTを活用して、友達同士で動画を撮影し、自分の動きを把握するようにさせる。つま先が頭上を通過した時に「今だ」と声を掛けたり、子供同士で相互評定をしたりする。

❶指示　伸膝台上前転のテストをします。

評価の観点　膝が伸びているか。

❷発問　ボールを首の後ろに入れると、動きはどうなりますか。

評価の観点　ボールによって「溜め」ができ、ゆっくり回れるか。

❸指示　ボールを首の後ろに固定して、ステージからはね跳びをします。

評価の観点　ゆっくりと回り、手を最後までマットに着けているか。

❹発問　足のはね、腕の突き放しはいつがいいですか。

評価の観点　つま先が頭の上を通過した時に、腕を突き放しているか。

❺学習カードで評価する

□成果の確認をする。

□課題の把握をする。

2 NG事例

（1）伸膝台上前転ができていないのに、はね跳びの練習をしようとしている。
（2）前転中に手がマットから離れてしまっていて、突き放しをすることができない。
（3）ボールが首元にしっかりと固定されていない。

3 場づくり

準備物／跳び箱、マット、セーフティマット、踏み切り板、ボール、ビブス

①ステージからの首はね跳び（ステージ下にセーフティマットを置く）

ゴム製ソフトバレーボールなどの柔らかいボールを首の後ろに密着させ、ステージからのはね跳びを行う。

②跳び箱４～５段での首はね跳び

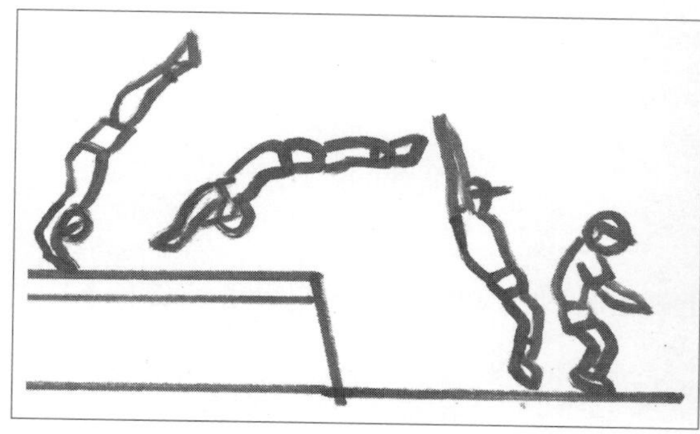

4 ミニコラム

首はね跳びの中で、最も難しいのは「はねるタイミングをつかむこと」である。このタイミングをつかむのに効果的なのが、首の後ろにゴムボールを装着する方法である。

メリットとして、次の点が挙げられる。

①ボールがクッションとなり、首が痛くない。

②恐怖心がなくなり、楽しい。

③「溜め」ができ、はねのタイミングを体感しやすい。

ボールは、ソフトバレーボール、ソフトドッジボール、キャンディボールなどの柔らかい材質のものが適している。ボールは大きい方が首元全体をカバーできる。

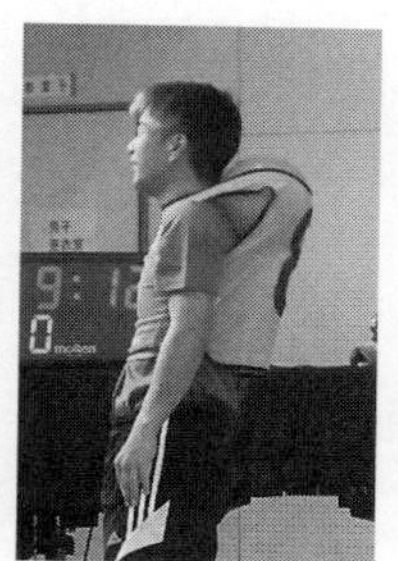

5 方法・手順

（1）跳び箱４～５段での伸膝台上前転

①膝の伸びた大きな台上前転が、確実にできるようにしていく。

②「つま先を伸ばしなさい」「つま先を見て回りなさい」などの指示が有効である。

（2）ステージからの前転

ステージでの台上前転をする。はじめは腰や背中から落下することも体験させ、恐怖心を軽減していく。その後、両足で着地するようにさせる。

（3）ステージでの首はね跳び

①ゴム製ソフトバレーボールなどの柔らかいボールを首の後ろに密着させる。

②ボールを首の後ろに固定して練習することによって、「溜め」ができて回転スピードのコントロールをしやすくなる。その結果、腕の突き放しのタイミングをつかみやすくなる。

③手がマットから離れると突き放しができないので、最後までマットから手を離さないようにさせる。

④「いつ腕を突き放したらよいですか」と発問し、タイミングを考えさせる。

⑤ICT機器を活用して、友達同士で動画を撮影し、自分の動きを把握するようにさせる。

⑥慣れてきたら、ボールを外して練習させる。

（4）跳び箱４～５段での首はね跳び

ステージでのはね跳びができるようになったら、跳び箱での首はね跳びをさせる。

6 コツ・留意点

（1）腕の突き放しのタイミングは、つま先が頭上を通過した時である。ボールを密着させることで「溜め」ができ、タイミングが取りやすくなる。

（2）ボールがずれないように、ビブスに挟むなどしてしっかりと固定する。

（3）台上前転の時は手前に頭を着くが、首はね跳びでは跳び箱の中央付近に着くようにする。

7 この技でのチャンピオンは、ここまでできる！

首はね跳びができるようになったら、頭頂部を着くようにして頭はね跳びの練習をさせる。

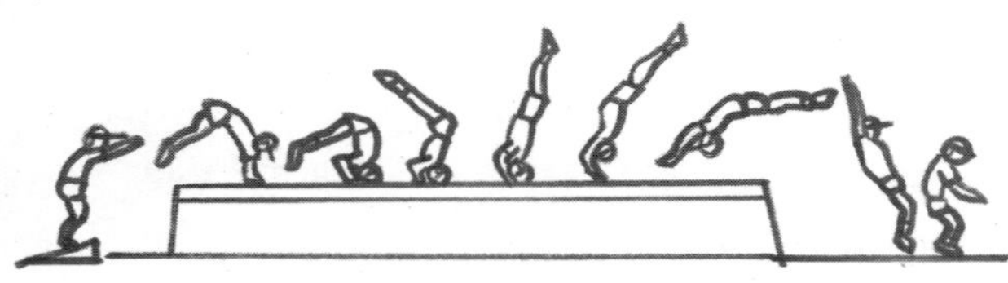

これでバッチリ! レベルアップ学習カード「頭はね跳び(発展技)」

年　組　番(　　　　　　)

レベル	内容	やり方	振り返り
1	伸膝台上前転 技(わざ)と自己評価(じこひょうか)のポイント (膝を伸ばした台上前転が) ◎→5回以上できた ○→3回できた △→1回できた		月　日 ・ ・ ・ できばえ ◎ ○ △
2	ステージからの前転 ポイント (膝を伸ばして回ることと、両足での着地が) ◎→5回以上できた ○→3回できた △→1回できた		月　日 ・ ・ ・ できばえ ◎ ○ △
3	首はね跳び(ステージ) ポイント (ステージからのはね跳びが) ◎→5回以上できた ○→3回できた △→1回できた		月　日 ・ ・ ・ できばえ ◎ ○ △
4	首はね跳び(跳び箱) ポイント (跳び箱での首はね跳びが) ◎→5回以上できた ○→3回できた △→1回できた		月　日 ・ ・ ・ できばえ ◎ ○ △
5	頭はね跳び(跳び箱) ポイント (頭はね跳びが) ◎→5回以上できた ○→3回できた △→1回できた		月　日 ・ ・ ・ できばえ ◎ ○ △

学習カードの使い方:できばえの評価

レベルの評価: ◎よくできた/○できた/△もう少し

それぞれのレベルに合わせて◎○△があります。当てはまる物に○をしましょう。

※振り返りには、「自分で気づいた点」と「友達が見て気づいてくれた点」の両方を書きます。

①抱え込み跳び（その1）

三島麻美

1 展開

（1）学習のねらい

①抱え込み跳びの腕支持—膝の引きつけ—手の突き放しができる。

②ロイター板から跳び箱までの距離を調節し、勢いよく踏み切った抱え込み跳びができる。

（2）学習のねらいを体現する発問・指示

主体的な学びの発問・指示→手は、跳び箱のどこに着いたらいいですか。

対話的な学びの発問・指示→すばやく動くためには、どんな声かけをしたらいいですか。

深い学びの発問・指示→跳び越す時、目はどこを見たらいいですか。

指示1 グループで協力して場づくりをします。①小マット２枚を縦につなげたものを４つ。②跳び箱とセーフティマット。③横向きの跳び箱と重ねたマット。④縦向きの跳び箱と重ねたマット。

指示2 準備運動をします。かえる逆立ちをします。

指示3 かえる足打ちをします。

指示4 マットの横幅を越えるようにうさぎ跳びをします。

発問1 手は、マットのどこに着いたらいいですか。

指示5 できるだけ遠くに手を着き、両足を手の前に出すことを意識します。

指示6 成功のポイントは手をなるべく遠くに着いたら、すばやく膝を胸に引き付けることです。

発問2 すばやく動くためには、どんな言葉で声かけをしたらいいですか。

指示7 「トンパッ・トン」のリズムで声かけをします。

指示8 マットの縦２枚分を、うさぎ跳び４回で跳び越えます（小マット２枚で360㎝）。

指示9 場所を選んで抱え込み跳びをします。跳び箱２台の間が空いている場所は、跳び箱の間をできるだけ足を高く上げて通り抜けます。易しい場所から始めて、１つの場所をクリアしたら次の場所へ挑戦します。

発問3 跳び越す時、目はどこを見たらいいかな。

指示10 目は、跳び箱の先端やマットのように、できるだけ跳んだ先を見るといいです。

❶基本の運動 両手で身体を支える運動をたくさん行う。

↓

❷発問 手は、マットのどこに着いたらいいか。

評価の観点 マットのなるべく遠いところに手を着いているか。

↓

❸発問 すばやく動くためには、どんな声かけがいいのか。

評価の観点 どんなリズムで跳んだらいいかが分かっているか。

↓

❹発問 跳び越す時、目はどこを見たらいいか。

評価の観点 跳び箱の先端やマットを見て跳んでいるか。

↓

❺学習カードで評価する

□成果の確認をする。

□課題の把握をする。

指示11　学習カードに、どれくらいできるようになったかを記録します。

2　NG事例

（1）1つのステップを習熟しないままで次のステップに進まない。
（2）重ねたマットは一度に複数枚減らさない。
（3）最初に跳び箱を跳び越える時は、縦向きの跳び箱は跳ばせない。

3　場づくり

準備物／跳び箱5台、小マット20枚、ロイター板4台、セーフティマット1枚

①「基本の場」　小マット8枚　かえる逆立ち、かえるの足打ち、うさぎ跳びを行う。

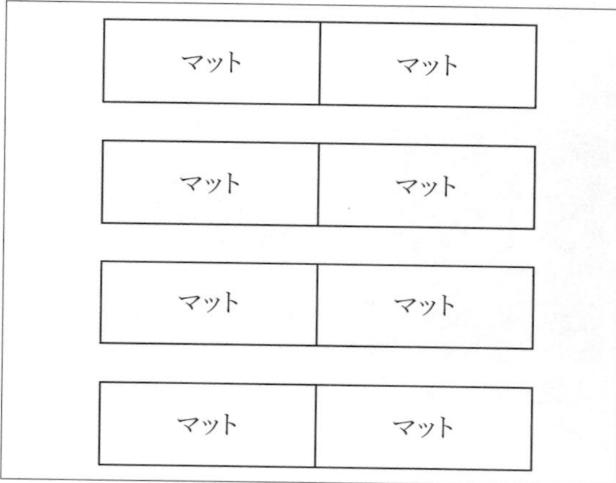

②「習熟度別の場」　自分の挑戦したい場を選んで、練習する。

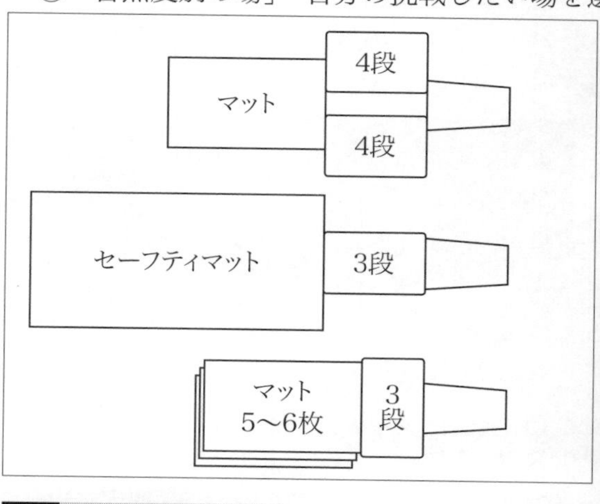

4　ミニコラム

抱え込み跳びは、動き自体の難易度が高くないわりに、子供が恐怖心を感じやすい技である。失敗した時に頭から落ちることをイメージしてしまうからだ。その恐怖心を取り除くために、跳び箱の向こう側にセーフティマットやマットを置いた場づくりを行う。恐怖心を取り除いた場でできれば、横向きに置いた跳び箱での抱え込み跳びができる。難しいと思っていた技ができると子供たちはとても喜ぶ。抱え込み跳びは達成感を持ちやすい技でもあるのだ。

① 抱え込み跳び（その1）　高学年　跳び箱運動

5 方法・手順

（1）「基本の場」　準備運動として、次の運動を行う。

①かえる逆立ち　　肘を曲げ、足を広げて肘に乗せる。体重を前にかけて体を支える。

②かえる足打ち　　両手をしっかり広げて着き、体を支える。足を曲げて打つ。

③うさぎ跳び　　手を遠くに着き、両手の間に足を通す。足・手・足の順に着く。

（2）「習熟度別の場」

①平行に２つ並べた跳び箱に手を着き、間を通り抜ける。

②できるだけ遠くに手を着き、跳び箱の上に両足を揃えて乗る。

③手を着いた直後に両膝を胸に引き付け、跳び箱の上に両足を揃えて乗る。

④向こう側にセーフティマットを置いた跳び箱で抱え込み跳びをする。

⑤横に置いた跳び箱で抱え込み跳びをする。

⑥縦に置いた跳び箱で抱え込み跳びをする。

↑間を通り抜ける

↑両足を揃えて乗る

↑抱え込み跳び（横）

↑抱え込み跳び（縦）

6 コツ・留意点

（1）跳び箱に着手の手形を置く。あるいは、テープで印をつける（視覚化）。

（2）跳び終わったら場の横に立ち、次の人に「トンパッ・トン」の声かけをする（聴覚化）。

（3）跳び箱の向こう側にセーフティマットや重ねた小マットを置き、恐怖心を取り除く。

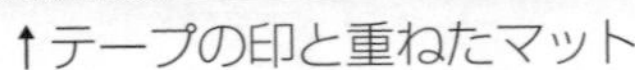

↑テープの印と重ねたマット

↑次の人に「トンパッ・トン」と声をかける

7 この技でのチャンピオンは、ここまでできる！

ロイター板と跳び箱の間の距離を調節板で広げ、勢いよく踏み切った抱え込み跳びができる。

これでバッチリ! レベルアップ学習カード「抱え込み跳び（その1）」

年　　組　　番（　　　　　　　　）

レベル	内容	やり方	振り返り
1	かえる逆立ち **技(わざ)と自己評価(じこひょうか)のポイント** ①肘を曲げる。　②足を広げて肘に乗せる。　③体重を前にかける。		月　日 ・ ・ ・ できばえ ◎ ○ △
2	かえる足打ち **ポイント** ①両手の指を広げて着く。 ②両足を上げて足を打つ。		月　日 ・ ・ ・ できばえ ◎ ○ △
3	うさぎ跳び **ポイント** ①足・手・足の順に着く。　②遠くに両手を着ける。　③腰を高く上げて跳ぶ。		月　日 ・ ・ ・ できばえ ◎ ○ △
4	2つの跳び箱通り抜け **ポイント** ①遠くに手を着く。②足を跳び箱の上に出すことを意識する。		月　日 ・ ・ ・ できばえ ◎ ○ △
5	跳び箱乗り **ポイント** ①遠くに手を着く。　②すぐ膝を胸に引き付ける。　③両足を揃えて乗る。		月　日 ・ ・ ・ できばえ ◎ ○ △
6	抱え込み跳び（横） **ポイント** ①両手を着いたらすぐ膝を胸に引き付ける。　②「トンパッ・トン」のリズム。		月　日 ・ ・ ・ できばえ ◎ ○ △
7	抱え込み跳び（縦） **ポイント** ①遠くに手を着く。　②目線を遠くにする（跳び箱の先やマット）。		月　日 ・ ・ ・ できばえ ◎ ○ △

学習カードの使い方：できばえの評価

レベル4～6の評価：「手を遠くに着く」「膝をすぐ引き付ける」 ◎よくできた→2つできる／○できた→1つできる／△もう少し→2つともできない

それぞれのレベルに合わせて◎○△があります。当てはまる物に○をしましょう。

※振り返りには、「自分で気づいた点」と「友達が見て気づいてくれた点」の両方を書きます。

② 抱え込み跳び（その2）

柏倉崇志

1 展開

（1）学習のねらい

①うさぎ跳びができる（手、足の順に着く。足で着地した時、顔の前に両手が来る）。

②自分の力に合った場で抱え込み跳びができる。

（2）学習のねらいを体現する発問・指示

主体的な学びの発問・指示→うさぎ跳びをします。「トン・パッ」のリズムで跳びます。

対話的な学びの発問・指示→跳び越す時どこを見たらよいですか。

深い学びの発問・指示→跳び越す時、肩が手の位置より前に出ているか見てあげなさい。

指示1 グループでマットの用意をします（8枚）。

指示2 うさぎ跳びをします。「トン・パッ」のリズムで跳びます。「トン」で床に手を着き、「パッ」で顔の前に両手を持ってきます。3回挑戦したら座ります。

指示3 マットを2枚つなげます。

指示4 マットの端から端まで連続でうさぎ跳び。3セット。

指示5 マットを2枚重ねにします。うさぎ跳び。3回。

指示6 マットを3枚重ねにします。うさぎ跳び。3回。

指示7 マットを4枚重ねにします。うさぎ跳び。3回。

指示8 グループで跳び箱と踏み切り板を用意します。

指示9 跳び箱の向こうのマットに手を着いてうさぎ跳びをします。マットに着地します。

指示10 （踏み切り板と跳び箱の間に板を入れて）うさぎ跳びをします。跳び箱に手を着いてマットに着地。

説明1 これを「抱え込み跳び」と言います。

指示11 できた人は次の場所へ進みなさい。

発問1 跳び越す時どこを見たらよいですか。

㋐着手した場所　㋑マットの先（3～4ｍ）

㋒正面　　跳んで確かめなさい。

指示12 跳び越す時、肩が手の位置より前に出ているか見てあげなさい。

❶指示　うさぎ跳びをします。「トン･パッ」のリズムで跳びます。「トン」で床に手を着き、パッで顔の前に両手を持ってきます。

↓

❷指示　･連続のうさぎ跳びをします。･重ねたマットにうさぎ跳びをします。･跳び箱の向こうのマットに手を着いてうさぎ跳びをします。

↓

❸発問　跳び越す時どこを見ますか。（正解はマットの先）

評価の観点　視線に気を付けて跳んでいるか。

↓

❹指示　跳び越す時、肩が手の位置より前に出ているか見てあげなさい。

評価の観点　肩が手より前に出ているか。

↓

❺学習カードで評価する

□成果の確認をする。

□課題の把握をする。

2 NG事例

（1）うさぎ跳びの指導を十分にせず、跳び箱で抱え込み跳びをさせる。

（2）セーフティマットを使用した易しい場の設定がない。

3 場づくり

準備物／マット８枚、セーフティマット１枚、跳び箱５台、踏み切り板５台

①マット１枚でうさぎ跳び

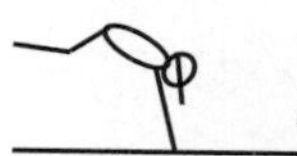

「トン」　「パッ」
正しいうさぎ跳び

②マット２枚で連続うさぎ跳び

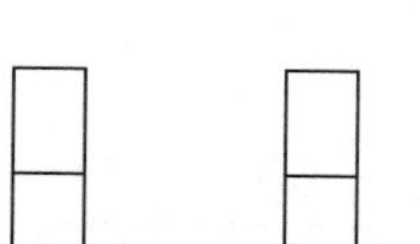
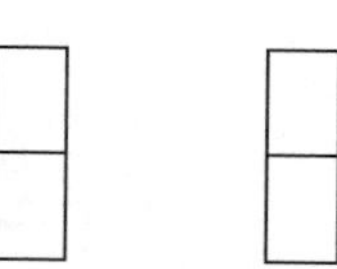
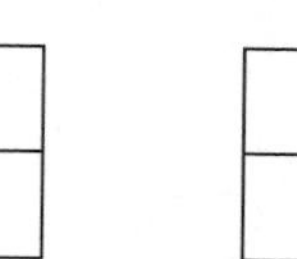
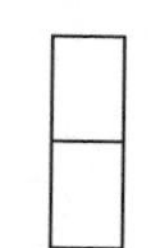

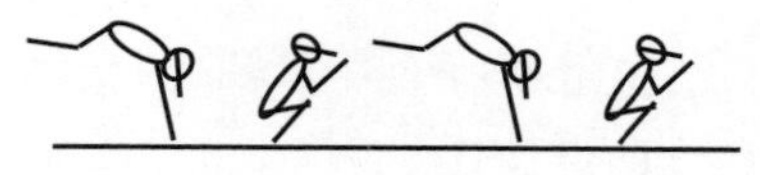

連続うさぎ跳び

③マット２枚重ねでうさぎ跳び

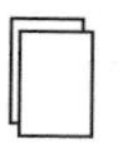

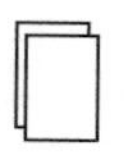
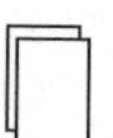

マットを重ねた場へうさぎ跳び

④マット３枚重ねでうさぎ跳び

跳び箱でうさぎ跳び
（マットに着手、マットに着地）

⑤マット４枚重ねでうさぎ跳び

跳び箱でうさぎ跳び
（跳び箱上に着手、マット上に着地）

⑥跳び箱でうさぎ跳び、抱え込み跳び

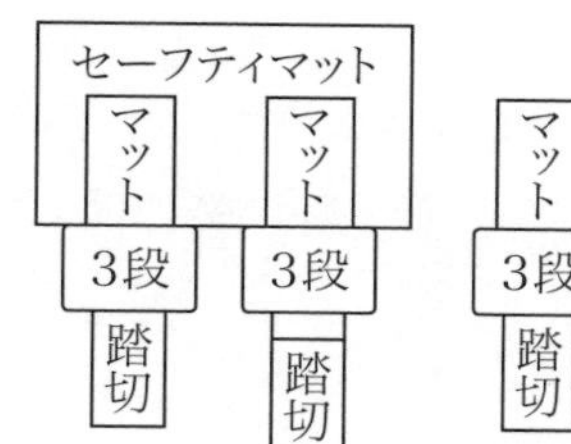

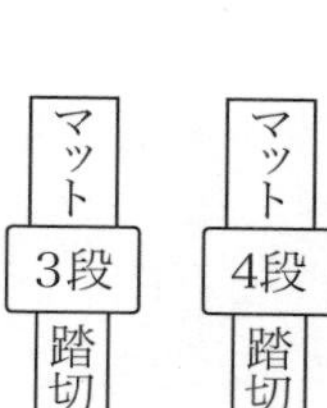

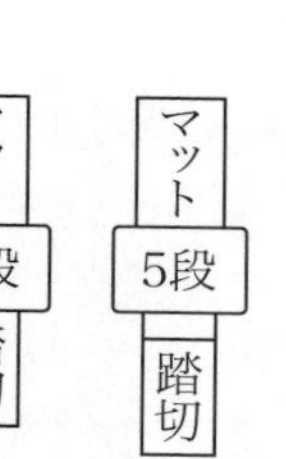

跳び箱で抱え込み跳び

4 ミニコラム

抱え込み跳びには、「膝の引きつけ」と「手の突き放し」が必要だ。それを身につけるには、「うさぎ跳び」がぴったりである。「手（トン）・足（パッ）」と床に着いて、リズムよく前に進むのが正しいうさぎ跳びである。そして、「パッ」で顔の前に両手を持ってこさせることが大事である。正しいうさぎ跳びができない子には、前に進ませなくてよい。その場で手に体重をかけて足を浮かせ、下ろさせる。少しずつできるようにさせることが大切である。

② 抱え込み跳び（その2）

5 方法・手順

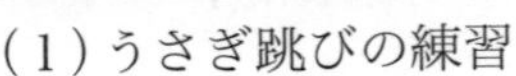

「トン」　「パッ」

(1)①正しいうさぎ跳び

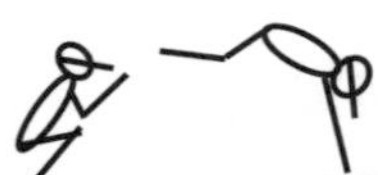

(1)②連続うさぎ跳び

「トン」　「パッ」

(1)③マットを重ねた場に
うさぎ跳び

(2)跳び箱でのうさぎ跳び
①マット上に着手
マット上に着地

(3)跳び箱で抱え込み跳び
②横4段

(4)調節板を入れる

(1)うさぎ跳びの練習
①正しいうさぎ跳び
(「トン・パッ」のリズムで跳ぶ。
「パッ」で顔の前に両手を持ってくる)。
②うさぎ跳びの連続。
③マットを重ねた場(2枚、3枚、4枚)にうさぎ跳びで乗る(マットは縦)。

(2)助走して跳び箱でうさぎ跳び
①マット上に着手してうさぎ跳びをする。
マット上に着地する。
②踏切板を離す。跳び箱上に着手してうさぎ跳びをする。
マット上に着地する。

(3)跳び箱で抱え込み跳び
①横3段。
②横4段。
③横5段。
④縦の跳び箱。

6 コツ・留意点

(1)うさぎ跳びの指導を十分にする。
(2)うさぎ跳びの延長として跳び箱での練習に入る。
(3)セーフティマットを使用して子供に恐怖心を感じさせない場を設定する。
(4)高い跳び箱、縦の跳び箱を跳び越す際は、調節板を入れた方が、着手時に胸の前に膝を抱え込む空間ができて跳びやすい。

7 この技でのチャンピオンは、ここまでできる！

踏み切り、着手、空間、着地。
屈身跳び(踏み切りと手の突き放しを強くし、膝を伸ばして跳び越す)。

これでバッチリ！ レベルアップ学習カード「抱え込み跳び（その2）」

年　　組　　番（　　　　　　　　　　）

レベル	内容	やり方	振り返り
1	正しいうさぎ跳び 技（わざ）と自己評価（じこひょうか）のポイント 手・足と順番に着地することができる。足が着いた時、顔の前に両手を上げる。	手・足と順番に着地することができる。足が着いた時、顔の前に両手を上げる。	月　日 ・ ・ ・ できばえ ◎ ○ △
2	連続うさぎ跳び ポイント 連続でうさぎ跳びをする。	連続でうさぎ跳びをする。	月　日 ・ ・ ・ できばえ ◎ ○ △
3	マット重ねうさぎ跳び ポイント マットを重ねた場（2枚、3枚、4枚）にうさぎ跳びで乗る。	マットを重ねた場（2枚、3枚、4枚）にうさぎ跳びで乗る。	月　日 ・ ・ ・ できばえ ◎ ○ △
4	助走して、マットに着手してうさぎ跳び ポイント マット上に着手してマット上に着地する。マットの遠くに着手する。	マット上に着手してマット上に着地する。マットの遠くに着手する。	月　日 ・ ・ ・ できばえ ◎ ○ △
5	助走して、跳び箱に着手してうさぎ跳び ポイント 踏み切り板を離す。跳び箱上に着手してマット上に着地する。	踏み切り板を離す。跳び箱上に着手してマット上に着地する。	月　日 ・ ・ ・ できばえ ◎ ○ △
6	抱え込み跳び 横の跳び箱 ポイント 手の突き放しを強くする。	手の突き放しを強くする。	月　日 ・ ・ ・ できばえ ◎ ○ △
7	抱え込み跳び 縦の跳び箱 ポイント 胸の前に膝を包み込む。	胸の前に膝を包み込む。	月　日 ・ ・ ・ できばえ ◎ ○ △

学習カードの使い方：できばえの評価

レベル1～5の評価：◎よくできた→5回できる／○できた→3回できる／△もう少し→1回できる

レベル6～7の評価：◎よくできた→5段できる／○できた→4段できる／△もう少し→できない

※振り返りには、「自分で気づいた点」と「友達が見て気づいてくれた点」の両方を書きます。

③ 台上前転

佐藤大輔

1　展開

（1）学習のねらい

①膝の伸びた姿勢を保つための「目線の置き場所」や「力の入れどころ」が分かる。

②踏み切り時から台上前転の一連の流れの中で、膝の伸びた前転ができる。

（2）学習のねらいを体現する発問・指示

主体的な学びの発問・指示→まっすぐ回るにはどうしたらいいかな。

対話的な学びの発問･指示→お尻を高く上げる前転は、どんなリズムで踏み切るといいかな。

深い学びの発問・指示→どうすれば、台の上でゆっくり回ることができるかな。

指示1　ゆりかごを10回します。

指示2　前転をします。

発問1　まっすぐ回るにはどうしたらいいかな。

指示3　前転の後に「ピタッ」と５秒間止まることができたら合格。「ピタッと５」です。友達に判定してもらいます。

発問2　お尻を高く上げる前転は、どんなリズムで踏み切るといいかな。

指示4　２種類のリズムを試します。１つは、「トン・トン・トーン」のリズム。もう１つは、「マゲ・マゲ・ピン」のリズム（マゲ・マゲ・ピンと膝を曲げ伸ばしして強く踏み切る）。自分に合うリズムで踏み切ります。

指示5　自分に合う場所を選んで台上前転をします。マット４枚重ねの場所。段違い跳び箱の場所。跳び箱の場所。易しい場所から始めて、１つの場所をクリアしたら次の場所へ挑戦します。

発問3　どうすれば、台の上でゆっくり回ることができるかな。

指示6　強い踏み切り、背中を丸めた姿勢、手の支えを気を付けるとゆっくり回ることができます。

指示7　学習カードに、でき具合を記録します。

❶発問　まっすぐに前転しなさい。
評価の観点　まっすぐに前転できた。

↓

❷発問　お尻を高く上げる前転は、どんなリズムで踏み切るといいかな。
評価の観点　自分に合うリズムで踏み切り、お尻を高く上げる前転ができた。

↓

❸発問　どうすれば、台の上でゆっくり回ることができるかな。
評価の観点　ゆっくりまっすぐ回ることができた。着地を「ピタッ」と止めることができた。

↓

❹学習カードで評価する
□成果の確認をする。
□課題の把握をする。

2　NG事例

（1）１つのステップを習熟しないで、次のステップに進まない。

（2）自分の身長に合う高さの跳び箱を選ばせる。

3 場づくり

準備物／跳び箱４台、ロイター板２台、マット16枚（子供の数に応じて調整する）

①「基本の場」 マット８枚。子供の数に応じて調整する。

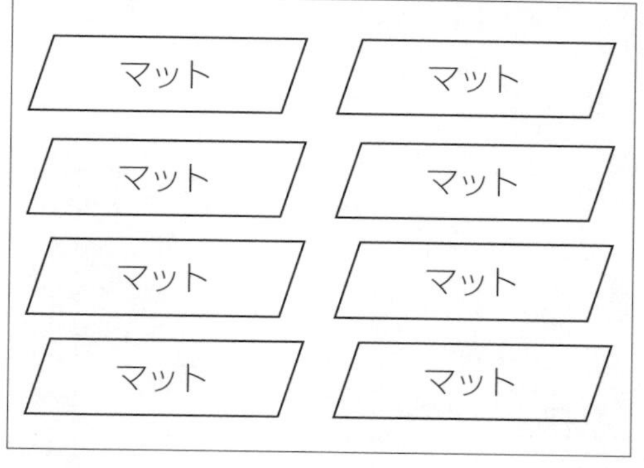

②「習熟度別の場」

自分の挑戦したい場を選んで、練習する。

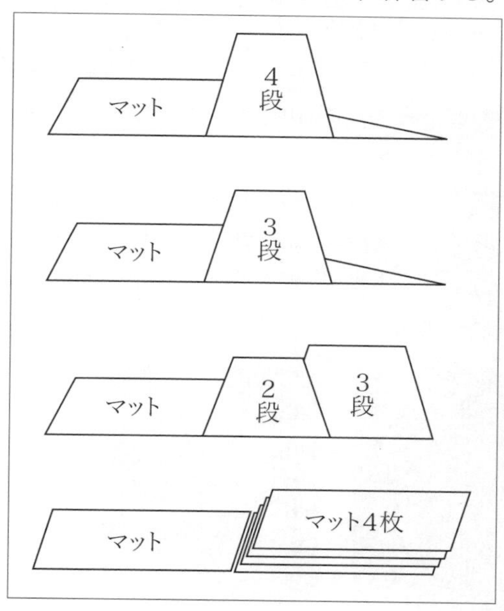

4 ミニコラム

台上前転は、バランスを必要とする技である。なぜなら、跳び箱という高くて狭い場所で、前転を行わなければならないからだ。しかも、まっすぐに小さく前転をしなければならない。まずは、マットの上でバランスよく前転をできるように練習を重ねる。次に、少しずつ高さを上げていき、跳び箱の上でも台上前転ができるようになりたい。その後の発展技として、ゆっくりとした台上前転や伸膝台上前転、さらには首はね跳びの大技につなげていきたい。

5 方法・手順

（1）「基本の場」

①準備運動として、ゆりかごを10回する。　②前転をする。

③まっすぐに前転する。前転の後に、「ピタッ」と５秒間止まることができたら合格。友達に判定してもらう。

④お尻を高く上げた前転をする。２種類のリズムを試す。

「トン・トン・トーン」のリズムで前転する。

「マゲ・マゲ・ピン」のリズムで前転する（「マゲ・マゲ・ピン」と膝を曲げ伸ばしして、強く踏み切る）。

（2）「習熟度別の場」

①４枚重ねマットの場で、台上前転をする（３枚、２枚も可）。

②段違い跳び箱の場で、台上前転をする。

③跳び箱４段（または３段）の場で、台上前転をする。

（3）台上前転の手の着き方を必ず教える（右写真参照）。親指は進行方向に向かってまっすぐ向ける。残りの４本の指は、横に向ける。

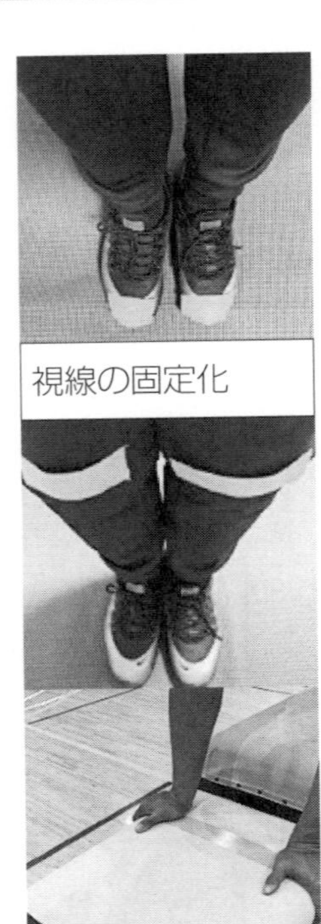

視線の固定化

6 コツ・留意点

（1）目を開けながら前転できるよう、つま先や膝のどちらかに目印のテープを貼ってもいい（視覚化）（↗右上図参照）。

（2）お尻を高く上げる前転の体験には、高い方から低い方へ向かって前転する段違い跳び箱が最適である。理由は、お尻が最も高い位置から、技を始めることができるからである。

（3）段違い跳び箱や跳び箱での試技では、自信のない子供に対して、教師は補助をするとよい。片方の手を肩に当てる。もう片方の手を膝裏に当てる。

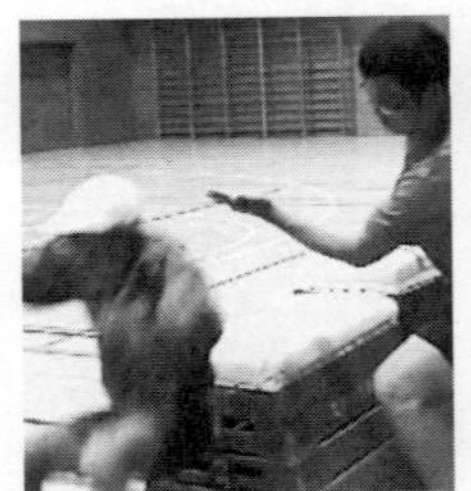

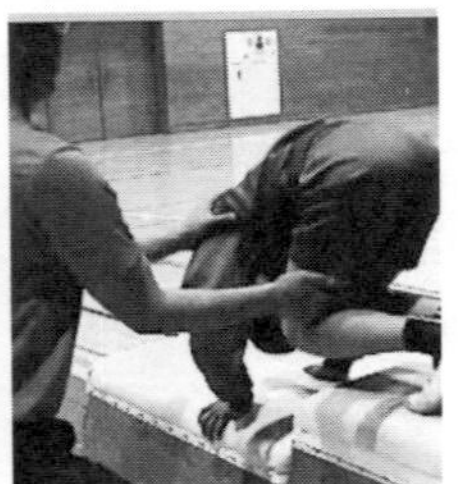

7 この技でのチャンピオンは、ここまでできる！

スローモーションのように、ゆっくりとした台上前転をすることができる。

これでバッチリ! レベルアップ学習カード「台上前転」

年　　組　　番（　　　　　　　　　　）

レベル	内容	やり方	振り返り
1	ゆりかご **技(わざ)と自己評価(じこひょうか)のポイント** ◎→お尻を上げて、起き上がることができる ○→体を、お尻・背中・頭の順にマットに付けることができる △→背中を丸めることができない		月　日 ・ ・ ・ ・ ・ できばえ ◎ ○ △
2	前転 **ポイント** （マット１枚） 「マゲ・マゲ・ピン」または、 「トン・トン・トーン」のリズムで回る。		月　日 ・ ・ ・ できばえ ◎ ○ △
3	台上前転 **ポイント** （マット４枚重ね） ※自分の力に応じて、枚数を調節する。３枚、２枚も可。		月　日 ・ ・ ・ できばえ ◎ ○ △
4	台上前転 **ポイント** （段違い跳び箱） 高い方から低い方へ向けて、台上前転をする。 ※自分の力に応じて、高さを調節。 ５段→４段、４段→３段、３段→２段。		月　日 ・ ・ ・ ・ ・ できばえ ◎ ○ △
5	台上前転 **ポイント** （跳び箱）踏み切りから着地までの一連の動作で、前転をする。※自分の身長に合った高さの跳び箱を選ぶ。 ５段、４段、３段、２段を用意。		月　日 ・ ・ ・ できばえ ◎ ○ △

学習カードの使い方：できばえの評価

レベル２～５の評価： ◎よくできた→ゆっくりまっすぐ回ることができる／○できた→まっすぐ回ることができる／△もう少し→まっすぐ回ることができなかった

それぞれのレベルに合わせて◎○△があります。当てはまる物に○をしましょう。

※振り返りには、「自分で気づいた点」と「友達が見て気づいてくれた点」の両方を書きます。

④伸膝台上前転

佐藤大輔

1 展開

（1）学習のねらい

①膝の伸びた姿勢を保つための「目線の置き場所」や「力の入れどころ」が分かる。

②踏み切り時から台上前転の一連の流れの中で、膝の伸びた前転ができる。

（2）学習のねらいを体現する発問・指示

主体的な学びの発問・指示→膝の伸びた姿勢を保つには、どこに力を入れるといいですか。

対話的な学びの発問・指示→友達の技を見て、膝が伸びているかどうかを判定しよう。

深い学びの発問・指示→前転する時、体のどこを見ると膝を伸ばしやすいですか。

指示1 グループで協力して場づくりをします。①小マットの場所を８か所。②小マット（４枚重ね）を１か所。③段違い跳び箱を１か所。④跳び箱４段。⑤跳び箱５段。

指示2 準備運動として、ゆりかごを10回します。

指示3 首倒立をします。10秒間です。

指示4 首倒立から膝を伸ばしたまま、床をつま先でタッチしなさい。10回中、何回膝を伸ばした姿勢を保てるかな。友達に判定してもらいます。

発問1 膝を伸ばした姿勢を保つには、体のどこに力を入れればいいですか。

指示5 手押し車から膝の伸びた前転をします。

指示6 膝の伸びた前転をします。発泡スチロールの棒に当たらないようにします。

指示7 友達の技を見て、膝が伸びているかどうかをお互いに判定します。

発問2 体のどこを見て回ると、膝を伸ばしやすいですか。（ア）つま先 （イ）膝 （ウ）その他

指示8 場所を選んで膝の伸びた前転をしなさい。マット４枚重ねの場所。段違い跳び箱の場所。跳び箱の場所。易しい場所から始めて、１つの場所をクリアしたら次の場所へ挑戦します。

指示9 学習カードに、でき具合を記録します。

❶基本の運動 膝の伸びた姿勢を保つ運動をたくさん行う。

↓

❷発問 膝を伸ばした姿勢を保つには、体のどこに力を入れるといいですか。

評価の観点 おなか、膝、足首、つま先のいずれかを意識できているか。

↓

❸指示 友達の技を見て、膝が伸びているかどうかを判定します。

評価の観点 ◎よくできた→膝がずっと伸びている／○できた→膝がちょっとだけ曲がっている／△もう少し→膝がずっと曲がっている

↓

❹指示 体のどこを見て回ると、膝を伸ばしやすいですか。

評価の観点 目を閉じずに前転できるか。視線を固定して、膝を伸ばせているか。

↓

❺学習カードで評価する

□成果の確認をする。

□課題の把握をする。

2 NG事例

（1）1つのステップを習熟しないで、次のステップに進まない。
（2）マットと跳び箱では手の着き方が異なるので、その違いを必ず教える。
（3）前転時に、恐怖心から目を閉じているうちは、跳び箱での台上前転には挑戦させない。

3 場づくり

準備物／跳び箱4台、ロイター板2台、マット16枚（子供の数に応じて調整する）

①「基本の場」 マット8枚。子供の数に応じて調整する。

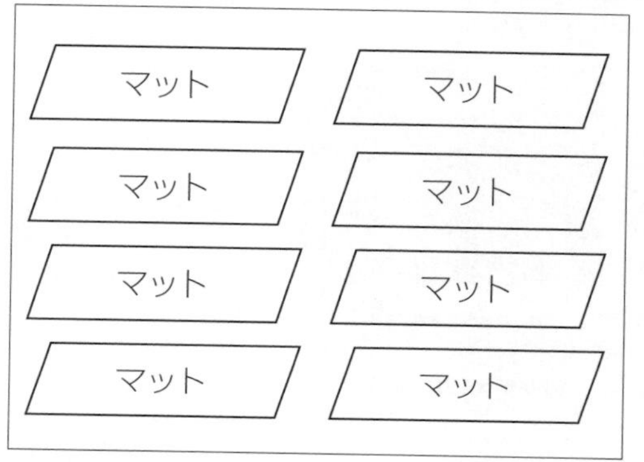

②「習熟度別の場」 自分の挑戦したい場を選んで、練習する。

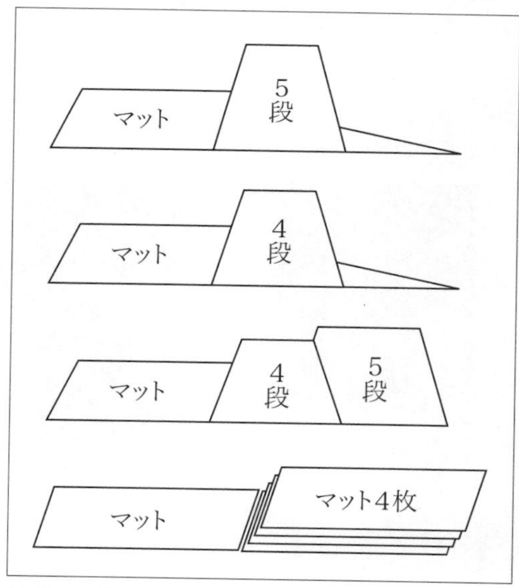

4 ミニコラム

伸膝台上前転は、バランスを必要とする技である。なぜなら、上半身を丸めつつも下半身は伸ばすという、対照的な動きを一瞬のうちに行わなければならないからだ。また、伸膝によって、回転速度を調節（コントロール）できるようになると動きがきれいに見える。さらに、回転速度の調節ができると、その後の発展技もできるようになる。例えば、首はね跳び、頭はね跳び、前方倒立回転跳びなどの大技だ。伸膝台上前転は、可能性を秘めた、楽しい技である。

5 方法・手順

（1）「基本の場」

①準備運動として、ゆりかごを10回する。　②10秒間、首倒立をする。

③２人一組になる（または、４人一組でもよい）。首倒立から、膝を伸ばしたままの状態で、床をつま先で10回タッチする。10回中、何回膝を伸ばすことができたか、友達に判定してもらう。

④手押し車から膝の伸びた前転をする（ペアの人に、手押し車をしてもらう）。

⑤膝の伸びた前転をする。発泡スチロール棒にぶつからないようにする（注：跳び前転の形になる）。この時、膝が伸びているかどうかを友達に判定してもらう。以下を提示。

よくできた◎
→膝がずっと伸びている

できた○
→膝がちょっとだけ曲がっている

もう少し　△
→膝がずっと曲がっている

膝の伸びの判定の仕方は、マットでも跳び箱でも同じである。

（2）「習熟度別の場」

⑥４枚重ねマットの場で、伸膝台上前転をする。

⑦段違い跳び箱の場で、伸膝台上前転をする（注：高い方から低い方へ向かって回る）。

⑧跳び箱４段（または５段）の場で、伸膝台上前転をする。

6 コツ・留意点

（1）目を開けながら前転できるよう、つま先や膝のどちらかに目印のテープを貼る。また、視線を固定することで、目を開けやすくなるだけでなく、膝も伸ばしやすくなる（視覚化・焦点化）。

（2）意識づけのために、友達の膝が伸びているかどうかを判定させる（焦点化・共有化）。

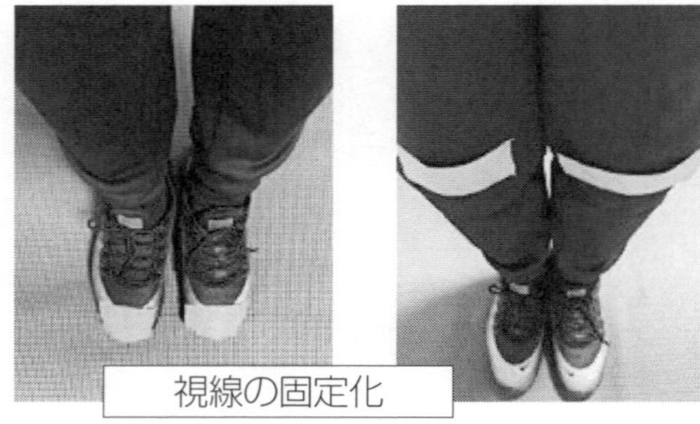
視線の固定化

7 この技でのチャンピオンは、ここまでできる！

スローモーションのように、ゆっくりとした伸膝台上前転をすることができる（回転速度を調節して、伸膝台上前転をすることができる）。

これでバッチリ! レベルアップ学習カード「伸膝台上前転」

年　　組　　番（　　　　　　　　　　　　　　　）

レベル	内容	やり方	振り返り
1	首倒立 10 秒間 **技(わざ)と自己評価(じこひょうか)のポイント** (膝の伸びた姿勢) ◎→10 秒間キープ ○→5秒間キープ △→5秒未満		月　日 ・ ・ ・ できばえ ◎ ○ △
2	床タッチ **ポイント** (膝を伸ばしたままで、10回中) ◎→8回以上できた／○→5回以上できた／△→5回未満		月　日 ・ ・ ・ できばえ ◎ ○ △
3	膝の伸びた前転 **ポイント** ◎→膝がずっと伸びていた／○→棒に当たらなかった／△→棒に当たった	棒の代わりに、ゴム紐・テープも可。	月　日 ・ ・ ・ できばえ ◎ ○ △
4	膝の伸びた前転 **ポイント** (マット4枚重ね) ※自分の力に応じて、枚数を調節する。		月　日 ・ ・ ・ できばえ ◎ ○ △
5	伸膝台上前転 **ポイント** (段違い跳び箱) 高い方から低い方へ向けて、膝の伸びた前転をする。 ※自分の力に応じて、高さを調節。6段→5段、5段→4段、4段→3段。		月　日 ・ ・ ・ できばえ ◎ ○ △
6	伸膝台上前転 **ポイント** (跳び箱) 踏み切りから着地までの一連の動作の中で、膝の伸びた前転をする。		月　日 ・ ・ ・ できばえ ◎ ○ △

学習カードの使い方：できばえの評価

それぞれのレベルに合わせて◎○△があります。当てはまる物に○をしましょう。

レベル4～6の評価：◎よくできた→膝がずっと伸びている／○できた→膝がちょっとだけ曲がっている／△もう少し→膝がずっと曲がっている

※振り返りには、「自分で気づいた点」と「友達が見て気づいてくれた点」の両方を書きます。

⑤首はね跳び

佐藤大輔

1　展開

（1）学習のねらい

①ボール首はね跳びの運動を通して、「溜め」や「はね」を体感することができる。

②ボール首はね跳びの運動を通して、タイミングよく手を突き放すことができる。

（2）学習のねらいを体現する発問・指示

主体的な学びの発問・指示→前転をする時に、体のどこを見ると膝を伸ばしやすいですか。

対話的な学びの発問・指示→誰のはね跳びがいいですか。

深い学びの発問・指示→いつのタイミングで、手を突き放すと上手にはねられますか。

指示1　ウォーミングアップ。前回りして下ります。目をつぶらないで、下りられたら合格です。

指示2　次は、膝を伸ばしたままで前回り下りします。

発問1　前転をする時に、体のどこを見ると膝を伸ばしやすいですか。

（ア）つま先　（イ）膝　（ウ）その他

指示3　友達の膝が伸びているかどうかをお互いに判定します。膝が伸びていたら◎。ちょっと膝が曲がっていたら○。ずっと膝が曲がっていたら△。

発問2　誰のはね跳びがいいですか。

指示5　友達の膝が伸びているかどうかをお互いに判定します。

発問2　上手にはねるには、手でマットをグッと突き放します。では、いつのタイミングで、手を突き放すと上手にはねられますか。

（ア）足が頭上に来るちょっと前

（イ）足が頭上に来た時

（ウ）足が頭上を過ぎた時

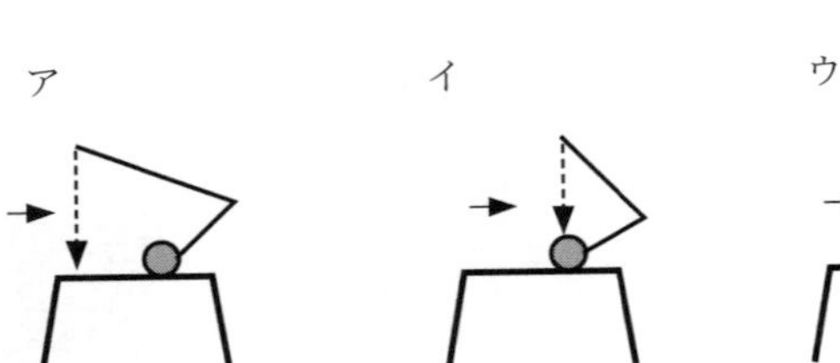

❶基本の運動　ステージの段差に慣れるため、何度もやらせる。

↓

❷発問　前転する時、体のどこを見ると膝を伸ばしやすいですか。

評価の観点　視線を固定して、膝を伸ばせているか。

↓

❸発問　誰のはね跳びがいいですか。（×は❷へ）

評価の観点　膝を伸ばして、はねているか。

↓

❹発問　いつのタイミングで、手を突き放すといいですか。（×は❸へ）

評価の観点　膝を伸ばせているか。

↓

❺学習カードで評価する

□成果の確認をする。

□課題の把握をする。

指示6　ボールをはずして首はね跳びをします。
指示7　学習カードにでき具合を記録します。

2 NG事例

（1）伸膝台上前転ができていない場合は、マットの場で膝の伸びた前転を十分に練習する。
（2）1つのステップを習熟せぬまま次のステップに進まない。
（3）子供の衝突防止のため、前の人がウレタンマットの外に下りた後、次の人は技を始める。

3 場づくり

準備物／マット5枚、セーフティマット（ウレタンマット1枚）、ビブス、ソフトバレーボール（子供の数に応じて）、跳び箱4台、ロイター板2台

①「基本の場」 ステージ段差を利用する場

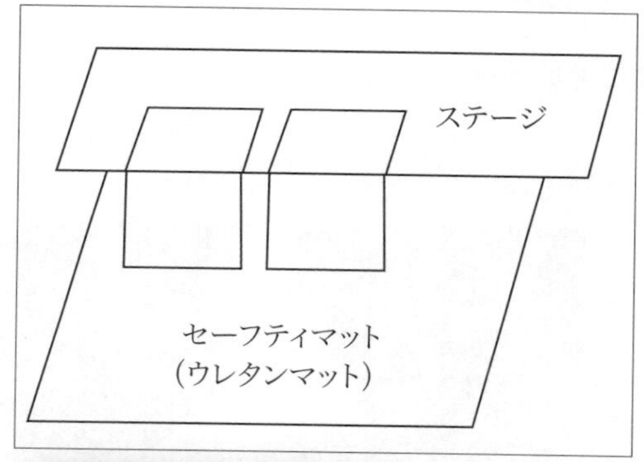

②「発展の場」 跳び箱の場

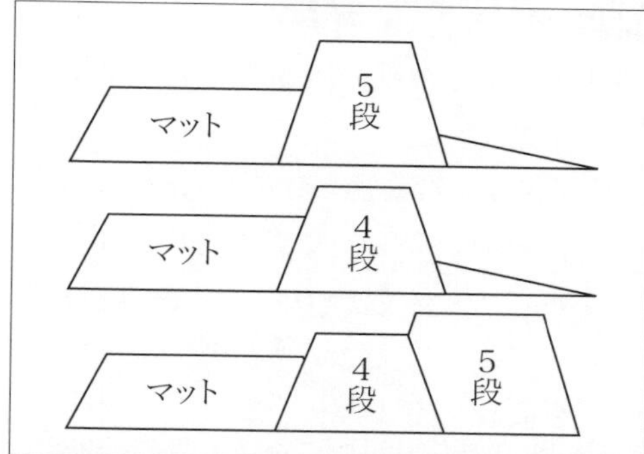

4 ミニコラム

首はね跳びは、タイミングをつかむのが難しい技である。それは、対照的な2つの動きを一連の動作の中で行わなければならないからだ。1つは、回転を止めて力を溜める動き。もう1つは、回転を加速して力を爆発させる動き。回転を止めて力を溜めるには、伸膝台上前転ができないと難しい。一方で力を爆発させるには、手を突き放すことができなければいけない。この2つの動きは、頭はね跳び、前方倒立回転跳びに共通するものである。ぜひ、習得して大技を楽しんでほしい。

5 方法・手順

（1）「基本の場」（ステージ段差を利用する）
①基本の運動として、マットの場でゆりかご、前転、膝の伸びた前転をする。

②ステージに移動して、前回り下り(台上前転)をする。前時のおさらいである。
③膝の伸びた前回り下り(伸膝台上前転)をする。膝の伸びを友達に判定してもらう。
④ボールを装着して首はね跳びをする。
⑤ボールを外して首はね跳びをする。
(注：③④⑤は、膝の伸びを判定。右の図を提示。膝の伸びの判定方法は、ステージも跳び箱も同じ。また、基本の場をクリアしないうちは、先へ進まないこと。)

(2) 発展の場
⑥段違い跳び箱の場で、ボール首はね跳びをする(注：高い方から低い方へ向かって回る)。
⑦跳び箱4段(または5段)の場で、ボール首はね跳びをする。

6 コツ・留意点

(1) 発問1で視線の固定化をしやすくするため、つま先や膝に目印のテープを貼る(視覚化・焦点化)。
(2) 子供本人の意識づけのために、友達の膝が伸びているかどうかを判定させる(焦点化・共有化)。
(3) 右斜め下のように、ソフトバレーボールをビブスと体育着の間に、挟みこむ。ビブスはジュニア用よりも一般用のほうがボールを装着しやすい。
(4) 子供たちがボール首はね跳びに慣れるまでは、教師は写真のように、ステージ下で補助に入る(写真参照)。

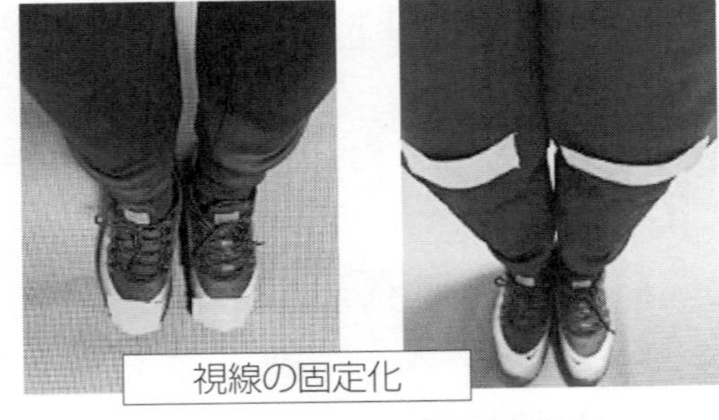
視線の固定化

7 この技でのチャンピオンは、ここまでできる！

跳び箱の場でも、首はね跳びができる(ボールを装着しての首はね跳びも可)。

これでバッチリ！ レベルアップ学習カード「首はね跳び」

年　　組　　番（　　　　　　　　　）

レベル	内容	やり方	振り返り
1	台上前転 **技(わざ)と自己評価(じこひょうか)のポイント** （ステージでの台上前転） ◎→ゆっくり回れた ○→台上前転ができた △→目をつぶった		月　日 ・ ・ ・ ・ ・ できばえ ◎ ○ △
2	伸膝台上前転 **ポイント** （ステージでの伸膝台上前転） ・つま先を伸ばすと膝が伸ばしやすくなる。		月　日 ・ ・ ・ ・ ・ できばえ ◎ ○ △
3	ボール首はね跳び **ポイント** ボールを首元につけ首はね跳びをする。 ・膝を伸ばしたままボールの弾みを感じる（溜めができる）。 ・タイミングよく手を突き放す。	①スタート → ②溜め → ③足の振り → ④突き放し	月　日 ・ ・ ・ ・ ・ ・ ・ ・ ・ できばえ ◎ ○ △
4	首はね跳び **ポイント** ボールを外した状態で、首はね跳びをする。 ・膝を伸ばして溜めを作る。 ・タイミングよく手を突き放す。	①溜め スタート → ②足の振り → ③足の振り → ④突き放し	月　日 ・ ・ ・ ・ ・ ・ ・ できばえ ◎ ○ △

学習カードの使い方：できばえの評価

それぞれのレベルに合わせて◎○△があります。当てはまる物に○をしましょう。

レベル２～４の評価：◎よくできた→膝がずっと伸びている／○できた→膝がちょっとだけ曲がっている／△もう少し→膝がずっと曲がっている

※振り返りには、「自分で気づいた点」と「友達が見て気づいてくれた点」の両方を書きます。

⑥ 頭はね跳び

佐藤大輔

1 展開

（1）学習のねらい

①習熟度別の活動を通して、「溜め」の感覚や支持の感覚を体感できる。

②上手に着地をするための、手の突き放しのタイミングが分かる。

（2）学習のねらいを体現する発問・指示

主体的な学びの発問・指示→枕があるのとないのとでは、どちらが溜めを作りやすいかな。

対話的な学びの発問・指示→いつのタイミングで、手を突き放すと上手にはねられますか。

深い学びの発問・指示→跳び箱２台と３台とでは、どちらが頭はね跳びをしやすいですか。

指示１ 10秒間、首倒立をします。

指示２ ３点倒立をします。５秒間で合格です。

指示３ 膝の伸びた前転をします。できたら、４枚重ねのマットで膝の伸びた前転をします。

指示４ ステージから伸膝台上前転をします。膝の伸びを、友達に判定してもらいましょう。

発問１ ステージから頭はね跳びをします。枕があるのとないのとでは、どちらが溜めを作りやすいかな？

指示５ 枕やビブスにおでこをつけてから跳ねます。

発問２ 上手にはねるには、手でマットをぐっと突き放します。いつのタイミングで、手を突き放すと上手にはねられますか。

（ア）足が頭上に来るちょっと前

（イ）足が頭上に来た時

（ウ）足が頭上を過ぎた時

指示６ 場所を選んで頭はね跳びをします。膝が伸ばせる人は、ステージや連結跳び箱の場所。まだ伸ばせない人は、伸膝台上前転や膝の伸びた前転に挑戦。クリアしたら次の場所へ挑戦します。

発問３ 連結跳び箱２台と３台とでは、どちらがはね跳びをしやすいですか。

指示７ お尻を高く上げるには、強く踏み切ります。

指示８ 学習カードに、でき具合を記録します。

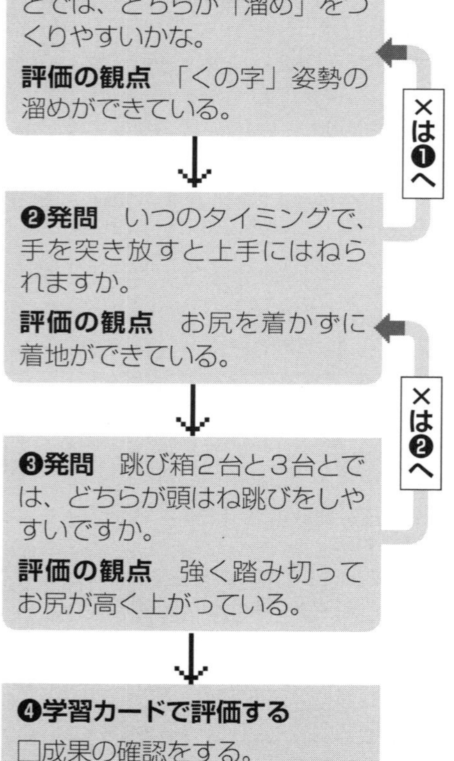

2 NG事例

（1）無理して次のステップに進んでいる（怖がっている時は、１つ前のステップに戻る）。
（2）膝を伸ばせていないのに、次のステップに進んでいる（友達に判定してもらう）。

3 場づくり

準備物／跳び箱５台、セーフティマット２枚、マット15枚（子供の数に応じて調整する）

①「基本の場」 マット６枚。子供の数に応じて調整する。

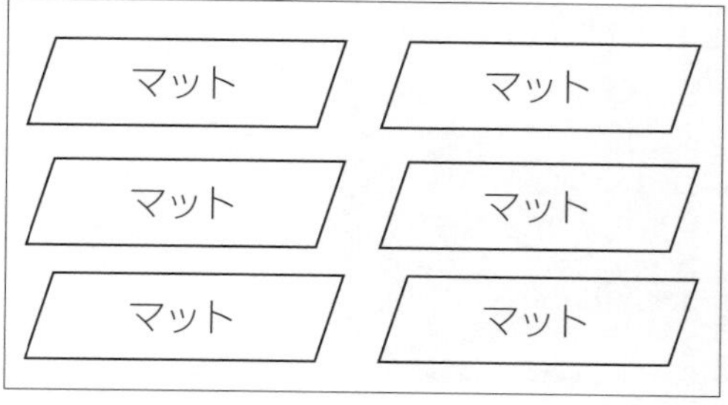

②「習熟度別の場」 自分の挑戦したい場を選んで、練習する。

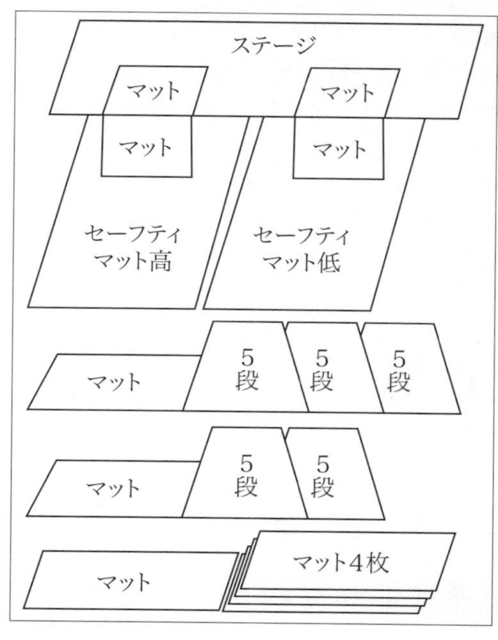

4 ミニコラム

頭はね跳びは、バランスを必要とする技である。特に倒立のバランスが重要だ。ポイントは３つある。頭と両手のひらでバランスよく支えること。膝を伸ばすこと。膝を閉じること。最初は、頭に体重がかかると怖いかもしれない。その場合は、無理せずに柔らかいクッションや枕を敷いて恐怖心を和らげて、慣れてきたらレベルを上げるとよい。倒立のバランスが取れると頭はね跳びも安定して、技に挑戦することがどんどん楽しくなってくる。

5 方法・手順

（1）「基本の場」

①10秒間、首倒立をする。　②３点倒立をする。10秒間、首倒立をする。

（2）「習熟度別の場」【習熟メニュー　その１】

③膝の伸びた前転をする（マット１枚の場とマット４枚重ねの場）。

④ステージから伸膝台上前転をする。

※③④のどちらの時も、膝が伸びているかどうかを友達に判定してもらう。

以下を提示（↑膝の伸びの判定の仕方は、マットでも跳び箱でも同じである）。

よくできた◎
→膝がずっと伸びている

できた○
→膝がちょっとだけ曲がっている

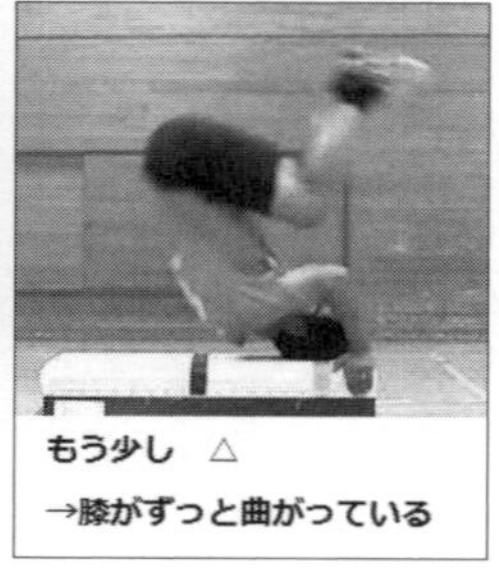

もう少し　△
→膝がずっと曲がっている

（3）「習熟度別の場」【習熟メニュー　その２】

⑤ステージから頭はね跳びをする（マットを使い、身長に合うよう段差の高さ調節をする）。

⑥連結跳び箱の場で、頭はね跳びをする。２台連結と３台連結の跳びやすさを比べる。

⑦すべてが（①〜⑥）クリアできたら、跳び箱１台の場で、頭はね跳びをする。

6 コツ・留意点

（1）手の突き放しの発問は、右図のイラストを示してタイミングを分かりやすく伝えるようにする（視覚化、焦点化）。

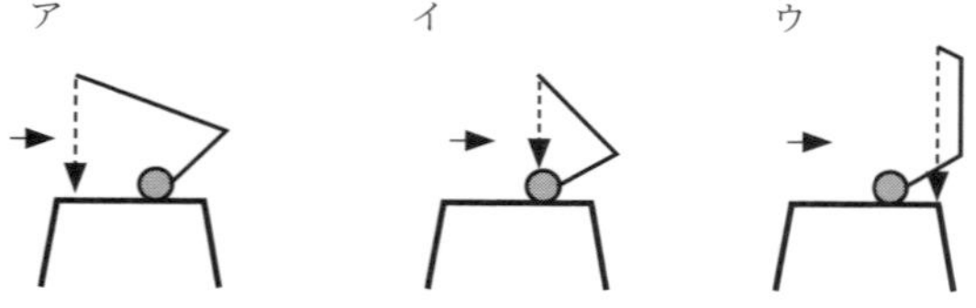

（2）頭はね跳びの際には、頭をマットに着ける目印を柔らかく目立つもので補う。例えば、ビブス、枕、クッションなどが考えられる。また、枕やクッションは倒立時に頭にかかる荷重を軽減する。さらに、溜めを作る役割も果たす（視覚化・焦点化）。

7 この技でのチャンピオンは、ここまでできる！

跳び箱１台の場でも、頭はね跳びすることができる。

これでバッチリ! レベルアップ学習カード「頭はね跳び」

年　　組　　番(　　　　　　　　　)

レベル	内容	やり方	振り返り
1	**首倒立** **技(わざ)と自己評価(じこひょうか)のポイント** (膝を伸ばしたままで) ◎→つま先で床タッチ10回/○→つま先で床タッチ5回/△→10秒間静止できた		月　日 ・ ・ ・ できばえ ◎ ○ △
2	**三点倒立** **ポイント** ◎→マット1枚の場で、5秒間静止できた/○→壁際で5秒間静止できた/△→補助ありで5秒間静止できた/		月　日 ・ ・ ・ できばえ ◎ ○ △
3	**膝の伸びた前転** **ポイント** ◎→膝がずっと伸びていた/○→膝がちょっと曲がった/△→膝がずっと曲がっている		月　日 ・ ・ ・ できばえ ◎ ○ △
4	**伸膝台上前転** **ポイント** (ステージ) ◎→膝がずっと伸びていた/○→膝がちょっと曲がった/△→膝がずっと曲がっている		月　日 ・ ・ ・ できばえ ◎ ○ △
5	**ステージ頭はね跳び** **ポイント** ◎→膝を伸ばした姿勢から着地ができた/○→お尻を着かずに着地ができた/△→お尻を着いてしまった		月　日 ・ ・ ・ できばえ ◎ ○ △
6	**頭はね跳び** **ポイント** (連結跳び箱) ◎→膝を伸ばした姿勢から着地ができた ○→お尻を着かずに着地ができた △→お尻を着いてしまった		月　日 ・ ・ ・ できばえ ◎ ○ △

学習カードの使い方：できばえの評価

レベルの評価：◎よくできた/○できた/△もう少し

※振り返りには、「自分で気づいた点」と「友達が見て気づいてくれた点」の両方を書きます。

全動画 ウェブ・ナビゲーション

Web Navigation

パソコンで視聴する場合には、以下のQRコードとURLから、
本書の各「学習カード」末尾に掲載した
QRコードの全動画にアクセスすることができる。

https://www.gakugeimirai.jp/9784909783486-video

1 マット遊び・マット運動

(1) 低学年

マットを使った運動遊び

①ゆりかご

p.10-13

スマートフォン・タブレットで視聴の場合はこちら

②前転がり

p.14-17

スマートフォン・タブレットで視聴の場合はこちら

③後ろ転がり

p.18-21

スマートフォン・タブレットで視聴の場合はこちら

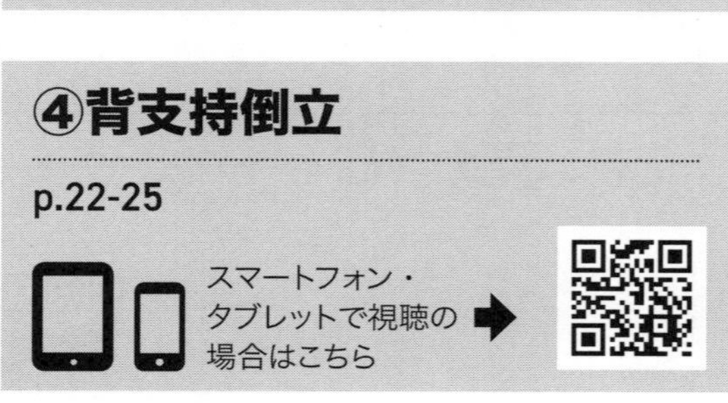

④背支持倒立

p.22-25

スマートフォン・タブレットで視聴の場合はこちら

⑤うさぎ跳び

p.26-29

スマートフォン・タブレットで視聴の場合はこちら

⑥ブリッジ
p.30-33
スマートフォン・
タブレットで視聴の
場合はこちら
(2) 中学年
マット運動
①前転・開脚前転（発展技）
p.34-37
スマートフォン・
タブレットで視聴の
場合はこちら
②後転
p.38-41
スマートフォン・
タブレットで視聴の
場合はこちら
③開脚後転
p.42-45
スマートフォン・
タブレットで視聴の
場合はこちら
④側方倒立回転
p.46-49
スマートフォン・
タブレットで視聴の
場合はこちら
⑤ロンダート（発展技）
p.50-53
スマートフォン・
タブレットで視聴の
場合はこちら
(3) 高学年
マット運動
①開脚前転
p.54-57
スマートフォン・
タブレットで視聴の
場合はこちら
②伸膝前転（更なる発展技）
p.58-61
スマートフォン・
タブレットで視聴の
場合はこちら
③伸膝後転
p.62-65
スマートフォン・
タブレットで視聴の
場合はこちら

④伸膝前転(更なる発展技)・伸膝後転

p.66-69

スマートフォン・
タブレットで視聴の
場合はこちら

⑤ロンダート

p.70-73

スマートフォン・
タブレットで視聴の
場合はこちら

2 鉄棒遊び・鉄棒運動

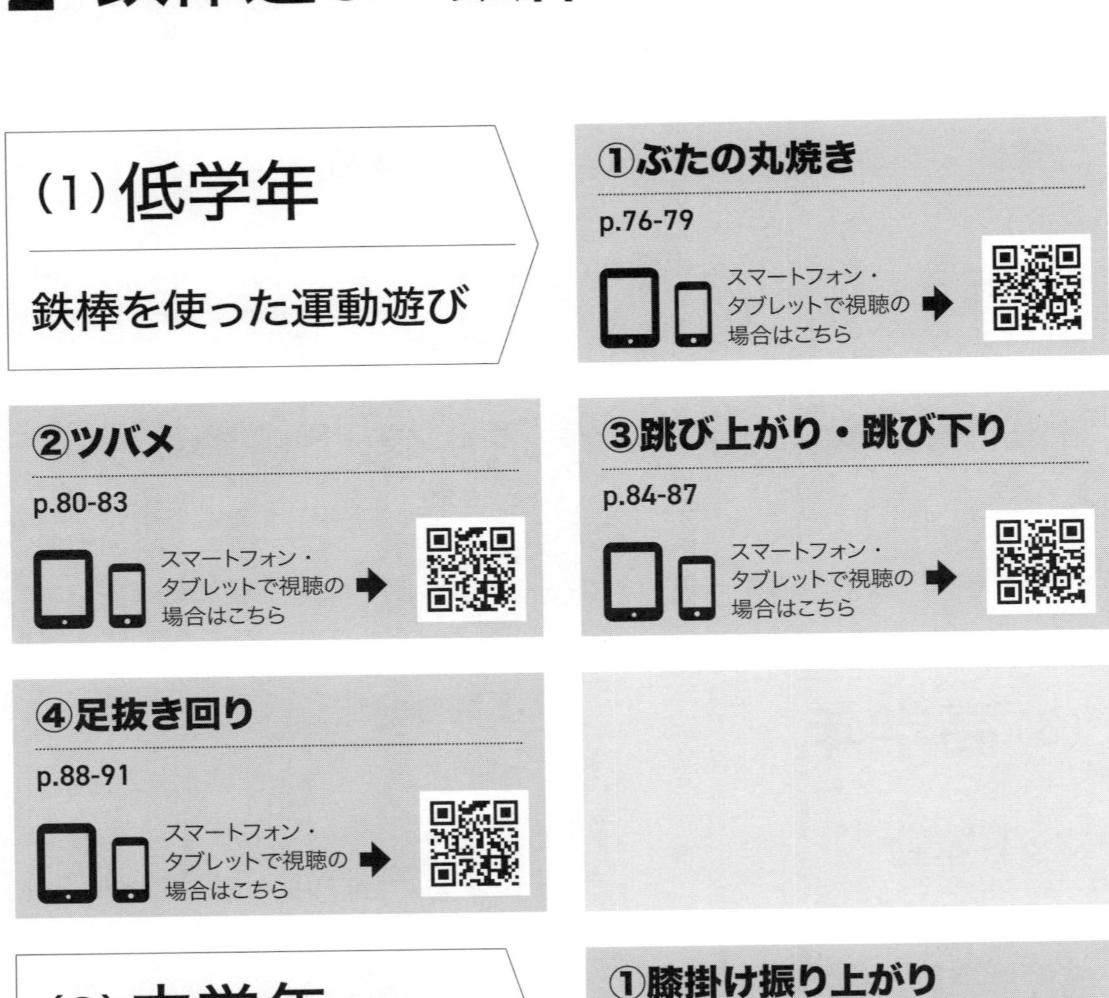

(2) 中学年

鉄棒運動

①膝掛け振り上がり

p.92-95

スマートフォン・
タブレットで視聴の
場合はこちら

②前方片膝掛け回転（その1）

p.96-99

スマートフォン・
タブレットで視聴の
場合はこちら

③前方片膝掛け回転（その2）

p.100-103

スマートフォン・
タブレットで視聴の
場合はこちら

④逆上がり（発展技）

p.104-107

スマートフォン・
タブレットで視聴の
場合はこちら

⑤後方片膝掛け回転

p.108-111

スマートフォン・
タブレットで視聴の
場合はこちら

（3）高学年

鉄棒運動

①前方支持回転

p.112-115

スマートフォン・
タブレットで視聴の
場合はこちら

②膝掛け上がり

p.116-119

スマートフォン・
タブレットで視聴の
場合はこちら

③前方もも掛け回転

p.120-123

スマートフォン・
タブレットで視聴の
場合はこちら

④逆上がり

p.124-127

スマートフォン・
タブレットで視聴の
場合はこちら

⑤後方支持回転

p.128-131

スマートフォン・
タブレットで視聴の
場合はこちら

⑥後方もも掛け回転

p.132-135

スマートフォン・
タブレットで視聴の
場合はこちら

⑦両膝掛け振動下り

p.136-139

スマートフォン・
タブレットで視聴の
場合はこちら

3 跳び箱遊び・跳び箱運動

④伸膝台上前転（発展技）

p.170-173

スマートフォン・タブレットで視聴の場合はこちら

⑤首はね跳び

p.174-177

スマートフォン・タブレットで視聴の場合はこちら

⑥頭はね跳び（発展技）

p.178-181

スマートフォン・タブレットで視聴の場合はこちら

(3) 高学年

跳び箱運動

①抱え込み跳び（その1）

p.182-185

スマートフォン・タブレットで視聴の場合はこちら

②抱え込み跳び（その2）

p.186-189

スマートフォン・タブレットで視聴の場合はこちら

③台上前転

p.190-193

スマートフォン・タブレットで視聴の場合はこちら

④伸膝台上前転

p.194-197

スマートフォン・タブレットで視聴の場合はこちら

⑤首はね跳び

p.198-201

スマートフォン・タブレットで視聴の場合はこちら

⑥頭はね跳び

p.202-205

スマートフォン・タブレットで視聴の場合はこちら

あとがき

本書の二大特長は学習カードの工夫と動画の導入である。

体育科においては、運動が「できる」ことと同様に、「分かる」ことも大切である。

体育科における「分かる」とは次のような状態であると考えている。

①運動の技能的なコツや動きのイメージをつかむこと
②自分や友達の動きを分析して課題が分かること
③課題を克服するための手段や練習方法が分かること

つまり、「お互いに方法やコツを伝え合う」「友達との関わりが生まれる」「アドバイスにより技が高まるような学習ができる」――この流れが、体育科における「主体的・対話的で深い学び」につながる。

本書ではその1つの方法として学習カードを用いた。

学習カードには、内容、手順・方法、技ができるようになるポイント、技の質を高めるためのポイント、場づくりの工夫、評価基準の設定がされている。

以下に、側方倒立回転の例を示す。

レベル	内容	指導のポイント	評価基準
1	川跳び	両手→両足の順に跳ぶ	◎5回　○3回　△1回
2	跳び箱で川跳び	腰を高く上げて跳ぶ	◎5回　○3回　△1回
3	くの字側方倒立回転	手―手―足―足の順で回転する	◎5回　○3回　△1回
4	腰の伸びた側方倒立回転	おへそが正面を向く	◎腰が伸びる　○少し
5	連続で側方倒立回転	腰が伸びたスムーズな回転をする	△曲がる

この順番で学習していくと、どの子供も側方倒立回転ができるようになる。

しかも技のポイントが示されているので、子供同士の教え合いができる。お互いに方法やコツを伝え合うことで友達との関わりが生まれ、アドバイスにより技が高まる。結果として、運動することの楽しさが味わえる。

さらにこの学習カードにそった動画が見られる。文字だけでは理解が難しい「くの字側方倒立回転」が動画によってイメージ化できる。実際の映像を見ることでイメージを共有できる。さらに、評価基準が映像で示されている。

子供が主体的に学べる学習カードとイメージ化を図る動画の一体化により、今までになかった新しい学習が可能となる。

本書を活用して、「主体的・対話的で深い学び」の学習を実現してほしい。

本書をまとめるにあたり、学芸みらい社の樋口雅子氏には、教科担任制に向けた専門性の必要性のご指導をいただいた。学芸みらい社長小島直人氏には、動画を取り入れるご指導をいただき、懇切丁寧なご協力をいただいた。佐藤大輔氏には動画作成にご協力をいただいた。

ご協力いただいた皆様に深く感謝申し上げたい。

2020年5月31日
根本正雄

編者紹介

根本正雄（ねもと・まさお）

1949年、茨城県生まれ。千葉大学教育学部卒業後、千葉県内の小学校教諭・教頭・校長を歴任。「楽しい体育授業研究会」代表を務めるとともに「根本体育」を提唱。現在は、「誰でもできる楽しい体育」の指導法を開発し、全国各地の体育研究会、セミナー等に参加し、普及にあたる。主な著書・編著書に以下がある。

【著書】
『さか上がりは誰でもできる』（明治図書、1986年）
『体育科発問の定石化』（同、1987年）
『習熟過程を生かした体育指導の改革』（同、1997年）
『体育の基本的授業スタイル――１時間の流れをつくる法則』（同、2014年）
『世界に通用する伝統文化　体育指導技術』（学芸みらい社、2011年）
『全員達成！魔法の立ち幅跳び――「探偵！ナイトスクープ」のドラマ再現』（同、2012年）

【編著書】
『運動会企画――アクティブ・ラーニング発想を入れた面白カタログ事典』（学芸みらい社、2016年）
『発達障害児を救う体育指導――激変！感覚統合スキル95』（同、2017年）
シリーズ『動画で早わかり！「教科担任制」時代の新しい体育指導――器械運動編』（同、2020年）
『動画で早わかり！「教科担任制」時代の新しい体育指導――体つくり運動・陸上運動編』（同、2021年）
『動画で早わかり！「教科担任制」時代の新しい体育指導――ゲーム・ボール運動編』（同、2022年）
『イラストで早わかり！ 超入門　体育授業の原則』（同、2021年）
『体育主任のための若い教師サポートBOOK――体育指導・ここがポイント100』（同、2021年）
『0歳からの体幹遊び』（冨山房インターナショナル、2019年）

執筆者一覧

根本正雄	楽しい体育授業研究会代表
佐藤泰之	東京都公立小学校
掛　志穂	広島県幼稚園
辻　隆弘	高知県香南市立野市小学校
小野宏二	島根県公立小学校
佐藤貴子	愛知県愛西市立西川端小学校
川口達実	富山県射水市立小杉小学校
太田政男	島根県川本町立川本小学校
中嶋剛彦	島根県公立小学校
大谷智士	和歌山県公立小学校
東條正興	千葉県柏市立手賀西小学校
上川　晃	三重県伊勢市立厚生小学校
髙玉ひろみ	北海道公立中学校
野田晴高	新潟県立上越特別支援学校
工藤俊輔	埼玉県公立小学校
櫻井満也	広島県公立中学校
毛利康子	石川県宝達志水町立樋川小学校
片岡友哉	千葉県公立小学校
髙橋智弥	埼玉県朝霞市立朝霞第十小学校
井上　武	愛媛県愛南町立城辺小学校
前田哲弥	福井県越前市北日野小学校
中村　賢	兵庫県私立小学校
吉田知寛	東京都公立小学校
大貝浩蔵	山口県下関市立安岡小学校
村田正樹	福井県敦賀市立沓見小学校
小倉達也	東京都北区立王子第五小学校
辻岡義介	福井県公立小学校
岩田史朗	石川県公立小学校
三好保雄	山口県宇部市立藤山小学校
表　克昌	富山県氷見市立比美乃江小学校
金子真理	高知県高知市立横内小学校
若井貴裕	滋賀県公立小学校
角家　元	北海道旭川市立西神楽小学校
石川圭史	島根県立石見養護学校
武井　恒	山梨県立かえで支援学校
東郷　晃	滋賀県大津市立堅田小学校
大中州明	奈良県香芝市立旭ケ丘小学校
山戸　駿	石川県公立小学校
本吉伸行	大阪府摂津市立鳥飼小学校
太田健二	宮城県公立小学校
三島麻美	島根県松江市立大庭小学校
柏倉崇志	北海道士別市立士別小学校
佐藤大輔	栃木県宇都宮市立峰小学校

動画で早わかり！

「教科担任制」時代の新しい体育指導

器械運動編

2020年8月5日　初版発行
2022年5月20日　第２版発行

編著者　根本正雄
発行者　小島直人
発行所　株式会社 学芸みらい社
〒162-0833 東京都新宿区箪笥町31番 箪笥町SKビル3F
電話番号：03-5227-1266
HP：https://www.gakugeimirai.jp/
E-mail：info@gakugeimirai.jp
印刷所・製本所　藤原印刷株式会社
ブックデザイン　吉久隆志・古川美佐（エディプレッション）
校　正　境田稔信
本文イラスト　げんゆうてん（p.11,20,24,25,32,89,90,91,98,99,121,123,127,130,131,134,135,148,149）

落丁・乱丁本は弊社宛てにお送りください。送料弊社負担でお取り替えいたします。

ISBN978-4-909783-48-6 C3037